Thank you,
for reading!

번아웃의 종말

THE END OF
BURNOUT

번아웃의 종말

우리는 왜 일에 지치고 쓸모없다고 버려지는가

조나단 말레식 지음 | 송섬별 옮김

일을 좋아할 필요는 없어,
그러니까 일인 거지.

―조지 말레식(1933~2018)

한국의 독자들에게

《번아웃의 종말》을 한국어로 선보일 수 있어 영광입니다. 이 책은 수년에 걸친 노력의 결과이지만, 걱정하지 마세요. 이 책을 쓰느라 번아웃을 겪지는 않았으니까요! 오히려 저에게 무척이나 즐겁고 뜻깊은 작업이었습니다.

번아웃 문화가 불러일으키는 문제는 전 세계 공통입니다. 세상 어디서나, 상사와 정치인, 비즈니스 전문가 들은 노동자더러 일에서 성취감을 느껴야 한다고 말합니다. 또 세상 어디서나, 노동의 조건은 이러한 이상과는 동떨어져 있습니다. 수많은 노동자가 매일같이 이상과 현실의 간극 때문에 무리하고 있고, 이 때문에 개인적으로 큰 대가를 치릅니다. 이런 문제 앞에서는 절망감을 느끼기 쉽습니다. 한 나라의 문화와 경제가 번아웃을 유발하는 힘은 실제로 너무나 거대하기 때문입니다.

그럼에도 이 책에는 낙관주의를 담았습니다. 번아웃 문화는 인간이 만들어낸 것입니다. 그 말인즉슨, 이 문화를 뿌리 뽑고 그 자리에 새로운 무언가를 만들어내는 것 역시 인간의 힘으로 가능하다는 것이겠지요. 바로 유급 노동 여부와 관계없이 사람의 가치를 존중하는 문화입니다.

여러분이 삶과 사회에서 하고 있는 역할을 다시 생각해보는 데 이 책이 도움이 되었으면 좋겠습니다. 모두 함께 새로운 생각을 한다면 우리는 번아웃 문화를 끝낼 수 있을 것입니다.

조나단 말레식

들어가는 말

몇 년 전, 대학교수이던 나는 오전마다 출근 준비를 하는 대신 침대에서 몇 시간씩 미적거리며 영국의 팝스타 피터 게이브리얼Peter Gabriel이 1986년 발표한 케이트 부시Kate Bush와의 듀엣곡 〈포기하지 마Don't Give Up〉 뮤직비디오를 무한 반복해 시청했다. 뮤직비디오 속에서 두 가수는 일식을 배경으로 6분 내내 서로를 끌어안고 있다. 피터 게이브리얼이 서정적으로 표현해낸 절망적이고 황량한 감정은 나의 내면의 독백과 공명했다. 이 고통이 언젠가는 지나갈 것이라며 곡 제목인 '포기하지 마'를 읊조리는 케이트 부시의 목소리를 아무리 들어도 소용없었다. 그 말에 도저히 공감할 수 없었으니까.

첫 수업은 오후 2시였다. 나는 수업 준비라고는 거의 하지도 않은 채 간신히 수업 직전에 강의실에 들어갔고 수업이 끝나면 집으로 직행했다. 밤에는 아이스크림을 먹고 맥아 향이 강하게 풍기는 도수 높은 맥주를 마셨다. 종종 맥주에 아이스크림을 띄워 같이 먹기도 했다. 그렇게 몸무게가 13킬로그램 정도 늘었다.

나는 누가 보아도 멋진 직업을 가지고 있었다. 고도의 기교와 훈련을 통해 내가 잘하는 일인 종교와 윤리, 신학 강의를 펼쳤다. 동료들은 지적이고 호의적이었으며 급여는 충분하고도 남았다. 복지 혜택 역시 뛰어났다. 강의나 연구 프로젝트 방식을 자율적으로 결정할 권한도 있었다. 또 종신교수로 임용되었기에 학계 바깥에서는 불가능에 가깝고 학계 내에서도 점점 희귀해지는 수준의 직업 안정성도 갖추고 있었다. 그럼에도 나는 비참한 감정을 느꼈고, 그 감정의 핵심 원인은 내 직업인 것이 분명했다. 포기하고 싶었다. 나는 번아웃에 시달리고 있었다.

그 시절의 나는 그저 내가 문제라고 생각했다. 이렇게 좋은 일자리가 있는데, 어째서 이렇게 힘든 거지? 하지만 마침내 나는 번아웃이란 그저 한 노동자의 절망감에 국한되는 문제가 아님을 알게 되었다. 미국과 캐나다를 비롯한 부유한 국가에 사는 사람들은 노동을 중심으로 번아웃 문화를 형성해왔다. 하지만 번아웃이 우리의 운명이 될 필요는 없다.

《번아웃의 종말》은 왜 각종 분야에 종사하는 수백만 명의 노동자들이 업무를 위해 필요한 힘이 고갈되었다고 느끼는지, 또 왜 이 때문에 인생이 실패한 것만 같다고 느끼는지를 이해하고 싶은 마음에서 출발했다. 나는 번아웃을 일에 대한 기대와 일의 현실 사이에서 이리저리 치이는 경험이라고 정의한다. 또 번아웃이란 지난 50년간 증가한 문화적 현상이지만, 그 역사적 뿌리는 일이 단순히 밥벌이 수단이 아니라 존엄성과 인격, 그리고 목적의식을 얻기 위한 수단이라는 우리의 믿음 속에 단단히 자리매김하고 있다고 주장한다. 사실 번아웃에 대한 우려가 파다함에도 번아웃 문화가 지속되는 까닭은 우리가 이러한 이상을 소중히 여긴다는 것 때문이다. 우리는 일이 약속하는 의미를 잃어버릴까 두려워한다. 그럼에도 미국을 비롯한 부유한 후기 산업사회 국가의 전형적인 업무 환경은 우리가 추구하는 바로 그 가치를 얻지 못하게 만든다.

나는 일이 우리를 존엄하게 만들어주지도, 우리의 인격을 함양하지도, 우리에게 삶의 목적을 부여하지도 않는다는 사실을 이해하는 데 이 책이 도움을 줄 수 있기를 바란다. 일에 존엄성과 인격을 부여하는 것도, 일에 우리 인생의 목적을 불어넣는 것도 우리다. 이를 이해하고 나면 우리는 일에 덜 헌신하고, 노동환경을 개선하고, 돈을 위해 일하지 않는 사람들을 가치 있게 여길 수 있다. 우리는 함께 번아웃 문화를 끝내고 일에 의존하지 않는 방식으로 살아갈 수 있다. 사실, 많은 사람들이 이미 만족스러운 삶을 살고자 일을 또 다른 시각으로 받아들이고 있다. 이런 일은 종종 번아웃 문화의 변두리에서 일어난다. 이 책을 통해 그 사람들을 여러분에게 소개하고자 한다.

《번아웃의 종말》은 전 세계의 노동 방식을 뒤엎어버린 코로나 팬데믹이 발발한 후 등장한 책이다. 격리 조치로 인해 미국 사회 전반에서 대량 실업 사태가 발생하면서 우리가 가진 일의 이상이 거짓말이었음이 결정적으로 입증되었다. 사람의 존엄성, 인간으로서 가지는 가치는 고용 상태와 무관했던 것이다. 자가 격리 명령으로 인해 식당이 폐업했다고 해서, 팬데믹으로 일자리를 잃은 종업원의 존엄성이 전보다 줄어든 것은 아니다. 이런 측면에서 바라본다면 팬데믹은 여태껏 우리의 일을 지배해왔을 뿐만 아니라 지난 50년간 번아웃을 유발해왔던 에토스와 결연히 단절할 기회를 준 것이다. 이 기회를 통해 우리는 일의 개념을 다시 세우고 일이 우리 삶에서 차지하는 자리를 새로이 상상할 수 있다. 지금의 기회를 놓치면 우리는 애초 번아웃 문화를 만들어낸 과거의 패턴으로 되돌아가고 말 것이다.

번아웃은 우리가 노동이 가진 문제들을 생각하는 통상적인 방식에 이해하기 어려운 기묘한 점이 있었음을 보여준다. 대학 종신교수도 번아웃을 겪을 수 있다면, 노동환경만이 문제인 것은 아니다. 또 단순히 급여, 혜택, 안정성이 전반적으로 개선된다고 해서 번아웃이 근절되지도 않는다. 노동환경은 중요하고, 나 또한 노동자에게 더 나은 환경이 갖추어져야 한다고 생각한다. 하지만 노동환경으로는 오로지 이 문제의 절반만 설명할 수 있을 뿐이다. 문제인 것만은 아니라는 뜻은 문제가 오로지 고용 부족에 있는 것이 아니라는 사실을 의미한다.

번아웃은 노동경제의 문제에 국한되는 것이 아니다. 영혼이 앓는 병이다. 번아웃의 원인 중 큰 부분은 일이 사회적·도덕적·영적으로 충만한 삶으로 나아가는 확실한 방법이라는 우리의 믿음이다. 일은 우리가 바라는 이상을 가져다주지 못하며, 이상과 현실의 간극은 소진, 냉소주의, 좌절을 유발한다. 그뿐만 아니라 우리는 서로 번아웃에 관해 대화를 나눌 수도 없고, 상황을 개선하고자 함께 연대할 수도 없는 방식으로 일에 접근한다. 일이 기대에 미치지 못할 때 우리는 스스로를 탓한다. 홀로 괴로워하고, 이 때문에 역경은 가중된다. 번아웃에 맞서기 위해서 일에서는 얻을 수 없는 공감과 존중을 서로에게 내어주는 데 초점을 맞추는 문화적이면서 집단적인 해결책이 필요한 것은 바로 이 때문이다.

하지만 대책을 논하기 전 우리는 우선 번아웃이라는 경험을 이해해야 한다. 번아웃에 관한 이야기에는 내재된 드라마가 없다. 번아웃 이야기는 위대한 발견, 재난, 사랑을 다룬 이야기와는 다르기 때문이다. 제 몫을 해내던 평범한 노동자가 근무시간을 간신히 버티는 쭈글쭈글한 껍데기가 되기까지 반전 같은 것은 일어나지 않는다. 눈을 뜨자마자 처음으로 "더는 못 하겠어"라는 생각이 드는 아침이 있을지는 몰라도, 이런 순간은 부지불식간에 지나가버린다.

그런 생각이 든다면 이미 늦었다. 번아웃을 피할 기회는 이미 지나갔다. 당신은 그저 남들이 기대하는 방식으로 일을 하고, 그렇게 하루하루 지나는 사이 당신의 업무 능력은 점점 시들어간다. 그러다 어느 순간 당신은 일을 도저히 할 수 없다는 사실을 깨닫는다. 너무 지쳤고, 너무 분하고, 너무 무능하기 때문이다.

우선 나에게 일어난 일을 여러분에게 이야기해주고 싶다.

· · ·

나는 처음 대학에 입학해 교수들을 만난 그 순간부터 대학교수가 되기를 꿈꾸었다. 나를 가르치는 교수들처럼 니체Friedrich Nietzsche나 애니 딜라드Annie Dillard가 쓴 낯선 책을 읽고 강의실에서 도전 의식을 불러일으키는 질문을 던지고 싶었다. 그중에서도 내가 가장 좋아했던 교수는 신학을 가르쳤고 학부 지도교수로서 캠퍼스 내에서 지내고 계셨다. 금요일 오후면 시멘트 블록으로 지은 작은 아파트에 학생들을 불렀다. 나는 매주 그곳을 찾았다. 우리는 탁하고 짙은 붉은색 천을 씌운 의자에 앉아 커피를 마시면서 우주의 팽창에 담긴 신학적 의미 같은 무거운 주제들을 논하곤 했다. 그는 교수 기숙사의 TV 휴게실에서 영화를 보여주기도 했는데 주로 그가 우리 또래일 때 나온 외국 예술영화였다. 〈앙드레와의 저녁 식사My Dinner with Andre〉 〈범죄와 비행Crimes and Misdemeanors〉 〈굿바이 칠드런Au Revoir les Enfants〉. 영화를 본 뒤에는 다 함께 기나긴 토론을 했다. 내 눈에 교수는 좋은 삶을 사는 것으로 보였다. 지식과 예술과 지혜를 위해 살아가면서, 지식에 목마른 젊은 세대들에게 그런 것을 전수해주는 데다가, 그 대가로 돈까지 버는 삶이지 않은가. 뭐, 적어도 그 시절 지식에 목마른 젊은이였던 나는 온 힘을 다해 그 교수의 삶을 따라갔다.

그 뒤 10년 동안은 교수의 삶을 살기 위해 필요한 일들을 했다. 대학원에 갔고, 박사 논문을 마쳤고, 언제나 각박한 학계의 구직 시장으로 나갔다. 나는 몇 번의 시도 끝에 성공했다. 작은 가톨릭계 대학교에서 종신교수 코스를 밟게 된 것이다. 그렇게 꿈꾸던 삶을 살게 되었다. 여자 친구와 나는 책 상자 수십 개와 트위드 재킷을 이삿짐에 꾸려 대학원 생활을 한 버지니아주를 떠나 펜실베이니아주 북동부로 떠났다. 그 뒤에는 여자 친구도 대학교수가 된다는 꿈을 좇아 캘리포니아주 버클리의 대학원으로 떠났다.

나는 장거리 연애를 하면서 일에 전념했다. 학생들에게 니체와 애니 딜라드를 읽어오라는 과제를 내주고 강의실에서는 도전 정신을 불러일으키는 질문들을 던졌다. 논문을 게재하고, 교수 위원회에서 활동하고, 밤늦게까지 연구실을 지켰다. 대학 시절 지도교수처럼 영감을 주는 스승이 되겠다고, 해마다 누렇게 변해버린 노트만 보며 강의하는 화석이 되지 않겠다고 마음먹었다. 내가 가르치는 과목에 대한 학생들의 무관심이 내가 마주한 가장 큰 문제였다. 다들 필수과목으로 신학 과목을 수강해야 했을 뿐 이 수업을 듣고 싶은 학생은 거의 없었다.

그래서 나는 학생들이 조금 더 열심히 수업에 참여할 수 있도록 몇 가지 기술, 정확히는 술수를 고안하게 되었다. 어느 정도는 먹혔다. 심지어 그 술수에 넘어간 몇몇 학생들이 신학을 전공으로 선택하기까지 했다. 나는 강의실에서 〈복수의 사도The Apostle〉 〈저 높은 곳을 향하여Higher Ground〉 〈범죄와 비행Crimes and Misdemeanors〉 같은 영화를 보여주었고 학생들과 몇 번의 깊은 대화를 나누기도 했다. 꿈에 그리던 삶을 살고 있었다.

6년 뒤, 나는 종신교수가 되었다. 아내가 된 여자 친구가 다시 동부로 갔을 즈음이었다. 아내는 박사 학위를 받은 뒤 매사추세츠주 서부 시골에서 교직을 얻었다. 나는 안식년을 맞아 1년간 아내와 함께 그곳에서 지냈다. 매일 아침 글을 쓰고 운동했고, 오후에는 카페에서 책을 읽거나 자전거를 타고 잔디 우거진 구릉이며 버려진 물레방아를 지났다. 삶이 이토록 만족스러울 수 없었다.

하지만 안식년이 끝나고 학교로 복귀하자 우리는 또다시 장거리 부부가 되었다. 한 달 중 주말 두세 번, 자동차로 네 시간 반을 달려야 만날 수 있는 거리였다. 나는 다시 일에 전념했다. 그런데 이번에는 전보다 더 힘들었다. 우선 나는 신임 교수를 벗어났다. 이제는 종신교수가 되려고 누군가에게 잘 보일 필요가 없었다. 하지만 더 중요한 문제는 대학이 두 가지 위기에 봉착했다는 점이었다. 하나는 재정 상태에 관련된 위기, 다른 하나는 대학 인가에 관련된 위기였다. 직원들이 해고되고 급여도 예산도 동결되었다. 입학생 수도 줄었다. 등록금만으로 대학의 적자를 막을 수 있을까? 또 인가 기관에서 요구하는 행정 업무도 훨씬 늘었다. 캠퍼스를 돌아다니는 모두가 걱정에 시달려 어쩔 줄 모르는 것만 같았다.

일자리가 보장되었음에도 나 역시 스트레스를 받았다. 나는 그 어느 때보다도 열심히 일했다. 강의와 연구 외에도 위원회의 장을 맡았으며 대학 내 강의 혁신 센터장이 되기도 했다. 하지만 대학 측에서 큰 인정을 받지 못한다는 기분이 들었다. 또 학생들로부터 능력을 인정받지도 못했다. 학생들이 나에게서 배워가는 것이 아무것도 없는 듯했다. 학과장을 비롯한 동료들은 여전히 내 강의를 칭찬했지만 그 말을 믿을 수가 없었다. 강의실에 들어가서, 지금 내 수업만 듣지 않을 수 있다면 무슨 짓이라도 할 수 있을 것 같은 표정으로 책상에 앉아 있는 학생 한 사람 한 사람의 무표정한 얼굴만 보아도 내가 매일같이 실패하고 있음을 알 수 있었으니까.

내가 그 누구에게라도 의미 있는 일을 하고 있다고 간절하게 인정받고 싶었다고 고백하자니, 그건 꼭 부끄러운 약점을 털어놓는 일, 특권을 지닌 사람의 가식적인 문제처럼 느껴졌다. 고작 인정받지 못하는 것보다 훨씬 힘든 일들을 참아내고 있는 사람들도 많지 않은가? 급여는 넉넉했다. 흥미로운 연구도 할 수 있었다. 어깨 너머로 나를 감시하는 상사도 없었다. 그러면 남들처럼 닥치고 일이나 해도 되지 않나? 대체 나는 무엇이 문제지?

점점 참을성을 잃어갔다. 학생들이 제출한 과제물을 채점하는 데 걸리는 시간이 점점 길어졌다. 수업 준비는 갈수록 힘겨워졌다. 밤마다 내가 고안한 강의 기술을 떠올리려 해도 누가 막고 있기라도 한 것처럼 아무 생각도 들지 않았다. 예전에 알고 있었던 강의 잘하는 법을 다 잊어버리고 만 것이다. 그래서 〈포기하지 마〉 뮤직비디오만 끝없이 보게 되었다.

이제 더는 꿈에 그리던 삶을 사는 기분이 아니었다. 내 삶은 20년 전 상상했던 그런 삶이 아니었다. 나는 갈수록 끔찍해지는 악몽 속에서 2년을 보낸 뒤, 한 학기 무급 휴직을 하고 아내가 사는 곳으로 가서 안식년 때처럼 전원생활을 했다. 조금 쉬고 나면 나아지기를 바랐다. 봄 학기에 다시 펜실베이니아주로 돌아갔을 때, 바뀐 것은 아무것도 없었다. 일에서 달라진 것은 없었다. 나 역시 마찬가지였다. 오히려 그 시점부터 모든 것이 점점 더 최악으로 치닫기 시작했다.

프로젝터 불빛이 내 눈을 향해 정면으로 향하는 가운데 강의실 안은 조용했다. 학과장은 강의실 한쪽 구석에 놓인 책상에 앉아서 메모를 하고 있었다. 1년에 한 번 하는 강의 시연이 있었던 그날, 사회윤리 수업을 듣는 학생 20명은 켄드릭 라마Kendrick Lamar의 〈올라잇Alright〉 뮤직비디오에 등장하는 참혹한 장면을 보고 아무런 반응도 보이지 않는다. 뮤직비디오에는 콧수염과 선글라스로 무장한 백인 경찰들이 관을 메듯 어깨에 자동차를 둘러메고 거리를 걷는 장면이 나온다. 켄드릭은 운전석에서 리듬에 맞추어 몸을 흔들고 있고, 누군가가 뒷좌석 창밖으로 술병을 쏟는다. 켄드릭 자신을 포함한 흑인 남성들이 경찰의 총에 맞고 거리에 쓰러지는 장면도 등장한다. 어쩌면 학생들이 아무 말도 하지 않은 것은 이 비디오가 너무 새롭고, 너무 기묘하고, 너무 난폭하게 느껴져서일지도 몰랐다. 침묵 속에서 1초, 1초 지나갈 때마다 정신 고문을 당하는 기분이었다.

마침내 맨 첫 줄에 앉아 있던 용감하고 진지한 여학생 한 명이 손을 들었다. 학생은 뮤직비디오 속 등장하는 언어와 이미지가 무척이나 불편했다고 했다. 대화하는 동안 학생의 목소리가 갈라졌다. 하지만 대화는 그리 멀리까지 가지 못했다. 나는 학생들에게 또다시 질문을 던졌다. "이 뮤직비디오에서 본 장면 중 지금까지 수업에서 이야기한 것들과 연결되는 점이 있습니까? 켄드릭이 사원 바깥에 선 예수처럼 전화선 위에 서 있는 장면은 어떠했습니까? 또

켄드릭을 돈과 자동차로 유혹하는 '루시'란 누구일까요?"

대답이 없었다. 누구도 입을 열지 않았다. 등줄기를 타고 아드레날린이 퍼지는 것이 느껴졌다. 괜찮아. 강의계획서의 다음 부분으로 넘어가자. 산업 경제에서의 노동을 다룬 교황 레오 8세Pope Leo XIII의 칙서를 다룰 차례였다. 사적 소유에 관한 레오 교황의 생각을 이야기해볼 사람? 이 글에서 성서가 언급된 부분을 찾아낸 사람? 학생들은 미동도 없었다. 질문 있는 사람? 아무도 없어요?

나에게는 질문이 있었지만, 입 밖에 내지는 않았다. 머릿속에 생각이라는 것이 조금이라도 있는 사람? 이런 빌어먹을! 단 한 명도 없단 말이야? 뒤통수로 솟구친 아드레날린이 투쟁-도피 반응을 일으켰다.

글을 미리 읽어오지 않은 학생들을 야단칠까? 게으르다고, 시도조차 하지 않는다고? 모욕을 주어야 하나? 학식깨나 가진 행세를 하는 멍청이처럼, 지금 촌각을 다투는 것은 네 녀석들의 교육이지 나의 교육이 아니라고 비난을 퍼부어야 하나? 글을 읽어오지 않은 사람들은 전부 강의실을 나가라고 해야 하나? 농담이 아닌 것을 알 수 있도록 그 말을 한 번 더 반복한 다음, 학생들이 노트를 가방 안에 챙겨넣고 겉옷을 입는 동안 빤히 노려볼까?

아니면 내가 짐을 싸서 강의실을 나가야 하나? 하지만 아무리 공감 능력이 뛰어난 학과장이라도 그런 일을 참관 보고서에 쓰지 않고 넘어갈 수는 없을 터였다. 하지만 그렇게 하면 나는 이곳을 떠날 수 있을 것이다. 살 수 있을 것이다.

꽉 다문 턱에 힘이 들어갔다. 얼굴이 벌겋게 달아올랐다. 나는 맞서 싸우지 않았다. 달아나지도 않았다. 심호흡한 뒤 억지로 프로다운 침착함을 유지했다. 강단에 선 뒤, 과제로 읽어오라고 한 글에 관해 거들먹거리며 강의하기 시작했다. 굳이 학생들의 참여를 유도하지도 않았다.

살면서 이렇게 바보가 된 것 같았던 적도, 11년 동안의 교직 생활에서 이렇게 모욕감을 느낀 적도 없었다. 나는 스무 살짜리 대학생들로부터 뮤직비디오를 보고 느낀 감상을 이끌어낼 능력조차 없었다.

천만다행으로 강의 시간이 끝났다. 학생들은 가방을 챙겨 강의실을 떠났다. 학과장은 나가는 길에 나를 지나치면서 내 생각만큼 상황이 나쁜 것은 아니라는 말을 남겼다. 하지만 나는 모든 것이 다 끝났음을 깨달았다.

내가 도달한 곳은 대학생 시절 일별했던 좋은 삶의 정반대였다. 내가 그토록 부러워했던 교수는 내 앞에서 학식깨나 있는 행세를 한 적이 한 번도 없었다. 강의실에서는 학생들과 둥글게 둘러앉아 우리의 말에 귀를 기울이며 고개를 주억거렸고, 우리가 새로운 아이디어를 주뼛주뼛 내놓으면 "더 말해보라"라고 격려했다. 박식하면서도 다정했다. 그런데 나는 독단적이고 분노에 차 있었다. 대학원 생활과 구직 시장을 겪고 종신교수가 되는 지난한 과정을 겪는 내내 나를 지탱하던 대학교수라는 꿈은 무너지고 말았다.

일주일 뒤 나는 교수직을 그만두기로 마음먹었다.

. . .

미국을 비롯한 부유한 국가들에서는 번아웃에 관한 논의가 활발히 이루어지지만 막상 이에 대한 이해도는 낮다. 우리가 번아웃에 관해 부정확하게 말하기에 번아웃 문화는 꾸준히 지속된다. 나는 비즈니스 잡지와 유명 웹사이트에서 번아웃을 다룬 글을 수십 번은 읽었지만 모두 아무 도움이 안 되었다. 그 글들은 번아웃이 노동자들의 수면 부족과 사기 저하를 불러일으키며, 심장병, 우울증, 불안의 가능성을 크게 한다는 점에 주의를 촉구하곤 했다.[1] 미국에서 일터에서의 스트레스로 인해 매년 1,900억 달러의 의료비가 초과 발생하며 정확히 추산하기 어려운 생산성 저하가 발생한다고 지적하는 글도 적지 않았다.[2] 이런 글의 저자들은 이와 같은 사실 관계를 알려주는 동시에 미심쩍은 조언을 하기도 한다. 어느 전형적인 글은 번아웃을 피하려면 다음의 세 가지를 해야 한다고 권하고 있다.

첫째, 하루하루 견디는 법을 배워라. (…) 둘째, 당신에게 맞는 목표와 문화를 가진 직장을 선택해라. 셋째, 당신 삶의 '개척자'가 되어라. 당신의 상황에 대한 주인 의식을 가지고 당신에게 있는 가치, 강점, 열정을 일에 불어넣을 창조적인 방법을 찾는 동시에 당신에게 기대되는 성과를 충족함으로써 성공과 의미를 동시에 얻어라.[3]

번아웃에 대한 심리학적 연구에도, 일하는 삶의 현실에도 무지함을 내비치는 이런 조언들은 생뚱맞은 나머지 우스꽝스러울 정도다. 이런 글을 쓴 사람들은 번아웃의 책임을 오롯이 노동자의 어깨에 짊어지울 뿐만 아니라 노동자들이 "주인 의식을 가지면" 직장과 직장이 가진 측면들을 완전히 통제할 수 있다고 상정한다. 앞의 글이 발표된 것은 대침체의 한가운데였던 2008년, 미국에서 50만 명의 실직 사태가 일어난 바로 그달이었다.[4] 이 글 하나만 예외라고 말할 수 있다면 참 좋겠지만 이 글은 번아웃에 관한 일반 대중의 지식이 어느 정도인지를 보여줌으로써 노동자가 겪는 스트레스에 대해 회사와 관리자의 책임을 면제해준다.[5]

번아웃에 대한 글들이 대부분 무시무시할 정도로 익숙하다는 사실이 이 문제에 관한 우리의 집단 사고가 제자리걸음을 하고 있음을 보여준다. 그 이야기가 미치는 해악에도 불구하고 우리는 똑같은 이야기를 읽고 쓰기를 반복한다. 이미 지치고 무력해진 이들에게, 조금만 더 노력하면 상황을 바꿀 수 있다고 말한다. 그뿐만 아니라 번아웃 해소를 개인의 책임으로 돌리는 이런 조언은 번아웃의 애초 원인인 윤리적·경제적으로 비인간적인 체계를 그대로 내버려둔다.

우리의 사고가 제자리걸음인 까닭은 번아웃이 우리의 문화적 가치에 얼마나 깊이 파고들어 있는지를 알아보지 못해서다. 또는 이를 인정하기 두려워서다. 사람들을 번아웃의 지점까지 내모는 체계에서 수익이 나는 이상, 이득을 얻는 사람의 입장에서는 체계를 변화시켜 좋을 것이 없으리라. 일이 도덕적 의무라 여기는 개인주의 문화 속에서는 노동자가 고장 나지 않게 하는 것이 개인의 몫이다. 그리고 근면성실함을 자랑스레 내세우는 노동자들 다수는 이 해로운 의무를 기꺼이 받아들인다. 우리는 대부분 뒤틀린 방식으로 번아웃 문화를 사랑한다. 가슴속 깊은 곳에서 우리는 타서 없어져버리기를 원한다.

이 책은 지난 50년간 판에 박혀 있었던 번아웃에 관한 우리의 생각들을 끄집어내보고자 한다. 번아웃이 개인 차원의 문제가 아니라 문화적 문제임을 밝히고자 한다. 우리는 번아웃의 역사를 더듬어보고, 이를 문화적으로 두드러지게 만든 1970년대의 경향을 살펴보고자 한다. 또 과학적 연구 결과를 종합해 번아웃을 '일에 대한 우리의 이상과 직업의 현실 사이 간극을 메우기 위해 분투하는 경험'이라 정의할 것이다. 이 책에서 나는 지난 수십 년 사이 노동 조건이 쇠락하는 가운데 이상은 점점 커지기만 했음을 보여주고자 한다. 다음으로, 번아웃 문화를 끝낼 수 있는, 일을 생각하는 새로운 방식을 제시할 것이다. 삶의 중심에 일을 두는 대신 인간의 존엄성, 공감, 그리고 여가 활동에 가치를 두는 새로운 이상들을 제안할 것이다. 그뿐만 아니라 최전선에서 번아웃 문화에 저항하며 새로운 삶과 일의 방식을 창조하고 있는 공동체와 일터, 사람들을 깊이 파고들어 살펴보고자 한다.

번아웃에 관한 나쁜 조언들은 우리가 종종 그러듯이 제도와 체계를 신이 내린 만고불변의 진리처럼 상정한다. 하지만 이는 당연히 사실이 아니다. 우리는 예전에도 일하는 방식을 바꾸었고, 개선을 위한 노력에서 문화적 변화가 중대한 역할을 한 일이 종종 있었다. 한때 다반사로 일어나던 아동노동은 20세기 초반 불과 수십 년 만에 불법적인 것이 되었다. 동시에 부모는 아이들을 경제적으로 쓸모 있는 존재가 아니라 위험한 노동을 수행하기에는 도덕적·정서적으로 너무나 큰 가치가 있어서 "값을 따질 수 없는" 존재로 바라보게 되었다.[6]

이후로도 우리는 종종 기준과 제도 들을 빠른 속도로 바꾸려 했다. 오늘날 동성 결혼은 합법이다. 트랜스젠더를 바라보는 관점 역시도 나날이 인정과 포용으로 나아가고 있다. 사회구조를 무너뜨리고 새로운 구조를 만드는 일은 쉽지는 않지만 결코 불가능한 일은 아니다. 무엇보다도, 애초 이런 구조는 사람이 만든 것이다. 그렇다면 우리가 더 나은 구조를 만들지 못할 이유가 있을까?

. . .

번아웃이라는 복잡한 현상은 일 안팎의 행동 모두에 영향을 미치는 내면적 경험이다. 번아웃의 원인은 우리가 품는 드높은 이상에서부터 가족을 부양하기 위한 노력에 이르기까지, 전 지구적 경제 요인에서부터 매일같이 마주치는 짜증 나는 손님과의 의사소통에 이르기까지 다양하다. 이렇게 복잡한 번아웃을 이해하기 위해, 나는 수많은 심리학 논문, 그리고 사회학과 정치과학, 신학 연구를 읽었다. 수십 명의 노동자와 면담하고 뉴멕시코의 사막에 있는 외딴 협곡에서 며칠을 보냈다. 또 교수 시절 작성한 이메일과 메모 들을 찾아보며 나 자신의 삶을 심도 있게 들여다보기도 했다. 이 책은 과학적 글과 역사, 문화 분석과 철학, 몰입 취재와 회고록으로 이루어져 있다.

1부에는 우리가 지난 50년간 어떻게 번아웃 문화를 만들었는지 다루었다. 1장에서는 대중적 논의 속에서 번아웃이 점하는 자리를 살펴보고, 번아웃을 바라보는 관점들 속 지식의 부족이 빚어낸 불협화음을 찾아본다. 과학자, 의사, 마케팅 전문가, 고용주, 노동자는 각자의 상충하는 이익에 따라 번아웃이라는 용어를 사용한다. 그렇기에 우리는 번아웃이라는 용어의 의미에 대한 합의조차도 제대로 이루지 못했다. 이 때문에 번아웃은 문화적 유행어이자, 사실상 그 어떤 의제든 투사할 수 있는 공허한 기표가 되어버린다. 번아웃에 관한 우리의 부정확한 언어는 우리가 정말 이 문제를 해결할 마음이 있기는 한지 의문을 제기하게 만든다.

번아웃은 현대적 현상이지만 아세디아acedia, 멜랑콜리아melancholia, 신경쇠약증neurasthenia 같은 역사적 선행물이 존재했다. 2장에서는 이런 질병들의 역사를 탐구한다. 번아웃과 마찬가지로, 지난 시대의 영혼의 질병들 역시도 문화적 우선순위를 반영하는, 자부심과 수치심이 동시에 담긴 것들이다. 번아웃이 처음 미국에서 대중에게 알려진 것은 1970년대 각각 독립적인 연구를 수행하던 심리학자 두 명이 무료 클리닉 봉사자, 국선변호인, 상담사 등 이상주의를 지닌 노동자들이 앓는 새로운 질병에 관한 연구를 비슷한 시기에 발표했을 때다. 번아웃은 미국인의 노동 방식이 한층 치열한 동시에 한층 불안정한 방식으로 극적으로 변화하던 결정적 시기에 나타났다.

3장에서는 번아웃이 어떻게 이렇게 폭넓은 동시에 다양한 현상이 될 수 있는지를 이해하고자 심리학 연구들을 살펴본다. 일에 대한 이상과 현실의 간극이 벌어질수록 일체감을 유지하기 어려워진다. 하지만 번아웃을 경험하는 방식은 한 가지가 아니다. 번아웃은 번아웃 프로파일이라고 부를 수 있고 서로 구분되는 다양한 형태의 여러 경험으로 이루어진 스펙트럼이다.

더 큰 범위에서 살펴보면 번아웃 문화는 일의 환경과 일에 대한 사회적 이상 사이의 간극이 벌어진 결과다. 4장에서는 1970년 이래 노동환경이 쇠퇴해왔음을 다룬다. 도급노동과 계약직 노동이 늘어나는 한편으로 서비스 업종 노동자의 시간과 감정에 대한 요구가 높아지며 일터에서의 스트레스는 더욱 심해졌다. 이런 요소들은 사람들이 일터에서 경험하는 공정함, 자율성, 공동체, 그리고 가치의 결핍을 낳는다. 이런 면에서 볼 때 번아웃 문화는 노동자의 인간성을 존중하지 못한 윤리적 실패의 결과물이다.

5장에서는 이 간극의 다른 한편에 자리하고 있는, 점점 더 커지는 일에 대한 이상을 살펴본다. 이상은 우리가 일에 몰입하면 급여 이상의 무언가를 얻을 것이라고 약속한다. 사회적 존엄성, 도덕적 성품, 영적 목적의식을 얻을 것이라고 말이다. 하지만 이는 거짓 약속이다. 실제로 몰입engagement은 인간의 활동에서 일을 가장 높은 위치에 두어 존엄성, 인격, 영적 포부의 중요성을 깎아내리는 환경인 '총체적 노동total work'을 유발한다. 우리의 노동 윤리는 이상을 위해 번아웃을 기꺼이 감수하는 순교자의 자세를 궁극적 미덕으로 삼는다. 하지만 희생으로부터 실제 이득을 얻는 것은 고용주다.

2부에서는 일을 삶의 중심에 두지 않는 새로운 문화를 창조하는 방법을 다룬다. 번아웃을 방지하고 치유하려면 집단적으로 일에 대한 이상을 낮추고 노동자들의 인간 존엄성에 걸맞은 더 나은 노동 환경을 만들어야 한다. 6장에서는 교황, 초월주의자, 마르크스주의 페미니스트를 비롯한 여러 사상가의 생각을 살펴본 뒤, 이를 도움말 삼아 일이 삶에 미치는 영향력을 제한하고 서로를 인정하는 공동체 속에서 발견한 더 고매한 목적에 일을 종속시킴으로써 사람의 타고난 가치에 맞게 일의 방향성을 재확인하는 방법을 알아볼 것이다.

7장에서는 주류 사회의 변두리에서 번아웃 문화를 뿌리 뽑기 위해 필요한 일의 이상과 조건을 체화하며 살아가는 사람들을 만나본다. 베네딕트회 수도사들의 사례에서는 세속에 살아가는 우리 역시도 배울 점이 있다. 뉴멕시코주의 외딴 수도원에서 지내는 수사들이 일에 접근하는 태도는 급진적이다. 이들은 공동 기도에 더 많은 시간을 쏟을 수 있도록 하루에 단 3시간만 일한다. 미네소타주에 있는 다른 두 곳의 베네딕트회 공동체는 한층 다가가기 쉬운 사례를 보여준다. 미네소타주의 수사들은 세속적 요구에 직접 부응하며 긴 시간을 보내면서도 여전히 서로의 가치를 존중하고 일과 자기를 동일시하지 않을 수 있는 조치들을 이어간다.

반反-번아웃 문화의 예시를 찾고자 하는 탐구는 8장에 등장하는, 빈곤에 힘겹게 맞서 싸우는 이들의 완전한 인간성을 존중한다는 목적으로 세워진 텍사스주 댈러스의 한 비영리단체로 이어진다. 또 일이 끝난 뒤에 취미 생활을 통해 정체성과 삶의 의지를 찾고자 하는 이들도 만나보았다. 장애 예술가들의 이야기를 들으면서 유급 노동에서 존엄성을 찾지 못하는 이들은 자기수용과 의식, 그리고 때로는 온라인 공동체를 통해 존엄성을 찾는다는 사실을 알 수 있었다. 노동능력이 있는가와는 상관없이, 번아웃 문화가 남긴 상처를 치유하는 방법은 우리와 마찬가지로 번아웃을 향해 가는 타인과 공감하고 연대하는 것뿐이다.

책의 결론에서 나는 이제 우리에게 일을 인간적 이상과 더 일치시킬 수 있는 기회가 왔다고 주장한다. 코로나 팬데믹이 크게 유행하면서 거의 모든 사람의 일에 변화가 생겼다. 팬데믹은 수많은 사람들과 공동체에 상실을 가져다주었지만 한편으로는 우리의 삶과 문화 속 일의 자리를 다시금 정립할 기회를 주기도 했다.

• • •

《번아웃의 종말》에서 다루지 않는 문제에 대해서 몇 가지 경고를 해야겠다. 먼저, 이 책은 개인을 위한 자조 도서라기보다는 문화 전반을 이야기하는 데 초점이 맞추어져 있다. 7장과 8장에 등장하는 번아웃 문화에 저항하는 사람들로부터 영감을 받아 삶을 변화시키고자 하는 독자들도 있겠지만, 나는 오로지 집단적 노력으로만 번아웃에 맞서 싸울 수 있다고 확신한다.

다음으로, 번아웃이 자본주의, 그것도 '후기' 자본주의의 직접적 결과라는 것은 내 주장의 핵심이 아니다. 물론 경제적 우선순위를 개혁하면 노동환경의 일부도 개선되겠지만 (설령 그런 일이 가능하다고 한들) 자본주의를 전복시킨다고 해서 번아웃을 완전히 종식할 수는 없다. 일의 현실과 우리의 이상 사이 간극이 오로지 자본주의의 결과인 것은 아니기 때문이다. 하지만 고용주는 이익을 얻기위해 노동자가 더 적은 자원으로 더 많이 생산하도록 끊임없이 압박을 주고 이로써 노동자의 불안과 스트레스는 가중된다.

마지막으로, 이 책에서는 유급 노동에서의 번아웃을 주로 다룬다. 예컨대 양육자의 번아웃 같은 것들은 이 책에서 다루지 않는다.[7] 그렇다고 해서 육아가 힘들지 않다거나 노동의 성격을 지니지 않는다는 뜻이 아니다. 하지만 양육자의 번아웃을 다룬 연구는 거의 없으며 육아와 유급 노동은 큰 차이를 지닌다.[8] 양육자에게는 해고당할 걱정 없이 불만을 접수할 수 있는 인사 담당 부처가 없다. 사실 번아웃 문화를 끝낼 수 있는 결정적 과정 중 하나는 육아, 학교, 대인 관계 같은 무급 활동이 유급 노동과는 완전히 다른 가치를 지니고 있다는 사실을 인정하는 것이다.

번아웃을 완전히 끝내는 것은 불가능할지도 모른다. 우리가 열심히 일하는 한 고통은 사라지지 않을 것이다. 하지만 이 고통을 누그러뜨릴 수는 있다. 번아웃은 조직 사회의 현실과 우리의 이상 사이 모순에서 발생하는 한편으로, 일터에서 이루는 건강하지 못한 대인 관계의 산물이기도 하다. 타인에게 요구를 하고 그만큼 타인을 인정해주지 않을 때, 우리의 말과 행동이 일치하지 않을 때 번아웃이 발생한다.

결국 번아웃은 궁극적으로 상대방의 인간적 존엄성을 존중하지 않은 결과물이다. 그러므로 우리의 질문은 단순히 "내가 나의 번아웃을 어떻게 막을 것인가?"가 아니라 "내가 당신의 번아웃을 어떻게 막을 것인가?"가 되어야 한다. 그리고 그 답 안에, 더 나은 일터를 만드는 방법뿐만 아니라 더 나은 사람이 되는 방법까지 담기게 될 것이다.

차례

2부 반-문화

일러두기

· 이 책은 Jonathan Malesic의 *The End of Burnout*(University of California Press, 2022)을 우리말로 옮긴 것입니다.
· 외국 인명·지명·독음 등은 외래어표기법을 따르되 관용적인 표기와 동떨어진 경우 절충하여 실용적인 표기를 따랐습니다.
· 국내에 소개된 작품명은 번역된 제목을 따랐고, 국내에 소개되지 않은 작품명은 원어 제목을 병기했습니다.
· 지은이 주는 미주로, 옮긴이 주는 '—옮긴이' 표시와 함께 괄호 병기로 본문에 처리했습니다.
· 원문의 이탤릭체는 고딕체로 처리했습니다.

번아웃은 궁극적으로 상대방의
인간적 존엄성을 존중하지 않은 결과물이다.
그러므로 우리의 질문은 단순히
"내가 나의 번아웃을 어떻게 막을 것인가?"가 아니라
"내가 당신의 번아웃을 어떻게 막을 것인가?"가 되어야 한다.
그리고 그 답 안에, 더 나은 일터를 만드는 방법뿐만 아니라
더 나은 사람이 되는 방법까지 담기게 될 것이다.

THE END OF

BURNOUT

1부

번아웃 문화

1장 / 모두가 번아웃에 시달리지만, 그것이 무슨 의미인지는 아무도 모른다

대학교 종신교수라는 직업을 그만두기로 마음먹고 몇 주 동안, 나는 내가 커리어에 대해 느끼는 분노에 찬 두려움을 번아웃이라는 단어로 설명할 수 있으리라 느꼈다. 뼛속까지 학자였던 나는 퇴임 직전 학기를 대학교 수영장에서 보내며 내 삶을 이해할 수 있을 이 연구 주제에 대해 생각했다. 이 단어를 다시 마주친 것은 캘리포니아대학교 버클리 캠퍼스의 심리학 교수 크리스티나 마슬라흐 Christina Maslach의 글을 읽던 중이었다. 내가 재직하던 대학교에 있던, 유서 깊은 미드센추리 양식(제2차 세계대전 이후에 발달한, 단순한 선과 장식 없는 실용성, 큰 창문 등이 특징인 건축 양식―옮긴이)의 도서관 지하 서고에는 마슬라흐가 1982년에 쓴 《번아웃: 돌봄 비용 Burnout: The Cost of Caring》이라는 책이 소장되어 있었기에 나는 이 책을 대출해 읽었다.

이 책은 꼭 내 커리어 일대기 같았다. 마슬라흐의 연구는 사람을 상대하는 직업을 가진 노동자들에 초점을 맞추고 있다. 상담사, 사회복지사, 경찰, 교도관, 그리고 나와 같은 교직 종사자들이었다. 마슬라흐는 번아웃에 시달리는 이들은 이상주의적인 경향이 있다고 이야기했다. "개인이 노동을 이끌어가기 위해 고귀한 이상을 필요로 할 때, 그 이상이야말로 문제가 될 수 있다. 아무리 열심히 일해도 매일같이 실패할 수밖에 없기 때문이다."[1]

마슬라흐는 일터에서 심리적 욕구를 충족할 필요성을 이렇게 주장했다. "친구나 가족과 친밀한 관계를 이루지 못하는 사람은 고객이나 동료에게 인정받는 일에 더욱 의존하게 된다."[2] 내가 바로 그랬다. 업무량이 가장 과중했던 당시, 내 아내는 320킬로미터 떨어진 곳에 살고 있었다. 우리 둘 다 가족과 형제와 멀리 떨어져 살았다. 또 나에게 친구라고는 직장 동료가 다였다. 모이면 일에 대한 불만을 털어놓았다. 수업에 무관심한 학생들의 모습을 볼 때마다 내가 중요시하는 모든 것이 비난받는 기분이었다.

그런데 마슬라흐의 책을 읽으면서 이해받는 기분이 들었다. 마슬라흐의 글은 연구 대상인 번아웃에 시달리는 노동자에 대한 공감으로 가득했다. 그는 불행해하는 우리를 탓하지 않았다. 우리가 지닌 이상주의를 높이 평가하고, 우리가 하는 일이 지닌 힘겨움을 조금 더 솔직하게 받아들이기를 촉구하면서도 우리를 불충분한 사람들로 보지 않았다. 우리는 그저 업무상 힘든 점을 받아들이는 훈련이 불충분한 사람들일 뿐이었다.[3] 마슬라흐의 연구에 때때로 협력했던 아얄라 파인스Ayala Pines와 엘리엇 에론슨Elliot Aronson도 이에 동의한다. 이들은 사람들이 자신의 고통에 이름이 있다는 것을, "그들이 특별히 잘못된 것이 아니"라는 사실을 알면 안도한다는 사실을 알아냈다.[4] 마슬라흐가 마이클 라이터Michael Leiter와 1997년 공동으로 집필한 책이자 내가 대학에서 강의하던 마지막 몇 주간 엄청나게 많은 밑줄을 치고 주석을 달았던 《번아웃의 진실The Truth About Burnout》에서는 번아웃이 개인이 아니라 제도에 의해 유발되는 것이라고 이야기한다. "번아웃은 사람들 자체의 문제가 아니라 사람들이 일하는 사회적 환경의 문제다. 일터가 업무의 인간적 측면을 인정하지 않을 때 번아웃의 위험성은 커지고 뒤따르는 대가는 크다."[5]

번아웃에서 개인을 탓해서는 안 되지만, 번아웃의 부정적 효과는 개인에게 영향을 미친다. 마슬라흐는 번아웃을 세 가지 차원으로 본다. 소진, 냉소(또는 비인간화), 그리고 비효능감과 부족한 성취감이다.[6] 일터에서 번아웃을 겪는 사람은 자꾸만 에너지가 부족하고(소진), 고객이나 학생들을 도와줄 대상이 아니라 문제로 인식하고(냉소), 업무로 무엇도 성취하지 못한다고 느낀다(비효능). 나는 그 모든 감각을 뼈저리게 느끼고 있었다. 아침에 일어나면 피곤하고 오늘의 업무가 겁이 났다. 나에게 관심도 없어 보이는 학생들이나 행정 직원에 대한 좌절감을 숨기느라 애썼다. 또 나의 노력과 재능이 결국 아무것도 아니라는 생각이 들었다. 학생들은 배울 의지가 없었다. 내가 하는 일은 죄다 헛수고였다.

내 번아웃 경험에는 심오한 아이러니, 문학평론가 로런 벌렌트Lauren Berlant의 용어를 빌리자면 '잔혹한 낙관주의cruel optimism'가 숨겨져 있었다. 잔혹한 낙관주의란 "당신의 애착을 유발하는 대상이 당신이 애초 가졌던 목표를 적극적으로 방해하는 때"를 가리킨다.[7] 나는 배움, 가르침, 동료 학자들과의 공동체에 대한 기여 등 가치 있는 목표를 좇아 교수가 되었지만, 그런 추구 자체가 나를 소진시키고 냉소하게 만들고 좌절시켰다. 그러는 과정에서 내가 목표를 이룰 능력은 약해졌다.

내 경험과 똑같이 느껴지는 번아웃을 다룬 논문들을 읽던 나는 각주에 등장하는 참고 문헌들을 차례차례 읽어나갔다. 대부분의 논문에 크리스티나 마슬라흐가 개발해 번아웃 연구의 표준이 된 심리 척도 검사 '마슬라흐 번아웃 인벤토리Maslach Burnout Inventory'가 등장했다. 나는 교육자 전용으로 나온 버전을 선택해 검사를 받았다. 15달러를 내고 온라인으로 5분이면 끝나는 검사이니, 내가 겪는 것이 진짜 번아웃인지 과학적으로 확인받는 것치고는 싼값이었다. 검사는 내가 일과 학생들에 대해 이런저런 감정을 느끼는 빈도를 묻는, "일 때문에 정서적으로 고갈되었다고 느낀다"(소진 척도)에서부터 "몇몇 학생이 어떻게 되든 사실 상관없다"(비인간화 또는 냉소주의 척도), "학생들과 긴밀하게 협력하고 나면 활력이 생긴다"(개인적 성취감과 효율감 척도)에 이르기까지 22개의 질문으로 구성되어 있었다. 솔직하게 응답했지만, 그러면서도 만약 내가 '실패하면', 즉 번아웃이 아니라는 검사 결과가 나오면 나를 교수의 길에서 탈선시키며 인생을 망가뜨리다시피 하고 있는 이 증상의 정체를 또다시 찾아 헤매야 할까 봐 두려웠다.

그런데 나는 번아웃 테스트에 눈부신 성적으로 합격했다. 내 점수는 소진 98퍼센트, 개인적 성취감 17퍼센트를 달성했는데, 이는 내가 마슬라흐 번아웃 인벤토리 검사를 받은 사람 중 가장 심각한 소진을 겪는 사람 중 하나이며, 피험자 여섯 명 중 다섯 명보다 효능감을 적게 느낀다는 의미였다(개인적 성취감은 반비례로 측정한다. 점수가 낮을수록 비효능감을 크게 느낀다는 의미다). 놀랍게도 나는 비인격화 항목에서는 고작 44퍼센트라는, 평균 이하이지만 그럼에도 어떤 연구자들은 높은 점수라고 간주하는 점수였다. 그런데 냉소주의가 평균 이하라고? 나는 밤이면 교직원 모두를 대상으로 분노에 찬 기나긴 이메일을 썼다. 대체 진정으로 냉소적인 행동이라는 것은 무엇일까? 아무튼 나는 소진의 주요 영역에서 아주 높은 점수를 기록했다. 표준화된 시험에서 승승장구해온 사람답게, 대학원에 진학하기 전 높은 GREGraduate Record Examination 점수를 받았을 때만큼이나 자랑스러웠다.

연구 자료를 읽으면서 나는 세상에 번아웃의 세 가지 차원을 측정하는 검사가 있다는 사실뿐만 아니라 이런 상황을 겪는 사람이 나 혼자만이 아니라는 사실을 알았다. 하지만 번아웃을 겪는 노동자의 수는 몇이나 될까? 또 그들의 경험은 어떤 것일까? 나와 같을까, 아니면 다를까? 이런 질문들에 답하기는 생각보다 더 어렵다. 그럼에도 이 질문들은 우리 문화가 번아웃에 대해 가지는 상충하는 감정들과 곧바로 이어진다.

· · ·

번아웃은 분명 공공의 논의가 상당히 많이 필요한 주제다. 대중적인 웹사이트, 잡지, 업계 간행물에 등장하는 번아웃에 관한 기사에 따르면 모든 직업군이 번아웃을 겪기 쉽다. 이 책을 쓰는 동안에도 번아웃에 대한 새로운 글이 인터넷에 등장했다는 이메일 알림을 매일같이 받았다. 이메일마다 링크가 수십 개씩 첨부되었다. 번아웃을 겪는 내과의사, 간호사, 교사, 부모, 치과의사, 경찰관, 기후위기 활동가, 학교 안전 담당관, 변호사, 뇌혈관 전문의, 기밀 담당자, 테니스 선수, 대학원생, 도서관 사서, 음악가, 프리랜서, 자원 활동가, 그리고 코미디언 데이브 셔펠Dave Chappelle을 다룬 기사들이 단 하루 동안 등장한 날도 있었다.

이런 글의 헤드라인은 대부분 해당 직업군 내에 번아웃이 팽배하다고 주장한다. 예를 들면 뇌혈관 전문의를 다룬 기사에서는 뇌혈관 분야 의사 중 56퍼센트가 번아웃 기준을 충족한다고 했다.[8] 어느 연구팀은 직업을 가진 일반인 28퍼센트, 그리고 내과의사 44퍼센트가 번아웃을 겪는다고 했다.[9] 또 다른 연구에서는 노동자의 23퍼센트가 번아웃을 겪는다고 했다.[10] 이런 글을 계속 읽다 보면 믿기지 않는 숫자들을 마주하게 된다. 어느 조사에 따르면 "응답자 중 77퍼센트가 현재 종사하는 직업에서 번아웃을 경험했다고 보고했으며, 그중 절반 이상이 한 번 이상 경험했다".[11] 놀랍게도 밀레니얼 세대 중 96퍼센트가 번아웃을 겪는다는 주장도 있었다.[12]

이런 기사들 하나하나는 단순하고도 충격적인 이야기를 전해준다. 노동자 중 상당수가 특정 직업군에 고유하며, 업무 능력을 손상시키는 이 같은 증상을 겪고 있다는 이야기다. 이런 글들은 번아웃을 마치 인두염처럼 명확하고 한정된 질병의 틀에 집어넣는다. 전형적인 헤드라인을 하나 꼽자면, "새로운 조사 결과에 따르면 1차 의료기관 의사 중 79퍼센트라는 놀라운 수가 번아웃 상태"라는 것이다.[13] 퍼센트 수치로 정확한 비율을 제시하는 글을 보면 마치 건강한 노동자와 건강하지 못한 노동자 사이에는 명확한 선이 있는 것 같다. 일하는 우리는 전구 같은 존재다. 빛을 내는 전구이거나, 타서 꺼져버린 전구이거나. 그 사이에는 아무것도 없다. 번아웃을 겪은 사람이 할 수 있는 일은 억지를 써서 업무 시간을 채우는 것뿐이다. 당신은 일하는 좀비나 마찬가지다.

하지만 이런 기사들을 한데 모아 살펴보았을 때 나오는 이야기는 한층 복잡한 동시에 덜 확정적이다. 맞다, 번아웃은 널리 번진 현상이다. 하지만 이 점을 강조하고자 인용한 숫자들은 서로 양립 불가능하다. 전체 노동자의 4분의 1이 번아웃을 겪고 있는데 밀레니얼 세대가 거의 모두 번아웃 상태라니, 이런 조사 결과가 나온 시점에 밀레니얼 세대는 전체 노동자의 3분의 1을 차지하는 수였으므로 말이 안 된다.[14] 당연한 이야기이지만 이들보다 나이가 많은 노동자들 역시 번아웃을 겪는다.

이런 숫자들 이면을 들여다보면, 수치를 생산한 연구자들이 서로 번아웃을 다르게 정의한 채 연구에 임했다는 사실을 알 수 있다. 이 연구들은 같은 현상에 관해 이야기하고 있는 것이 아니라 연구자들 각자가 파악한 문제에 관해 이야기하는 것이다.[15] 내가 했던 마슬라흐 번아웃 인벤토리 검사의 22개 항목 모두를 기준 삼은 연구는 얼마 없었다. 심지어 마슬라흐 번아웃 인벤토리 검사를 이용한 연구자들 역시 연구에 적용한 방법은 서로 달랐다. 어느 메타 분석 연구에 따르면, 마슬라흐 번아웃 인벤토리 검사를 이용해 내과의사들의 번아웃을 살펴본 156개 연구에는 번아웃에 대한 47가지 서로 다른 정의들이 등장하며, 정서적 소진, 냉소주의, 비효능감에 대한 정의는 각각 최소 20가지다. 이런 연구들에서 번아웃을 겪는 의사가 0퍼센트라는 것에서부터 80퍼센트에 이른다는 것까지 몹시도 다른 결과들이 나오는 것도 놀랍지 않다.[16] 마치 다 함께 집을 짓는데 각자 널빤지 치수를 재는 방식이 다른데도 자꾸 나무를 잘라 망치질하는 형국이다.

그뿐만 아니라 마슬라흐 번아웃 인벤토리 검사는 소진, 냉소주의, 비효능감을 등급에 따라 측정하는 반면, 이 수치 이하로는 번아웃이 아니고 그 이상을 넘어가면 번아웃이라는 식으로 뚜렷한 기준치를 상정하는 연구가 많다. 마치 감광기가 달린 램프가 여전히 방 안을 밝히고 있는데도 일정 기준 이하로 조도가 내려가면 실제로는 '켜진' 것이 아니라고 선언하는 식이다. 번아웃 연구가 지닌 문제점 중에서도 까다로운 것은 여러 연구에서 번아웃을 일반인들이 내리는 주관적 정의를 기준으로 판단한다는 것이다. 연구 조사원에게서 "당신은 번아웃을 겪고 있습니까?"라는 질문을 받았다고 가정해보자. 나는 아무런 기능을 하지 못하는 전적인 무기력을 번아웃이라고 보는 반면 당신은 토요일 오후에 낮잠이 필요한 상태를 번아웃으로 정의한다. 그렇다면 우리의 응답은 완전히 다른 의미일 테지만 데이터에는 둘 다 똑같이 포함될 것이다. 연구 응답자들 각자가 생각하는 번아웃의 의미는 물론 연구 설계자가 생각하는 번아웃의 의미도 일치하지 않는다면 이 수치들은 사실상 사과, 오렌지, 음식물 쓰레기 더미를 같은 선상에 놓고 비교하는 것과 마찬가지다.

예를 들면, 메이요 클리닉Mayo Clinic에서 수행한 의사들과 일반 노동자 사이의 번아웃 비율 비교 연구는 "나는 일 때문에 번아웃을 느낀다"라는 진술에 적어도 한 달에 여러 번 이상 또는 "이 일을 하기 시작한 뒤에 나는 사람들에게 더 냉담해졌다"라는 진술에 한 달에 한 번 이상 해당한다고 응답한 경우를 번아웃으로 분류한다.[17] 둘 중 한 항목에만 '그렇다'라고 대답하더라도 번아웃으로 분류된다. 물론 이 질문들은 마슬라흐 번아웃 인벤토리 검사의 22개 질문보다 훨씬 쉽다. 게다가 이 질문에 대한 응답들은 정식 마슬라흐 번아웃 인벤토리 검사에 포함된 정서적 소진 차원, 비인간화 차원과도 강한 상관관계를 가진다.[18] 하지만 메이요 클리닉의 연구는 세 번째 차원인 개인적 성취(또는 그 역인 비효능감)는 아예 계산에 넣지 않는다. 또 정서적 소진을 묻는 첫 번째 질문은 '번아웃'에 대한 응답자들 각자의 개인적 정의에 의존하고 있다.

분명한 것은, 메이요 클리닉의 연구 결과대로 의사 중 30~40퍼센트가 종종 소진되었다고 느끼거나 환자들을 완전한 인간 이하의 존재로 대하며 비인간화하는 것이라면 이는 엄청나게 심각한 사회 문제라는 것이다. 하지만 그것은 의사 중 과반수에 못 미치는 다수가 매일 해야 할 일을 거의 완수하지 못한다고 말하는 것 또는 이들에게 상담 치료나 약물 치료가 필요하다고 말하는 것과는 다르다. 또 문제는, 번아웃에 대한 확실한 정의가 없는 이상 이 수치로는 의학계 내의 번아웃 위험이 어느 정도 규모라는 뜻인지 알 수 없다는 것이다. 마찬가지로, 사실상 밀레니얼 세대 대부분이 번아웃을 겪고 있다고 주장한 아마존 미케니컬 터크Mechanical Turk 플랫폼의 조사 역시 만연한 문제를 지적하기 위해서는 신뢰할 수 있는 수단을 사용해 연구했어야 한다. 이 조사에서는 "번아웃이나 정신적 소진이 당신의 일상에 영향을 미친다고 생각합니까?"라는 질문이 등장했다. 어처구니없이 광범위한 질문인 데다가 번아웃이 무엇인가에 대한 합의조차 없었다. 그러므로 연구 결과 역시 무의미하다. "우울감을 느끼십니까?"라는 질문 하나만으로 임상적 우울증을 진단할 수 없는 것과 마찬가지다. 하지만 마케팅 업계, 설문조사 기관은 물론 일부 학술 연구자마저도 번아웃이 사회적으로 확산되고 있음을 주장하기 위해 이 같은 방법을 사용한다.

번아웃에 대한 제대로 된 정의가 없는 또 다른 이유는, 널리 알려진 다른 질병들과 마찬가지로 번아웃이 지닌 상업적 잠재성이 크기 때문이다. 마케팅 업계에서는 번아웃이 세계보건기구가 인정한 업무 관련 증후군이라 떠들어대는 반면 번아웃에 대한 정의는 주관적으로 내린다. 광범위하고 중구난방인 여러 경험에 과학적 근거라는 허울을 씌움으로써, 그들은 번아웃이라는 응급 상황을, 나아가 건강 요법에서부터 잘 선별된 '콘텐츠'에 이르는 치료법을 필요로 하는 사람들로 가득한 시장 전체를 창출한다.

예를 들면, 미디어 복합기업 메러디스 코퍼레이션Meredith Corporation은 2019년 해리스Harris 설문 조사 회사와의 협력 조사를 거쳐 〈번아웃이라는 일촉즉발의 위기〉라는 보고서를 발표했다. 보고서에 따르면 여성 중 19퍼센트가 5년 전보다 더 심한 번아웃 증상을 느낀다고 응답했다. 심각한 문제처럼 보이지만, 따지고 보면 과거에 비해 더 "스트레스를 받는다"(36퍼센트) 또는 "피곤하다"(33퍼센트)라고 대답한 응답자들보다 훨씬 적다.[19] 그럼에도 '피곤'이 아니라 '번아웃'이라는 용어가 헤드라인을 장식했다. 피곤은 팔리지 않는 반면 번아웃은 문화적 현상이기 때문이다. 번아웃은 시대정신이다. 그렇기에 우리가 마주하는 문제 역시 번아웃이어야 한다.

또 문제가 발생하는 동시에 문제를 해결할 수 있다고 자신하는 이들에게도 기회가 생긴다. 메러디스 코퍼레이션의 보고서는 이렇게 주장한다. "여성들은 번아웃과의 싸움에서 (이 싸움에 가세하는 것이 아니라) 자신들의 편이 되어줄 브랜드에 그 어느 때보다도 큰 기대를 걸고 있다."[20] 굳이 말할 필요도 없겠지만, 메러디스 코퍼레이션의 '콘텐츠 스튜디오'는 브랜드가 여성들의 편이 되어주도록 도와주는 서비스를 제공하고 있다고 한다. 같은 선상에서, 컨설팅 회사 딜로이트Deloitte는 2018년 〈일터에서의 번아웃 조사〉를 통해 노동자 대다수가 번아웃을 경험한 적 있으며 "고용주는 직원들의 업무 스트레스를 해결하는 데 도움이 될 복지 프로그램을 개발할 적기를 놓칠지도 모른다"라고 주장했다.[21] 하지만 좋은 소식이 있다. 딜로이트가 제공하는 인적자원 컨설팅 서비스가 여러분을 도와주겠단다.

• • •

번아웃이 인두염과는 달리 이론의 여지가 있는 용어라는 사실은 번아웃 문화에 대한 중요한 사실을 알려준다. 번아웃의 정의에는 여러 이해관계가 달려 있다는 것이다. 노동자, 고용주, 연구자, 마케팅 업계, 의료계가 번아웃이라는 용어로부터 바라는 바는 각기 다르다. (내 경우에 그랬듯) 자신의 경험을 확인해주기를 바라거나 회사에서 쓸모없어진 인력을 솎아내기를 바라거나 상담 치료의 새로운 영역을 정의하는 것 등이다. 번아웃이라는 용어는 우리에게 중요하지만 우리는 이 용어의 정의를 여전히 확립하지 못했다. 이런 맥락에서 볼 때, 선정적인 연구 결과들은 그저 이 상태를 보고하는 데 그치지 않고, 읽는 이들이 자신 역시 번아웃 상태라고 주장하게 만든다. 같은 직업과 성별, 연령대의 사람들 대다수가 번아웃을 겪는다는 사실을 알고 나면 그들과 섞이기 위해 당신 역시 마찬가지 증상을 겪는다고 말하게 되지 않겠는가? 그것이 바로 번아웃 문화가 가진 모순이다. 번아웃은 부정적인 상태이지만, 수많은 이들이 그 상태를 자신에게 적용하고 싶어 한다.

밀레니얼 세대의 번아웃을 놓고 이루어지는 공공의 대화에서도 같은 모순이 드러난다. 2019년 초, 기자였던 앤 헬렌 피터슨 Anne Helen Petersen은 《버즈피드》에 기고한 글에서, 글이 쓰인 시기에 20~30대에 해당하던 밀레니얼 세대가 투표자 등록처럼 중요한 일들을 포함한 일상적인 업무들을 제대로 하지 못하는 이유가 번아웃 때문이라고 설명했다. 그것은 게으름 때문이 아니라고 했다. 피터슨의 설명대로라면 밀레니얼 세대는 평생 무언가를 수행하라는 압박을 받았으며, 학자금 대출에 시달리고 있고, 불안정한 구직 시장을 경험했기에 결국 소진될 때까지 떠밀려왔다는 것이다. 피터슨에게 번아웃이란 "일시적인 괴로움이 아니라 밀레니얼 세대의 조건이다. 그것은 우리의 기초체온이다. 또한 배경음악이다. 그것이 우리의 현실이다. 우리의 삶이다".[22]

피터슨의 글은 수백만 회의 조회수를 기록하며 센세이션을 일으켰으며 라디오 프로그램이나 팟캐스트에서도 널리 논의되었다. 이 글이 발표된 뒤 나는 며칠 동안 소셜 미디어에서 벌어지는 대화를 열심히 살펴보면서 나의 개인적인 삶과 직업인으로서의 삶의 교차점에 놓인 주제인 번아웃에 느닷없이 정당한 관심이 쏟아지는 모습을 목격했다. 생각해보니 피터슨의 글은 수많은 독자의 경험에 이름(그러므로 정당성)을 부여했기 때문에 유명해진 것 같다. 그의 글은 밀레니얼 세대를 비롯해 많은 사람에게 그들이 괴로운 것이 사실 개인의 잘못 때문이 아니라 대규모의 문제 때문이라고 말해주었다. 교수직을 그만두기 전 마지막 몇 달 동안 번아웃에 관한 마슬라흐의 정의에 내가 그토록 공감한 것도 같은 이유, 즉 내가 혼자가 아니라는 사실을 알 수 있어서였다.

어쩌면 이 글이 유명해진 또 다른 이유는 어떤 경험에 이름을 붙이는 데 그치지 않고 그 경험을 겪는 이들을 고평가했다는 점인지도 모른다. 이 글은 우리가 기능하지 못하게 된 것이 이상적인 노동자가 되기 위해 지불한 대가라고 정당화했다. 또 사람들의 지위를 미국의 노동 문화라는 도덕적 체계 속에 집어넣었다. 피터슨

은 번아웃을 소진 그 이상의 의미가 있는 것으로 정의했다. "소진
은 더는 나아가지 못하는 지점까지 나아가는 것을 뜻한다. 번아웃
은 그 지점에 이미 도달했음에도 며칠, 몇 주, 몇 년 동안 계속해서
스스로를 그 너머로 밀어붙이는 것을 뜻한다."[23] 이 정의에 따르면
번아웃은 생산성의 실패가 아니라 생산할 힘이 없는데도 생산성이
지속되는 상태다. 이런 의미에서 보면 번아웃에 시달리는 노동자
는 일종의 영웅이다. 또 피터슨은 자신 또한 점점 소진되는 과정에
서도 열심히, 동시에 효율적으로 일했다고 강조한다. "이 글을 쓰
는 동안 나는 이사를 지휘하고 여행을 계획하고 처방약을 받아왔
으며 개를 산책시키고 운동을 하려 시도했고 저녁 식사를 요리했
고 슬랙slack(인스턴트 메시지 및 프로젝트 관리용 협업툴—옮긴이)에서
이루어지는 업무 관련 대화에 참여하려 시도했으며 소셜 미디어에
사진을 올리고 뉴스를 읽었다. (…) 나는 끝나지 않는 할 일 목록의
러닝머신 위에 있었던 것이다."[24]

하지만 이 글에 따르면 피터슨은 업무를 꾸준히 해냈으며 자
기가 하는 일을 냉소적으로 바라보지도 않았다. 다른 할 일들은 중
도에 실패했다고 하지만 말이다. 그는 친구와 연락 주고받기, 병원
진료 예약하기 같은 사소한 할 일들이 감히 엄두도 내지 못할 만큼
부담스럽게 느껴진다는 감정에 '잡일 마비errand paralysis'라는 이름을
붙였다. 하지만 잡일 마비를 겪는 것은 업무에 관련한 스트레스를
겪는 사람들의 전유물은 아니다. 그런 증상은 누구나 겪는 것이다.
나는 이제 번아웃을 겪지 않는데도 여전히 병원 예약을 미룬다. 좋
아하는 사람들에게 이메일을 보낼 시간이 도통 나지 않는다. 잡일

마비 상태는 그저 일상이다.

피터슨이 일 때문에 극심한 스트레스를 겪었음을 의심하지는 않는다. 피터슨처럼 텍사스 전역에서 상원 선거운동을 펼친 다음 새로운 프로젝트를 맡는 와중에 이사까지 했다면 나 역시 스트레스를 받았을 것이다. 하지만 피터슨이 보여주는 효율성은 중요한 질문을 던진다. 할 일을 높은 수준으로 수행하고 있는데도 번아웃인가?

피터슨의 글은 젊은 노동자들 사이 번아웃의 빈도와 깊이를 확언했지만, 그의 주장 일부에 대해서는 의문을 제기하는 반응이 일기도 했다. 이런 반응들 중 눈에 띄는 쟁점 한 가지는 번아웃과 인종 사이의 관련성에 관한 것이다.[25] 특히 피터슨의 주장이 백인의 특권적 위치에서 탄생한 것이며 유색인의 경우 번아웃 경험이 더욱 극심하다는 반응이었다. 〈흑인의 번아웃은 이런 기분이다〉라는 글에서 시인이자 학자인 티아나 클라크Tiana Clark는 "기나긴 유전적 트라우마—차라리 유전적 번아웃이라 불러야 하려나?"를 견디어 온 아프리카계 미국인에게는 번아웃이 전혀 새로운 것이 아니라고 주장했다. "나는 노예선, 소작농, 학교와 감옥을 잇는 직통 통로, 꾸준히 정신적으로 붕괴하는 상태에 대해 생각하고 있다." 피터슨은 번아웃이 밀레니얼 세대의 '기초체온'이라고 말했지만, 클라크의 말대로라면 "어떤 운동이든 시대든, 번아웃은 이 나라에서 수백 년간 흑인들이 꾸준히 경험해온 상태였다".[26]

'닳아버린 검은 배터리'라는 표현을 비롯해 클라크가 이야기하는 그의 삶은 분명 자신의 야망, 그리고 타인의 (아마도 인종주의적인) 기대 두 가지 모두를 따라잡고자 무진 애를 쓴 사람의 이야기처럼 들린다. 종일 강의를 하고 나면 기진맥진해진 기분이다. 위원회 일은 백인 동료들보다 더 많이 해내야 한다. 그가 나열하는 노동의 대가는 대개 신체에서 기인하는 것이다. "밤이면 이를 간다. 잠이 오지 않는다. 운동을 그만두었다. 머리가 지끈거리는데도 일을 한다. 다낭성 난소증후군에 걸린다. 심리 치료 일정을 취소한다. 더는 따라잡을 수가 없다. 더는 친구들에게 연락하지 않는다."²⁷

하지만 피터슨과 마찬가지로 클라크 역시도 일을 그만두어야 할 만큼 소진된 것 같지는 않다. 일에 대해 냉소적으로 말하지도 않는다. 효율감을 잃은 것 같은 기색 역시 전연 없다. 그는 자신이 해낸 상당한 직업적 성취에 관해 정당한 자부심을 느끼고 있는 것 같다. 시인으로서는 흔하지 않은 종신교수 직위, 출판된 시집 두 권, 문학상, 강연 요청 같은 것들 말이다. 피터슨의 경우와 마찬가지로 나는 클라크의 주관적 경험 역시 알 수 없다. 그저 그의 말을 있는 그대로 받아들일 뿐이다. 내가 알 수 있는 것은 그가 지쳤는데도 해야 할 일을 해냈다는 사실뿐이다.

사실, 클라크는 자신이 번아웃 상태라고 쓰는 동안에도 일을 처리하고 있다는 점에 자부심을 느낀다. 그에게 일은 "여전히 단거리달리기인 동시에 마라톤처럼 느껴진다. 왜? 그 이유는, 제이지Jay-Z가 가장 잘 표현했듯, 나는 허슬러hustler니까!"²⁸ 피터슨과 클라크의 이야기는 번아웃 선언이 그저 실패의 고백에 그치는 것이 아님을 보여준다. 이는 동시에 끊임없이 일한다는 미국적 이상을 충족했다는 주장이기도 하다.

·　·　·

　　번아웃을 정의할 때 생기는 이 모든 비일관성과 주관성은 일
중독 문화 속에서 번아웃이 지위와 미덕을 암시할 가능성과 마찬
가지로, 번아웃이 실제 존재하는 질병이기는 한가라는 의심을 낳
는다. 대부분 국가에서 번아웃에 대한 임상적 정의는 존재하지 않
고, 이는 번아웃 상태라는 말이 자신은 예술가라고 또는 시카고 컵
스 팀의 팬이라고 말하는 것만큼이나 의학적으로는 무의미한 상태
라는 뜻이다. 번아웃을 겪는다고 주장한다면 번아웃을 겪는 것이
맞다. 하지만 내 경우를 포함해서, 이 증명할 수 없는 주장에 신뢰
성이 필요하지 않을까?

　　번아웃의 정의가 합의되지 않았으므로, 어떤 비평가들은 번
아웃 연구가 그저 어둠 속을 맹목적으로 더듬는 것에 불과한 것
이라는 혐의를 제기한다. 임상심리학자 린다 V. 하이네만Linda V.
Heinemann과 사회학자 토르스텐 하이네만Torsten Heinemann은 번아웃 연
구자들이 '실제로 동일한 현상을 연구하고 있는 것인지' 의문을 품
는다.[29] 이 용어의 과도한 사용과 부정확성을 경고하는 연구자도
있다. 아얄라 파인스와 엘리엇 애론슨은 1988년 지난 수년간 "번아
웃'이라는 용어는 극도로 유명해졌다(아마도 지나치게 유명해졌을 것
이다). 이 용어는 지나치게 막연하게 쓰인 나머지 거의 무의미해졌
다"라고 했다. 이들은 번아웃이 "업무 스트레스, 피로, 소외감, 우울
과 유의어가 아니"라고 주의를 준다. "이 용어를 막연하게 사용할
때 그 쓸모는 저하된다."[30]

문화적으로 보면 번아웃 증후군은 우리가 이 용어를 느슨하게 정의함에 따라 점점 더 확장되었다. 린다 V. 하이네만과 토르스텐 하이네만은 부정확한 정의 때문에 번아웃이 "정신 질환이라는 낙인 없이 병가를 내고, 일터로 성공적으로 복귀할 수 있도록 하는 눈가림 진단"이 되었다고 주장했다. 이는 특히 번아웃이 2010년대 대중 매체에서 포크스크란크하이트Volkeskrankheit, 즉 전 사회적 질병으로 널리 논의되었던 독일에서 그러했다.[31] 2010년대 초반 독일의 신문과 잡지에는 번아웃을 다루는 기사가 수백 편씩 실렸으며 주로 유명인과 직업 운동선수 들의 번아웃 고백에 초점을 맞추었다.[32] 두 연구자는 번아웃이 대중의 관심을 끌게 된 뒤로 언론에서 점점 늘어나는 사회적 문제이자 야심찬 노동자라면 누구나 겪을 수 있는 증상으로 이를 묘사하기 시작했다고 주장한다. 더 구체적인 정의가 생기면 서사가 제한되기 때문이다. 그렇게 번아웃은 일과 관련된 다양한 질병을 가리키는 '포괄적 용어umbrella term'가 되었다.[33] 2011년 독일의 한 과학 논문에서는 번아웃을 더 예리한 정의가 시급히 필요한 '유행하는 진단'이라고 했다.[34] 또 다른 논문에서는 독일인들이 우울 삽화에 '번아웃'이라는 이름을 붙이는 경향이 2001년에서 2011년 사이에 극적으로 증가했다고 보았다.[35] 나아가 독일의 정신과 의사 울리히 헤게를Ulrich Hegerl은 번아웃에 지나치게 집중하는 것은 치명적일 수 있다고 경고하기도 한다. "번아웃에 대해 이야기하는 것은 아무 소용도 없습니다." 2011년 그는 《슈피겔》과의 인터뷰에서 이렇게 말했다. "번아웃이란 일상적인 피로에서부터 목숨을 위협하는 중증 우울 삽화까지 무엇이든 의미할 수 있기 때문입니다. 궁극적으로 번아웃이라는 개념은 우울증을 사소한 것으로 만들어버립니다."**36**

번아웃을 주관적으로 주장하는 사람은 많지만 임상적으로는 의미가 없으므로, 회의주의자라면 설문 조사원이나 기자 들에게 자신이 번아웃이라고 말하는 사람 중 대다수가 마슬라흐 번아웃 인벤토리 테스트의 소진, 냉소주의, 비효능감 항목에서 낮은 점수를 받을 것으로 예측할지도 모르겠다. 일의 가치를 지나치게 높이 평가하는 우리 사회에서는, 일에 지치지 않고 헌신한다는 의미인 번아웃을 겪는다는 말로 어떤 지위를 부여받을 수도 있다. 아무런 대가도 치르지 않는 일이다. 만약 번아웃을 주장하는 사람 중 대다수가 이 증후군으로 인해 '실제로' 고통받지 않는다면 애초부터 번아웃이라는 유행병은 존재하지 않는 것이리라.

번아웃에 대한 회의주의는 1970년대 마슬라흐의 선구적 연구만큼이나 오래된 것이다. 1981년 《타임》에 실린 〈거의 모든 사람의 번아웃〉이라는 글에서 칼럼니스트 랜스 모로Lance Morrow는 번아웃을 문화 전쟁으로 끌고 와서 '자기중심시대Me Decade'(1970년대 미국 사회를 이르는 미국의 용어로, 전쟁과 사회운동의 1960년대가 끝난 뒤 국가와 세계에 대한 환멸로 인해 개인이 내면에 집중하게 된 시대를 가리킨다—옮긴이)에서 전해져 내려온 얄팍한 나르시시즘을 비판하는 데 사용했다. 모로는 번아웃이 "줏대 없고 무차별적인 것, 별 뜻 없는 심리학 용어가 되었으며, 어디에나 있다는 점에서 정신적인 조깅이나 다를 바 없다"라고 비판했다. 그는 번아웃을 겪는다는 주장이 횡행한다는 것은 연약해진 국민정신의 증거라고 보았다. "'압박

속에서도 우아하게grace under pressure'의 시대는 1960년대 초반에 막을 내렸다." 1980년대에는 "너무 많은 사람이 너무 쉽게 좌절한다".**37**

정신과 의사 리처드 프리드먼Richard Friedman 역시 2019년《뉴욕 타임스》에 실린 글에서 번아웃이 그 자체로 의학적 질병은 아니지만 '일과 관련된 현상'이라고 분류하기로 한 국제보건기구의 결정을 따르며 유사한 주장을 했다. 프리드먼은 일터에서 '번아웃의 위험에 처한' 이들을 식별하기 위해 쓰는 진단 검사들이 지나치게 광범위하다고 비판한다. "거의 모든 사람이 번아웃을 겪고 있다는 것은 곧 그 누구도 번아웃을 겪지 않는다는 뜻이므로, 이 개념에는 신뢰성이 사라진다." 한 세대 전체의 의대생들을 상담한 경험을 지닌 프리드먼의 관점으로 보면, 수많은 노동자가 평범하고 당연한 스트레스를 심신을 쇠약하게 만드는 질병이라 잘못 해석하고 있다. 따라서 프리드먼은 "일상적 스트레스와 불편을 번아웃으로 질병화하는 것은" 실수라고 결론 내린다.**38**

물론 번아웃을 진단하는 믿을 만한 합의된 기준이 없는 지금 더 많은 사람이 번아웃을 호소한다는 것은 사실이다. 그럼에도 프리드먼의 회의적인 주장은 그가 원한 것과 완전히 정반대 효과를 가져왔다. 만약 번아웃이라는 과잉 진단이 문제라면 그리고 그 과잉 진단의 이유가 번아웃에 대한 진단 기준의 부재라면, 우리는 기준을 만듦으로써, 즉 번아웃을 질병화함으로써 그 문제를 해결할수 있다. 번아웃에 대한 정확한 진단 체크리스트가 있다면 기준에 맞지 않는 사람들을 걸러낼 수도 있겠지만, 마찬가지로 스스로가 일에 짓눌리고 있다는 사실을 인지하지 못하는 사람들을 포함할 수도 있다. 이를 통해 임상적으로 번아웃에 시달리는 사람의 숫자가 적다는 것을 알게 된다고 할지라도, 처방, 보험, 장애 수당 등 의료 자원을 총동원해 그 소수의 사람들을 도울 수 있을 것이다. 또 번아웃의 정의를 제한하고 나면 사람들이 번아웃을 대단한 것으로 격상시킴으로써 우울증을 사소한 것으로 만든다는 울리히 헤게를의 우려에도 답할 수 있다. 임상의학자들이 번아웃과 우울증을 구분할 수 있게 되면 그저 업무에만 해당하는 질병을 넘어 전적인 우울증에 시달리는 상태가 된 환자들을 더 잘 식별할 수 있을 테니까.

번아웃에 대한 포괄적 정의는 또한 논객들로 하여금 온 세상 사람들을 번아웃이라고 진단하고 치료법이라며 사실상 아무 사회적·정치적 프로그램을 가져다 붙이도록 허용한다. 이때 번아웃은 그저 '사회의 잘못된 점'을 의미할 뿐이다. 번아웃은 인종주의, 가부장주의, 자본주의의 독 사과인가? 어머니, 여성 일반, 아프리카계 미국인, 밀레니얼 세대 등 특정 집단이 번아웃 상태라고 주장하는 것은 그저 그 집단이 불이익을 받고 있다고 말하는 것과 동의어인가? 티아나 클라크는 짐 크로Jim Crow법(1876년에서 1965년까지 시행되었던, 인종 간 분리를 합법화한 미국의 주법—옮긴이)의 시대까지 거슬러 올라가는 미국 흑인들의 '유전적 번아웃'에 대해 쓰지만, 그 정도 규모의 제도적 억압과 폭력을 나타내는 용어치고 번아웃은 지나치게 온건하다. 그만한 역사적 불의를 논할 때 번아웃이 적절한 단어일까? 아니, 더 작은 규모로 보더라도, 번아웃이라는 용어를 개인에 대한 사회적 차별의 효과를 나타내는 무의미한 기호로 사용해도 되는가? 만약 그렇다면 대체로 억압받지 않는 의사나 대학교수 들이 번아웃을 겪는 비율이 그토록 크다는 사실을 어떻게 설명할 수 있을까?

번아웃이라는 파악하기 힘든 언어를 이해하고자 노력하다 보면 자꾸만 새로운 질문들이 등장한다. 우리가 확신할 수 있는 단 한 가지 사실은, 그것이 어떤 의미든 간에 우리는 번아웃의 사회에 살고 있다는 것뿐이다.

· · ·

번아웃이라는 용어를 바라보는 내 입장 또한 우리 문화의 입장만큼이나 모호하다. 나는 번아웃이 실존한다고 확신한다. 내가 겪었으니까. 그리고 내가 겪은 경험은 바쁜 한 주를 마무리하며 느끼는 평범한 피로감, 또는 학기 말에 쉬지 않고 시험 채점에 매달릴 때 느끼는 소진감을 훨씬 뛰어넘는 그 무엇이었다. 나를 통해 배움을 얻을 능력이 없는 학생들을 보며 내가 느낀 깊은 절망감은 휴식으로는 치유할 수 없는 것이었다. 두 번이나 장기간 업무를 쉬었는데도(유급 안식년 1년, 그 뒤에는 무급 휴가 한 학기) 번아웃은 잠시 중단되었을 뿐이다. 두 번 다, 다시 일에 복귀하자마자 몇 주 안에 소진되었고, 화가 났고, 비참해졌다. 나의 번아웃은 중단된 그 자리에서 다시 시작되었다.

또 나는 내가 경험한 것이 우울증이 아니라고 꽤 확신한다. 몇 달간 만났던 심리치료사는 동종업계의 그 어떤 치료사도 나를 임상적 우울증으로 진단하지 않을 것이라고 했다. 의사는 나에게 우울감을 수반한 적응 장애라는 진단을 내리고 선택적 세로토닌 재흡수 억제제를 처방했다. 분노 발작의 주기는 짧아졌지만 전반적으로 크게 나아진 것 같지는 않았다. 나는 무급 휴가를 받기 전에 약 복용을 중단했다. 증상이 나아지기 시작한 것은 대학을 완전히 그만두고 난 뒤였다. 나의 상태가 무엇이었든지 간에 그것은 나의 일과 밀접한 관계가 있었다.

번아웃이 실재한다고 믿는 한편으로 나 역시 우리가 이 용어를 너무 아무렇지도 않게 사용하고, 스스로에게 이 진단을 지나치게 선뜻 내린다는 회의주의자들의 우려를 공유하고 있다. 신부 들러리 번아웃이라거나 버닝맨 축제 번아웃이라거나 심지어는 TV 쇼 연속 시청 번아웃(맙소사!) 따위의 신종 재앙들에 관한 글을 읽고 있자면 번아웃이라는 용어가 지나치게 얄팍하게 확산된 것이 아닌가 하는 생각이 든다.[39] 모든 것이 번아웃이라면 그 무엇도 번아웃이 아니다. 모순적이게도, 번아웃이 모든 곳에 존재한다는 것을 보여줌으로써 그것의 중요성을 입증하려 들수록 궁극적으로 그것은 일상의 좌절감이라는 아지랑이 속에 녹아 사라져 보이지 않게 된다.

번아웃에 대해 이야기하는 것이 그 자체로 하나의 현상이라는 것은 번아웃이 단순히 심리학적 문제가 아니라 문화적 문제이기도 하다는 것을 시사한다. 이 문화를 이해하려면 먼저 그 역사를, 번아웃이 우려의 주제로 등장했다는 사실이 경제, 그리고 좋은 삶에 대한 시각 변화를 어떻게 반영하는지를 알아야 한다. 그것이 우리에게 남은 다음 단계다.

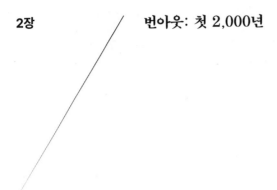

2장 / **번아웃: 첫 2,000년**

학계에서 보낸 세월을 더듬어보면, 일이 점점 악몽으로 변해가는 사이 내 몸이 나에게 어딘가 잘못되었다는 신호를 보내고 있었던 것 같다. 어느 1월, 개강을 한 주 앞두고 상체에 예리하고 간헐적인 통증이 느껴지기 시작했다. 누가 갈비뼈 사이를 칼로 빠르게 쑤셔대는 것만 같았다. 밤이면 누워서 통증이 찾아오기를 기다리는 동시에 영영 오지 않기를 바라곤 했다. 통증은 대부분 몸 왼쪽에 느껴져서 심장에 문제가 있는 것은 아닌지 걱정되었다. 듣자 하니 흉통이 생기면(이것이 흉통이 맞기는 한가?) 병원을 찾아야 한다기에 나는 병원에 갔다. 심전도검사를 하고 흉부 엑스레이도 찍었지만 특별한 문제는 보이지 않았다. 의사 말로는 통증 원인이 스트레스이거나 '바이러스성 증후군', 즉 식별하기 힘들고 치료할 수도 없는 현대사회의 고질병일 가능성일지도 모른다고 했다. 불만족스러운 진단이었다. 빅토리아시대 영국 문학 전공자인 친구에게 불평을 털어놓자, 친구는 그 의사가 19세기 외과의사처럼 미아즈마miasma(질병의 발병 원인이 나쁜 공기에 있다는, 1880년까지 널리 받아들였으나 현재는 폐기된 학설—옮긴이)라는 진단을 내린 것이나 마찬가지라며 나에게 혹시 공동묘지 옆을 걸었던 것은 아니냐고 농담을 했다.

의학적 지식은 빠르게 변화하기 때문에 건강과 질병의 경계는 불안정할 때가 많다. 특히 정신이라는 어슴푸레한 미궁 속에 존재하는 심리적인 상태의 경우에는 더하다. 골절은 오늘날에도 골절이지만, 예를 들어 지난 100년간 우리가 불안을 생각하는 방식은 엄청나게 변화했다. 광기lunacy나 히스테리아hysteria를 비롯해 폐기된 정신 질환들의 목록은 계속해서 늘어나고 있다.

우리는 외과의학 전문가들이 객관적이며 불변하는 지식을 가지고 있다고 믿고 싶어 하지만, 의학적 진단 역시 과학적 사실과 마찬가지로 문화적인 요소다. 질병은 신체나 정신에만 존재하는 것이 아니다. 질병은 사회에도 존재하는 것으로 우리가 자신으로부터, 또 사회로부터 기대하는 바가 무엇인지를 반영한다. 장애란 이런 기대를 충족하지 못하는 상태다. 다시 말하면, 말을 듣지 않는 무릎이든 위산 역류든 달갑지 않은 생각이든, 제자리를 벗어나 질서를 벗어나는 것이 장애다. 또 '질서'로 간주되는 것들이 시대에 따라 변화하듯 장애 역시 변한다. 즉, 어느 문화에서는 질환인 것이 다른 문화에서는 완벽하게 정상적인 상태일 수 있다는 것이다. 그렇게 의학적 문제가 도덕적 문제가 되기도 하고, 시간이 지나면서 이 문제의 책임 소재가 외과의사로부터 심리학자에게로 넘어가기도 한다. 예를 들면 동성애는 다른 시대에는 죄이고 범죄이며 정신

병이었지만 오늘날에는 성적 지향이다. 마찬가지로 알코올 의존증은 한때 도덕적 결함이었지만 수십 년이 지난 지금은 신체적 질환이다.

오늘날 번아웃에 대한 논의들을 살펴보면 그 정의가 경합을 벌이고 있음을 알 수 있다. 이는 지난 역사상 존재했던 다양한 소진 장애들이 전형적으로 겪었던 일이다. 번아웃은 우리 사회에 딱 들어맞는 증상처럼 보이지만, 그렇다고 해서 만성적으로 소진되어 있어 해야 할 일을 할 수 없다고 느낀 것이 인류 역사상 우리가 처음은 아니다. 안나 카타리나 샤프너Anna Katharina Schaffner는 2016년 저서 《소진의 역사Exhaustion: A History》에서 이렇게 썼다. "소진은 단지 우리의 사적인 내면의 삶과 신체적 건강뿐만 아니라, 더 폭넓은 사회적 발전, 특히 일과 휴식을 바라보는 더 일반적인 문화적 태도와도 복잡한 관련을 맺고 있다."[1] 인간은 오래전부터 소진된 기분을 느껴왔으나, 그 소진의 방식은 시대마다 고유한 방식으로 달랐다. 나는 번아웃이 어째서 과잉 활동에 시달리고 업무에 중독된, 21세기 사회를 살아가는 우리가 겪는 특징적인 소진의 방식인지 알고 싶었다. 하지만 우리의 번아웃 문화는 과거에 한층 더 깊이 뿌리내리고 있다.

• • •

"헛되고 헛되다! 모든 것이 헛되다. 사람이 세상에서 아무리 수고한들 무슨 보람이 있는가?"[2] 일의 무용성에 대한 불만을 쏟아내는 이 구절은 기원전 300세기경에 쓰인 《전도서》에 등장하는 것이다. 코헤레트Qoheleth(히브리어로 '설교자')라고만 알려진 이 책의 화자는 인생은 덧없으므로 우리의 일은 모두 무의미하다고 불만을 토로한다. 이는 그저 "바람을 붙잡으려는 것과 같다".[3] 코헤레트는 음식, 술, 섹스, 예술, 공부처럼 인생을 이루는 좋은 것들의 감식가이지만, 이 중 그 무엇도 죽음으로부터 우리를 지켜줄 수 없음에 절망한다. 그뿐만 아니라 좋은 일조차 무효로 돌아가는 때가 종종 있다. "지혜가 전쟁 무기보다 낫지만, 죄인 하나가 많은 선한 것을 망칠 수 있다."[4] 이런 슬픈 사실에 비추어 코헤레트는 필멸의 운명을 지닌 독자들에게 이 순간만을 위해 살아가라고, 일을 할 때도 마찬가지라고 명한다. "네가 어떤 일을 하든지 네 힘을 다해서 해라. 네가 들어갈 무덤 속에는 일도 계획도 지식도 지혜도 없다."[5]

코헤레트의 말은 히포크라테스Hippocrates 의학에 등장하는 네 가지 체액 중 하나인 흑담즙의 과도한 분비에 시달리는 멜랑콜리아 환자가 할 법한 말처럼 들린다. 그는 피로하고 비관적이며, 심지어 자신의 삶과도 반성적 거리를 두고 서 있다. 멜랑콜리아는 기원전 4세기 그리스철학에서 처음 유래했을 때부터 "특출남, 예술적 경향, 그리고 '두뇌 활동'"과 연관되었다고 샤프너는 쓴다.[6] 번아웃과 마찬가지로 멜랑콜리아 역시 영광의 징표였으나, 수고로운 노동으로 인한 것은 아니었다. 아리스토텔레스에 따르면 유용한 노동은 순수한 사고만큼 고결한 것이 아니다.[7] 멜랑콜리아는 고귀한 정신의 삶을 좇는 이들이 마주하는 위험이었다.

수백 년 뒤, 인생이 덧없다 느끼기보다는 끝없이 길기만 한 것처럼 느낀 기독교 두뇌 노동자들은 또 다른 소진 장애와 싸우게 되었다. 초기 수도사들은 여기에 아세디아acedia(그리스어로 '무관심')라는 이름을 붙이고 이를 그들을 이집트 북부 사막의 동굴로 이끈 여덟 가지 '나쁜 사고' 중 하나로 삼았다. 이런 증상은 해가 높이 뜨고 아직 저녁 식사 시간까지는 몇 시간이 남아 있는 정오 즈음에 찾아왔으므로 '한낮의 악마'라는 또 다른 이름이 붙었다. 이 악마는 "태양이 미동도 하지 않는 것처럼 보이게 하고 하루가 50시간처럼 느껴지게 한다"라고 4세기 후반의 수도사 에바그리우스 폰티쿠스Evagrius Ponticus는 썼다. 한낮의 악마로 인해 수도사는 초조해져 대화 상대를 찾아 돌아다니게 된다. 그다음에 악마는 "수도사의 마음에 이 장소에 대한 증오심, 그의 삶 자체에 대한 증오심, 육체노동에 대한 증오심을 심어넣는다". 그리하여 수도사는 하느님을 흐뭇하게 할 수 있는 조금 더 수월한 다른 방법을 찾거나 실체적인 성공을 추구하게 된다. 결국 이 악마 때문에 수도사는 사막으로 향하기 전의 삶, 즉 가족이나 예전 직업에 생각이 머물게 되고, 눈앞에 펼쳐진 수도사의 삶을 끝없이 지루하기만 한 것이라고 느끼게 된다.[8]

희생자들에게 수도사의 삶을 포기하게 만드는 것이 한낮의 악마의 목표였다. 에바그리우스의 제자 요하네스 카시아누스John Cassian는 이 유혹에 맞서기 위해 노동을 처방했다. 그는 덕망 높은 수도원장 바울을 예로 들었는데, 바울은 외딴곳에 살면서 온종일 광주리를 만드는 원재료인 종려나무 잎사귀를 주워 동굴 안에 보관했다. "그러다 동굴 안이 1년치 모은 종려나무 잎으로 가득차면 그는 여태 그토록 정성껏 주워 모은 잎사귀들을 태워서 (…) 수도사는 육체노동 없이는 한자리에 머물 수도, 완벽의 정점에 다다를 수도 없음을 증명했다."[9]

이 이야기는 아세디아가 번아웃의 특징인 무능감 그리고 코헤레트가 느낀 절망감과는 정반대임을 시사한다. 수도원장 바울의 노동에서 중요한 것은 그 무용함이었다. 그의 노동은 단지 악마가 다가오지 못하게 하기 위해 하는 아무 일이었다.

중세의 신학자들은 여덟 가지 나쁜 사고를 일곱 개의 원죄로 바꾸고 아세디아를 도덕적으로 지탄받을 행동인 나태sloth로 바꾸었다. 서양 문화에서 아세디아라는 용어가 사라진 것은 참 안타까운데, 오늘날 노동자들이 흔히 겪는 불안한 전도성傳導性을 완벽하게 짚어내는 용어라는 점에서다. 개방형 사무실 또는 부엌 식탁 위에 노트북 컴퓨터를 올려놓고 임기응변으로 만든 홈 오피스라는 사막에서 우리를 유혹하는 요소들은 단 한 번의 클릭이면 다가갈 수 있는 온라인에 존재한다. 우리는 딱히 생산성이 넘치지는 않지만 그렇다고 해서 게으른 것도 아니다. 어찌 되었든 일하는 중이니까. 따라서 나는 수도원장 바울의 무의미한 노동을 따라 한다고 해서 오늘날의 아세디아가 치료될 것으로 생각하지는 않는다. 우리는 이미 충분히 무의미한 노동을 하고 있다. 항생제에 저항성을 길러가는 박테리아처럼, 한낮의 악마는 지난 17세기 동안 우리의 전통적인 방어벽을 뚫을 방법을 찾아낸 것이다.

근대 초기, 멜랑콜리아는 새로운 인본주의 시대 지식인들이 겪는 특징적인 질환으로 변화했다. 그런데도 멜랑콜리는 당대 이론가와 예술가 들의 눈에는 가지각색의, 나아가 의문스러운 현상이었다.[10] 셰익스피어Shakespeare의 《뜻대로 하세요》에 나오는 등장 인물인, 우울한 사색가 제이키스는 세상에는 직업의 종류만큼이나 다양한 종류의 멜랑콜리가 있다고 한다. 그는 자신이 앓는 것은 "다양한 사물로부터 추출해낸 다양한 성분으로 이루어진 나만의 우울증이며, 나의 여정을 잡다히 돌이켜보고 있노라면 변덕스럽기 짝이 없는 슬픔에 휩싸이고 만다"라고 주장한다.[11] 멜랑콜리는 또한 그를 둘러싼 수많은 상황과 선택지를 이해할 수 없어 마비된 햄릿이 겪고 있던 증상이기도 하다. 알브레히트 뒤러Albrecht Dürer의 1514년 판화인 〈멜랑콜리아Melancholia〉에는 날개 달린 여성이 한 손으로 고개를 괸 채 다른 손으로는 무료한 듯 컴퍼스를 만지작거리고 있다. 여성은 과학, 기하, 공업 장비들에 둘러싸여 있는데 모두 폐기된 것들이다. 여성의 개는 며칠이나 굶은 모양이다. 이 인물은 "새로이 얻은 자아 성찰적인 주체라는 지위에 따라오는 무한한 가능성과 책임에 짓눌려" 있다고 샤프너는 《소진의 역사》에서 쓴다. "실제로 15세기 근대적 주체의 탄생은 소진이 그러한 자의식에 반드시 필요한 상관물이라는 감각을 수반하는 것으로 볼 수 있다."[12] 19세기 산업사회가 도래했을 무렵 멜랑콜리는 나태함과 한층 더 확고히 연관되었으며, 최소한 남성의 경우 이를 치료할 수 있는 확실한 처방은 노동이었다.[13]

고대의 멜랑콜리아, 아세디아, 근대의 멜랑콜리는 모두 종교적 의무 또는 세속적 야망을 성취하지 못하는 엘리트의 질병이었다. 그것들은 아방가르드의 질환이자, 한 시대의 전형적 남성(때로는 여성)이 앓는 병이었다. 이런 장애들은 쾌락적 삶이든 성스러운 삶이든 지식의 삶이든, 각 시대가 가진 좋은 삶의 개념이 가진 이면이었다. 하지만 이들은 번아웃과는 달리 열렬히 선을 좇는 과정에서 이를 성취할 능력을 약화하는 역설적인 자기 패배의 형태는 아니었다. 끊임없이 일하면 종국에는 일하기가 불가능해진다. 하지만 원칙적으로는 온종일 기도하는 수도사는 결코 아세디아에 빠질 리 없다. 또 번아웃이 일터에서의 사회적 조건에서 발생한다면 멜랑콜리에는 자연적 원인이 존재했다. 멜랑콜리 환자는 체액이 불균형하거나 토성의 영향 아래에서 태어난 사람이었으니, 잘못은 그들의 별들에 있었다.

· · ·

과학의 역사는 두 명 이상의 과학자가 개별적으로 진행해온 연구에서 엇비슷한 새로운 통찰을 얻어내는 동시적인 발견들로 이루어져 있다. 미적분의 발명, 산소의 발견, 진화론의 형성 같은 것이 대표적인 예다. 이보다 덜 알려진 예를 하나 꼽자면, 1869년 미국의 두 외과의사인 뉴욕시의 조지 M. 비어드George M. Beard 그리고 미시건주 칼라마주의 에드윈 H. 반 듀센Edwin H. Van Deusen이 각각 발표한 논문에서 처음 기술된 신경쇠약증, 즉 신경계에 가해진 과도한 부담이 가져오는 소진 상태의 진단이다.[14] 이후 수십 년간 신경쇠약증은 일반적인 의학적 현상을 넘어 문화적인 강박이 되어 유행하는 농담 또는 유명 광고에도 흔히 등장하는 단어로 자리 잡았다. 심리학자이자 철학자이던 윌리엄 제임스William James는 신경쇠약증이 미국에서 널리 유행했다는 점에 착안해 이 질병에 '아메리카니티스Americanitis'라는 이름을 붙일 정도였다.[15] 한동안 신경쇠약증은 미국 전역의 질병이었다.

신경쇠약증은 과거의 멜랑콜리, 미래의 번아웃과 마찬가지로 이론의 여지가 있는 현상이다. 이 경합에 달려 있던 것은 경제력을 과시하던 신생국가의 성격이었다. 제임스는 신경쇠약증이 과학적으로 입증 가능하다고 보았지만(실제로 그 자신도 신경쇠약증을 경험했다) 1896년 《센추리》의 한 필자는 미국인은 신경쇠약증이라는 퇴폐적인 소진을 보이기에는 지나치게 정력적이라고 주장했다. 그는 전형적인 "미국인은 왕성하고, 진취적이고, 부단하며, 참을성이 없다. 동작이 빠르고 이해력도 빠르며 명민한 재치를 지녔고, 유럽인들에 비해 확연히 성격이 급하며, 더 큰 긴장감 속에서 덜 편안한 기분으로 살아간다"라고 썼다.[16] 1925년 정신과 의사 윌리엄 S. 새들러William S. Sadler는 미국인의 바쁜 삶으로부터 정반대의 결론을 도출했다. 미국인은 신경쇠약증의 영향을 받지 않는 것이 아니라 오히려 '미국인들의 성정에 존재하는 바쁘고 부산하고 부단한 충동'이 그 질병의 원인이라 보았다. 새들러는 40대 미국인들의 '심장병, 중풍, 브라이트병, 고혈압'으로 인한 40대 높은 사망률을 아메리카니티스의 탓으로 보았다. 그는 아메리카니티스로 인한 사망이 1년에 24만 건에 달하는 것으로 추정했다.[17]

신경쇠약증 진단이 그토록 흔했던 이유 중 하나는 그 증상의 범위가 소화불량과 약물 민감성에서부터 충치와 대머리까지 아우를 만큼 이례적으로 넓었던 탓이었다.[18] 비어드가 1881년 발표한, 신경쇠약증을 다룬 최초의 주요 논문인 〈미국인의 신경과민 American Nervousness〉의 권두에는 여기서는 신경성 소화불량, 근시, 불면증, 건초열 같은 가벼운 증상에서부터 다양한 형태의 (신경쇠약증에 고유한) 신경성 소진 증상, 그리고 나아가 음주벽, 간질, 정신이상에 이르는 심각한 상태까지를 수록한 〈신경과민의 진화Evolution of Nervousness〉라는 표가 실려 있다.[19] 이런 질병은 모두 나무의 뿌리와 가지처럼 연결되어 있는 것으로, 신경쇠약증이 나무의 둥치였다.

신경쇠약증 진단은 겉보기에는 흔한 장애들과 연결되어 있지만 한편으로는 선망의 요소가 담겨 있기도 했다. 샤프너는 비어드가 "소진이 근대를 특징짓는 바로 그 과정으로 인해 유발된다고 믿었기에 (…) 소진된다는 것이 긍정적인 가치로 보일 수 있었다"라고 썼다.[20] 신경쇠약증 환자는 당대의 시대정신과 일치하는 철저히 근대적인 남성이나 여성이었다. 또 문명 자체가 신경쇠약증을 유발하는 것이었으므로 환자들 역시 죄 많은 게으름뱅이가 아니라 죄 없는 희생자였다.

아세디아와 멜랑콜리 환자들과 마찬가지로 신경쇠약증 환자들 역시 엘리트였다. 비어드는 이 장애에 대해 다음과 같이 썼다.

(신경쇠약증은) 문명의 발전, 문화와 교양의 발달, 그리고 이에 상응해 두뇌의 노동이 근력의 노동에 대해 가지는 우월함과 함께 전개되고 함양되며 영속한다. 논리적으로 예상되는 바대로, 이 질환은 시골보다는 도시에서 더 자주 나타나고, 상점이나 농장보다는 책상, 설교단, 회계실에서 더욱 뚜렷하고 빈번히 나타난다.[21]

비어드에 따르면 신경쇠약증 환자들은 외모가 잘생기고, 이지적이며, 정력적인 감정을 드러내는 경향이 크다. 신경쇠약증의 특성들은 '야만적이며 신분이 천하고 교육을 받지 못한 이들보다는, 문명화되고 세련되며 교육받은 이들' 사이에서 나타난다.[22] 마르셀 프루스트Marcel Proust, 오스카 와일드Oscar Wilde, 헨리 제임스Henry James, 버지니아 울프Virginia Woolf를 비롯한 세기말의 수많은 작가들이 신경쇠약증 진단을 받았고, 나아가 신경쇠약증을 앓는 인물들을 작품 속에 등장시켰다.[23] 비어드는 지식인을 원할 때 일할 수 있으며 최적화된 업무를 할 수 있는 사람들로 보았다. "특히 문학인과 전문직 종사자 들은 자신의 시간을 자유롭게 통제할 수 있기에 가장 고되고 중요한 일을 할 시간과 날을 선택할 수 있다. 또 어떤 이유로든 고된 사고를 할 수 없을 때는 휴식을 취하고 기분 전환을 하거나 기계적인 세부 사항에 해당하는 일로 업무를 한정할 수 있다.[24] 비어드의 설명을 읽으면 21세기의 부산한 첨단기술 분야 스타트업 기업의 사무실이 떠오른다. 회의 테이블에 놓인 레고 블록이며 수도꼭지에서 쏟아지는 수제 맥주 덕분에 직원들이 밤늦게까지 일하고 노는 그런 곳 말이다. 그들은 영감이 언제 찾아올지 모르기 때문에 사무실을 떠날 수 없다.

신경쇠약증을 앓는 저자들의 목록이 보여주듯 신경쇠약증은 결국 대서양을 건너 유럽으로 번졌다. 또한 미국의 중하층 계급에도 퍼져 거의 보편적인 질병이 되었다. 하지만 비어드는 흑인, 남부 백인, 그리고 가톨릭 교인 들이 미국 북부의 백인 프로테스탄트 교인들에 비해 이 질병에 걸릴 가능성이 작은 것으로 여겼다.[25] 그런

면에서 신경쇠약증이 미국적인 질병이 된 것은 그저 전국적으로 널리 퍼졌다는 점, 역동적이며 근면하다는 미국의 자기 이해를 반영하기 때문만은 아니다. 이 질병은 한편으로 이 사회가 가진 부당한 인종, 종교, 계급, 성별 위계를 반영하는 것으로, 이 국가를 번성하게 하는 것이 누구의 노력인지, 이에 따른 수혜를 입어 마땅한 것은 누구이며, 또 여기 해당하지 않는 이는 누구인지를 이야기해준다.

비어드의 신경쇠약증 이론은 당대 미국 사회에 새로이 등장한 24/7 시대(하루 24시간 7일 내내—옮긴이)의 동의어라 할 만한 신기술로부터 영감을 얻은 것이다. 그것은 바로 전구다. 토머스 에디슨 Thomas Edison의 발명품이 처음 빛을 발한 지 단 2년 뒤에 이 논문을 발표한 비어드는 신경계를 근대 문화의 종종 억압적인 성취들, 즉 증기기관, 전보, 민주주의 정치, 새로운 종교운동, 빈곤과 자선, 과학교육이라는 일련의 램프들을 밝히는 전기회로에 비유한다. 램프는 밝게 빛나지만 동시에 전력원을 고갈시킨다. 그렇기에 이 모든 램프에 연결되어 있고자 하는 개인은 신경을 혹사하게 된다. 비어드는 다음과 같이 쓴다.

근대 문명이 우리에게 끊임없이 요구하는 대로 이 회로에 새로운 기능이 덧붙여지면, 개인마다 다른 인생의 시기에 언젠가는 이 모든 램프에 활발하게 불을 밝히기에는 힘이 부족해지는 때가 온다. 가장 약한 램프는 완전히 꺼져버리거나, 더 빈번히 그러하듯 희미하고 약하게 타게 된다. 완전히 꺼지지는 않지만 불충분하고 불안정한 빛을 내는 것, 그것이 오늘날 신경과민의 철학이다.[26]

다시 말하면, 과부하가 걸린 신경계는 타서 없어져버린다.

신경쇠약증에 대한 다른 설명들은 오늘날 결코 꺼지지 않는 초연결hyperconnectivity 사회를 향한 탄식의 말들과 완전히 똑같이 읽힌다. 1884년 독일의 정신과 의사 빌헬름 에르브Wilhelm Erb는 신경쇠약증이라는 유행병의 원인은 "교통의 과도한 증가 및 전보와 전화의 유선 통신망"에서 세계화, 그리고 더욱 많은 이들이 끊임없이 의식할 필요성을 느끼는 "심각한 정치, 산업, 경제 위기의 걱정스러운 파급 효과"에 이른다고 했다. 근대적 삶의 이런 요소들은 "머리를 과열시키고 영혼으로 하여금 완전히 새로운 분투를 하도록 만드는 동시에 휴식, 수면, 고요를 위한 시간을 빼앗아간다. 대도시의 삶은 자꾸만 더욱 복잡하고 부단해진다".[27] 오늘날 우리가 하는 불평과 엇비슷하다. 세탁기에서 인스턴트 메시지에 이르기까지, 기술은 수많은 따분한 과제들로부터 우리를 해방해주지만, 우리는 '해야 할' 온갖 일을 따라잡느라 안간힘을 쓴다. 역설적이게도, 어느 시대든 더 편안해지는 대가로 새로운 곤혹들이 생겨나는 모양이다.

신경쇠약증의 치료는 그 증상과 원인만큼이나 폭넓다. 수水 치료, 금金 치료, 그리고 (남성 환자의 경우) 정력적인 운동 모두 의사들의 승인을 얻은 치료법들이었다.[28] 여성은 보통 '휴식 치료'를 받았는데, 이는 외과의사 S. 위어 미첼S. Weir Mitchell이 고안했고 샬럿 퍼킨스 길먼Charlotte Perkins Gilman이 1892년에 발표한 초기 페미니즘 단편소설 《누런 벽지》에서 비판하기도 했던 전적인 감금 치료법이다.[29] 이런 치료들은 큰돈이 되는 사업이었다. 수많은 제약 회사가 속속 등장해 광고성 카탈로그라는 새로운 수단으로 강장제부터 불로장생약에 이르기까지 특허 약품을 팔아치웠다. 전기치료 역시 인기를 끌었다. 신경쇠약증 환자는 신경계를 충전하는 전기 벨트를 구매할 수 있었다.[30] 1902년 시어스 로벅 백화점 카탈로그의 광고에는 양끝이 구부러진 콧수염이 있는 장사가 웃통을 벗은 채 이런 벨트를 하고 있는 그림이 그려져 있다. 광고는 이 벨트가 신경과민만 치료하는 것이 아니라 남성의 성 기능 장애 역시 치료할 수 있음을 내세웠다. 벨트에는 성기에 부착하는 부품이 매달려 있는데, 이는 "성기를 감싸 예민한 신경과 조직에 활력과 진정을 가져다주는 전류를 흘려보내 놀라운 방식으로 성기를 강화하고 확대한다".[31] 더 거창한 해법을 제시하는 이들도 있었다. 전통적인 성 역할을 비롯한 전통적 가치로 회귀해야만 신경증을 앓는 사회를 치유할 수 있다는 것이었다. 독일의 정신과 의사 리처드 폰 크라프트 에빙Richard von Krafft-Ebing은 신경증을 문명 쇠락의 징후로 보았다. 조리스 카를 위스망스Joris-Karl Huysmans가 1884년 발표한 소설 《거꾸로》 속 소진된 반영웅은 상실된 가톨릭 신앙을 갈구한다.[32] 여기서 신경증은 문화 전쟁이 일어나는 전지戰地다.

수십 년이 지나자 이 전적으로 근대적 질병인 신경쇠약증 또한 타서 사라져버렸다. 사람들이 이 병으로 너무 많은 질환을 설명하고자 너무 멀리까지 확장한 탓이었다. 1905년 한 외과의사는 신경쇠약증이 너무나 "정교해지고 폭넓어지고 오용된 나머지 오늘날 그것은 어떤 의미도 될 수 있으며 마찬가지로 아무 의미도 없을 수 있다"라고 했다.[33] 의사들은 신체적 원인으로 만족하지 않았다. 비어드가 주장한 '신경력'은 특히 호르몬과 비타민이 발견된 뒤에는 엄격한 생물학적 검토를 통과하지 못했다.[34] 미국의학협회와 미국 정부는 특허 약품 광고를 엄중 단속했다. 그렇게 20세기 초반 정신 질환에 대한 정신분석학적 해명은 정점에 달했다.[35] 1920년대에 사람들은 소진되기를 그친 것이 아니다. 중대한 법적·의학적·사회적 변화가 이 시대의 독특한 질병을 사라지게 만든 것이다.

· · ·

영어권 문화에서 처음 대중들 앞에 번아웃이라는 말이 등장한 것은 그레이엄 그린Graham Greene이 1960년 발표한 소설 《번아웃 케이스A Burnt-Out Case》였다. 이 소설은 소진 장애의 역사 속 의미 깊은 한 걸음을 차지하는데, 이 소설 속에서 주인공이 겪는 고통은 신경쇠약증의 경우에 비해 직업과의 연관성이 훨씬 큰 것으로 묘사되기 때문이다. 이 소설은 직업상 겪는 장애를 묘사하고 있다.

유럽의 유명 건축가인 쿼리는 갑작스레 일터를 떠나 어느 밤 콩고 내륙 깊숙한 곳에서 가톨릭 사제와 수녀 들이 운영하는 외딴 나병원에 나타난다. 병원의 하나뿐인 의사에게 "나 역시 불구자요"라고 선언한 쿼리는 아세디아로 고통받던 사막의 수도사처럼 환자들을 돌보는 단순 업무를 통해 치유된다. 의사는 자신이 불구자라고 진단한 쿼리의 말을 믿지 않는다. "당신의 불구는 그리 심각하게 진행되지 않은 모양입니다. 환자가 너무 늦게 찾아오면 이 병은 스스로 타 없어지기 때문이지요."[36] 즉, 이 병은 진행되면서 피해자의 팔다리, 손가락, 발가락, 코까지 모두 빼앗아간다. 하지만 병이 끝까지 진행되면 환자는 더 이상 전염의 위험이 없으므로 다시 자신의 삶으로 복귀할 수 있다. 물론 이미 훼손된 뒤이지만, 환자는 타인에게 위협이 되지 않는다.

사제들도 의사도 퀘리가 자신들과 마찬가지로 투철한 직업의식을 가졌다고 생각하지만 퀘리는 그렇게 생각지 않는다. 그는 일기장에 이렇게 쓴다. "나는 욕망의 종말, 직업의식의 종말에 다다랐다. 나를 사랑 없는 결혼에 묶지도, 이전에는 열정적으로 수행했던 행동을 모방하게 만들지도 말라."[37] 그는 자신이 가진 재능을 폐기된 통화通貨에 비유한다. 그리고 훗날, 자신을 만나러 정글을 찾아온 어느 영국인 기자에게 말한다. "소명 의식을 가진 이들은 다른 자들과는 다릅니다. 잃을 것이 더 많다는 점에서."[38] 결국 퀘리는 빼앗길 수 있는 모든 것, 특히 욕망과 야망을 잃는다. 그리고 나병원의 새 건물을 설계한다는 새로운 목적을 위해 그가 가진 재능을 다시금 주조하게 된다.

퀘리는 20세기 중반 자본주의를 상징하는 노동자, 즉 아홉 시부터 다섯 시까지 일하는 기업 관료, 또는 전후戰後 번영기의 조립라인 노동자처럼 대체 가능한 톱니바퀴에 불과한 존재이던 이들과는 다르다. 이들과 대조적으로 퀘리는 헌신적이며 창조적이다. 그는 데님 셔츠나 회색 플란넬 정장을 입은 회사원과는 다른 독립 노동자다. 자신을 일과 동일시하고, 일로서 스스로를 정체화한다. 이 소설의 등장인물들은 모두 퀘리만큼 일로써 명성을 누리는 사람이 일을 그만둔다는 것에 충격을 받는다. 퀘리는 모든 것을 소진시키는 소명으로서의 직업이라는 새로운 이상, 그리고 동시에 그 이상에 대한 거부를 상징한다.

자의식 가득하며 가톨릭 사상에 바탕을 둔 그린의 관점에서 볼 때 퀘리가 겪는 상실은 궁극적으로는 이득이다. 소명은 자신에게도 타인에게도 위험할 수 있다. 그것은 칙칙하기 이를 데 없는 회사에서 따분한 오후를 견디어내지 않아도 되는 재능 있는 자들이 받는 저주다. 퀘리의 소명이 타서 없어지자 그는 해방된다. 소설 속 한 사제는 퀘리가 "빈약함의 은총을 받았다"라고 표현하는데, 이는 16세기 신비주의자인 십자가의 요한St. John of the Cross이 말했던, 더욱 높은 차원에서의 신성한 성찰을 위해 감각을 몰아내는 시간인 영혼의 어두운 밤에 관한 언급이다.[39] 더 거대한 소명을 향한 퀘리의 갈 길은 완전히 타버린 뒤 더욱 선명해진다.

• • •

밥 딜런Bob Dylan이 1974년에 녹음한 곡 〈폭풍으로부터의 은신처〉에는 기나긴 고난의 여정이 등장한다. 그 안에는 "소진되어 타버리는" 고난도 포함된다. 차트 1위를 장식한 앨범 '트랙 위의 피'에 등장한 이 가사는 중요한 문화적 순간을 증류해낸다. 오늘날 우리가 생각하는 의미대로의 번아웃이 처음으로 과학적 타당성과 폭넓은 대중의 관심을 얻은 때가 바로 1970년대 중반이다. 또 이로부터 10년 전 밥 딜런의 커리어와 마찬가지로, 번아웃의 탄생 설화 역시 로어 맨해튼 지역의 반-문화와 복잡하게 얽혀 있다.

1970년대 초반 뉴욕의 심리학자 허버트 프로이덴버거Herbert Freudenberger는 하루에 10시간씩 개인 병원에서 진료를 한 뒤 다운타운의 세인트마크스 프리 클리닉을 향했다. 그는 로큰롤 포스터로 장식된 검사실 안에서 약물중독에서 임신, 충치에 이르는 이스트빌리지 젊은이들을 진료하는 두 번째 근무를 정기적으로 했다.[40] 그는 1968년 여름 내내 샌프란시스코의 헤이트애시버리 프리 클리닉에서 히피들을 진료했고, 1970년 세인트마크스 프리 클리닉의 창립을 도운 장본인이었다. 프로이덴버거는 세인트마크스를 찾아온 환자들을 자신과 강력히 동일시했다. 훗날 그는 "그들의 문제, 그들의 싸움은 나의 것이 되었다"라고 쓰기도 했다. 밤이 되어 클리닉이 문을 닫은 뒤에도 그를 비롯한 자원봉사 직원들은 꼭두새벽까지 회의를 했고, 그 뒤 업타운으로 돌아온 그는 몇 시간 눈을 붙인 뒤 이 일과를 반복했다.[41]

당연히 그도 영영 그렇게 살 수는 없었다. 이런 일과를 1년가량 이어가자 프로이덴버거는 무너지고 말았다. 그의 딸 리사는 가족 휴가를 떠나기로 했던 날 아침 아버지가 침대에서 일어나지 못했던 일을 회상한다.[42] 이때 심리학계에서는 이미 '번아웃'이라는 용어가 통용되고 있었다. 1969년 서던캘리포니아의 청소년 범죄자 사회 복귀 센터에 근무하던 한 공무원은 논문에서 치료감호 직원들이 겪는 '현상'으로 번아웃을 언급했다.[43] 세인트마크스 프리 클리닉에서 일하던 사람들은 자신들의 상황을 번아웃이라는 단어로 설명했지만, 어쩌면 그 단어는 이스트빌리지에서 밤낮을 살아가는 그들의 환자들로부터 배운 것인지도 모른다. 번아웃이라는 단어는 헤로인 투약자의 혈관을 가리키기도 하기 때문이다. 장기간 헤로인을 주입해 더는 주삿바늘을 꽂을 수 없는, 쓸모를 잃은 혈관을 타서 없어진다고 표현한다.[44] 1980년에 출간한 한 책에서 프로이덴버거는 자신 같은 '번아웃 환자'를 타버린 건물에 비유했다. "한때 활기로 진동하던 건물이 지금은 버려져 황폐해졌다. 한때 움직임이 있던 곳에는 에너지와 생명력의 잔해만이 남아 있다."[45]

자신의 상황을 이해하고자 했던 프로이덴버거는 지금까지 수련해온 정신분석 기법으로 자신을 분석했다. 자신의 말을 녹음한 뒤 마치 환자의 말을 듣는 것처럼 재생해 들었다.[46] 그러다 1974년 한 학술지에 발표한 〈직원의 번아웃〉이라는 논문에서 그는 "번아웃을 겪기 쉬운 이들은 어떤 사람들인가?"라는 질문을 던진다. 그의 답은 명쾌하다. "헌신적이고 전념하는 이들이다."[47] 프로이덴버거에 따르면 프리 클리닉의 직원들은 "우리의 재능과 기술을 제공했으며, 최소한의 경제적 대가를 받고 장시간 근무했다. 하지만 이런 헌신이야말로 우리가 번아웃이라는 덫으로 걸어들어가는 이유다. 우리는 너무 오랫동안 집중적으로 일한다. 일을 해서 타인을 도와야 한다는 내면적 압박, 그리고 타인에게 베풀어야 한다는 외부적 압박을 느낀다. 이때 관리자가 더 많은 것을 베풀라는 부가적인 압박까지 가하는 경우 직원은 삼지창으로 찔리는 셈이 된다."[48]

프로이덴버거가 일인칭으로 서술한 이 이야기는 나의 경험과 강렬하게 공명했다. 나 역시 삼지창에 찔리는 느낌이 어떤 것인지 안다. 학생들과 동료들의 요구, 스스로를 향한 나의 기대, 커리큘럼을 회의하자는 학장의 이메일. 아마 개강 일주일 전에 느낀 원인 불명의 예리한 통증은 이 삼지창 때문이었는지도 모르겠다. 번아웃에 대한 프로이덴버거의 분석은 엄밀한 연구를 거치지 않은 비과학적이며 임기응변에 가까운 설명이었다. 조사를 수행하지도, 번아웃에 대한 측정 척도를 만들지도 않았으며, 이 클리닉에서 1년가량 일한 직원들은 번아웃을 겪는 경향이 있다는 식의 제한적인 관찰에 그쳤다. 그는 이 논문에서 정신분석학의 전문용어와 반-문화의 속어가 혼재된 언어를 사용했다. '스피드 프릭speed freaks'(스피드광—옮긴이) '셀프컨self-con'(self-contained의 줄임말—옮긴이)이라는 1970년대 속어가 등장했고, "배드 랩bad rap(나쁜 평판이라는 의미의 명사—옮긴이)"이라는 단어는 동사로 사용했다.[49] 다음 해 발표한 유사한 논문에서 그는 "어떤 종류의 여정trip에 오르는가"가 중요하다고 강조했다. "자기 충족적인 에고 트립ego trip(자아를 만족시키기 위한 일련의 활동—옮긴이)인지, 자기 강화적 에고 트립인지" 아니면 완전히 다른 트립(여행을 뜻하는 trip에는 LSD를 비롯한 항정신성 약물이 유발하는 환각을 가리키는 의미도 있다—옮긴이)일 수도 있을 것이다.[50] 프로이덴버거가 나열한 번아웃 증상들은 조지 비어드의 신경쇠약증 증상 목록만큼이나 광범위하고 또 느슨하다. '소진, 떨어지지 않는 감기, 빈번한 두통과 위장 장애, 불면증, 숨 가쁨'은 물론 '욱하는 성질', 편집증, 과잉 자신감, 냉소주의, 고립감에 이를 정도다. 번아웃에 시달리는 노동자는 '팟 또는 해시(대마초의 각각 다른 부분을 가리킨다—옮긴이)에 크게 의존할' 수도 있다.[51] 비록 엄밀함을 갖추지 못했음에도 1974년에 쓰인 이 논문이 나의 흥미를 끈 것은 프로이덴버거의 일에 대한 열정, 동료들을 향한 연민이 여실히 드러났기 때문이다. 그가 이 논문에서 하고 있는 주장은 그저 추측, 늦은 밤 고된 상담을 진행한 탓에 하게 된 어림짐작과 크게 다르지 않은 정도다. 하지만 수십 년이 지난 오늘날에도 그의 추측은 근본적으로 옳다 느껴진다.

· · ·

프로이덴버거가 뉴욕에서 2부제 근무를 하던 때와 엇비슷한 시기, 미국의 반대편에서는 크리스티나 마슬라흐가 심리학자 필립 짐바르도Philip Zimbardo에게 오늘날까지도 악명을 떨치는 스탠퍼드 감옥 실험을 중지하라고 설득하는 중이었다. 1971년 여름, 스탠퍼드대학교에서 갓 박사과정을 마친 마슬라흐는 짐바르도와 사귀는 사이였으나 실험 설계에는 개입하지 않았다. 스탠퍼드 감옥 실험은 2주간 실제 크기의 감옥 모형 속에서 학생들이 각각 수감자와 교도관 역할을 하는 실험이었다. 애초 이 실험은 사람이 타인을 어떻게 인간 이하의 존재로 바라보게 되는가를 살펴보기 위한 비인간화 연구를 의도한 것이었다. 학생들은 새로운 정체성에 빠른 속도로 깊이 몰입했으며, '교도관'은 제멋대로 구는 '수감자'에게 신체적 수치심을 주고, 매트리스를 압수했으며, 독방에 감금하기도 했다.

감옥 실험은 비인간화의 과정을 정말 잘 보여주었고, 이 때문에 실험은 중단되어야 했다. 실험 5일차, 감옥을 방문한 마슬라흐는 평범해 보이는 대학생들이 서로에게 잔인한 행동을 가하는 것을 보고 큰 충격을 받았다. 교도관들이 수감자들의 머리에 봉투를 씌우고 족쇄로 함께 구속한 채 길게 줄지어 복도를 걷게 만든 모습을 본 마슬라흐는 토할 것 같았다.[52] 그날 저녁, 마슬라흐는 짐바르도와 대화를 하다가 "비명을 지르기 시작했다, 고함을 지르기 시작했다. '당신은 그 학생들한테 끔찍한 짓을 저지르는 거야!' 하고 외쳤다"라고 회상한다. 다음 날 아침 짐바르도는 실험을 종료했다. 짐바르도의 말에 따르면 감옥을 찾아온 50명 중 윤리와 연민의 목소리를 낸 것은 오직 마슬라흐뿐이었다.[53]

얼마 뒤 마슬라흐는 인적 서비스 업계라는 덜 비참한 환경에서의 비인간화를 연구하기 시작했다(마슬라흐와 짐바르도는 1972년에 결혼했다). 연구의 목적은 "타인의 돌봄과 치료를 맡은 이들이 돌봄의 대상을 사물과 같은 방식으로 바라보게 되는 양상"을 알아보는 것이었다.[54] 그는 직업마다 접근 방식에 차이는 있으나 돌봄 노동자에게 가장 필요한 태도는 '관조적 관심detached concern'이라는 결론을 내렸다. 의료 분야에서는 공감에 바탕을 둔 관심을 임상적 객관성과 결합한 태도가 요구되는 반면, 인적 서비스 노동자의 경우에는 통상 고객과 정서적 관계를 맺게 되고, 시간이 흐르며 업무 때문에 소진된다. 이들에게 관조는 보호적 전략이다. 1973년 발표한 보고서에서 마슬라흐는 이렇게 쓴다. "관조가 극에 달하면 서비스 종사자는 번아웃을 겪는데, 이는 국선변호인이 고객에 대한 인간적 감정을 완전히 잃는 것을 가리키는 표현이다."[55] 마슬라흐의 보고서는 프로이덴버거의 논문보다 고작 몇 개월 먼저 세상에 나왔다. 100년 전의 신경쇠약증과 마찬가지로 번아웃은 동시에 발견되었으며, 곧 학계를 넘어 문화적인 유행어가 되었다.

마슬라흐의 영향력 있는 번아웃 모형의 주된 요소인 소진, 냉
소주의, 무능감은 1973년 보고서에도 등장하지만, 이는 이 요소들
을 한데 엮은 일관적 이론이 완성되기 전이었다. 한 예로 비효능감
척도는 이 보고서에도 이미 존재했다. 마슬라흐는 사회복지사는
상태가 나아지지 않는 고객을 마주하면 "다소 무능하고, 무력하며,
나아가 불필요하다는 기분을 느낀다"라고 했다.[56] 정서적 소진이
라는 개념은 아직 시작 단계에 있었다. 또 마슬라흐는 번아웃을 주
로 비인간화와 동급의 것으로 보았다. 번아웃이 이러한 증후군 전
체를 일컫는 용어가 된 것은 이보다 뒤였다. 마슬라흐의 보고서가
직업상의 번아웃에 대한 최초의 심리학 연구라는 점을 감안하면,
그가 한 가지 특정한 직업, 즉 국선변호사에게 있어 번아웃이 더 빠
른 속도로 일어난다고 주장한 것은 놀라운 일이다.[57] 이는 즉, 번아
웃에 대한 담론이 등장하고 50년이 지나도록 번아웃은 꾸준히 악
화되기만 했다는 의미다.

　　프로이덴버거와 마슬라흐는 번아웃 연구의 뉴턴Newton과 라이
프니츠Leibniz라 할 수 있는 공동 발견자인 동시에, 나아가 이 개념
의 대중화에 상호 보완적인 역할을 한 번아웃 연구의 존 레논John
Lennon과 폴 매카트니Paul McCartney이기도 하다. 프로이덴버거는 애초
학자가 아니라 임상의였으므로 그의 연구는 실험적 관찰보다는 환
자들에 대한 사례 연구에 의존한다. 자유분방하며 다양한 일화가
등장한다는 점은 그의 연구가 가진 매력의 큰 부분이다. 프로이덴
버거는 애매모호한 현대적인 문제를 알기 쉽게 진단했고, 덕분에
〈도너휴Donahue〉나 〈오프라Oprah〉 같은 TV 토크쇼에 출연하기까지

했다.[58] 반면 캘리포니아대학교 버클리 캠퍼스의 심리학과에 둥지를 튼 마슬라흐는 비록 공감 능력이 보기 드물게 뛰어나기는 했으나 철저하게 연구자였다. 1980년대 초반, 그는 다수의 공동 저자와 함께 수많은 피험자를 대상으로 수백 가지 실험을 거치면서 번아웃에 과학적 방법론을 적용해 발전시켰다. 이후로 마슬라흐는 번아웃 연구에서 빼놓을 수 없는 인물로 남아 있다.

마슬라흐와 프로이덴버거는 사람들이 어떻게, 그리고 왜 번아웃에 시달리는가에 대해서도 상호 보완적인 관점을 가졌다. 번아웃의 원인과 결과를 완전히 설명하기 위해서는 두 사람 모두의 관점이 필요하다. 프로이덴버거는 업무에 전심전력으로 임하다가 장해물에 부딪힌 뒤 정신적으로 무너지는 순간까지 더욱 열심히 일하는 헌신적인 노동자 개인에 초점을 맞춘다. 그는 번아웃을 유발하는 이상의 역할을 강조하는 반면, 마슬라흐는 업무의 환경을 강조한다. 마슬라흐는 헌신적인 노동자일수록 번아웃의 위험성이 높다는 데는 프로이덴버거와 의견을 같이하면서도, 1990년대에는 번아웃이 제도적 미비 때문이라고 보는 포괄적 이론을 개발했다.[59] 고용주가 충분한 대가를 주지 않거나 불공정이 횡행할 때 또는 동료들과의 공동체가 부재할 때, 노동자가 일을 계속할 능력과 의지가 와해된다는 이론이다.

· · ·

프로이덴버거와 마슬라흐가 1973년에서 1974년 사이 번아웃을 각자 '발견'한 것은 그저 우연이 아니다. 비록 서로 반대편 해안에 살고 있었으며 시대의 징후를 읽기 위해 다른 방법론을 사용했지만, 둘 다 그 당시에 미국 사회에 일어나고 있던 무언가를 감지했던 것이다. 밥 딜런 역시 이를 알아차렸다. 마찬가지로 1974년 초반 닐 영Neil Young 역시 〈앰뷸런스 블루스Ambulance Blues〉라는 곡에서 목적 없이 발을 질질 끌며 걷는 '타버린 사람들'을 노래했다. 이 문화적 순간을 설명하기 가장 적절한 단어가 번아웃이 된 배경은 무엇이었을까?

1960년대의 무너진 이상주의가 한몫했을지 모른다. 당대의 반-문화적 인물들은 (물론 프로이덴버거가 세인트마크스 프리 클리닉에서 함께했던 사람들을 포함해) 9시부터 5시까지의 노동을 중심에 두지 않는 삶의 방식을 상상했다. 하지만 1970년대가 오자 반-문화는 기존 체제에 큰 흠집을 내지 못했다. 낙관주의와 고등교육으로 무장한 수많은 이들은 '빈곤과의 전쟁'에서 승리하리라는 포부를 품고 인적 서비스 직종을 택했으나 결국 사회문제가 얼마나 만성적인지, 또 그들이 관료제의 덫에 걸려 얼마나 많은 시간을 낭비하게 될지 알게 되었을 뿐이다.[60] 동시에 보편적 기본소득에 대한 논의가 활발하게 이루어지면서 달성 가능한 목표로 보이게 되었다. 1964년 한 사회주의 출판물은 사회 소득을 노동 여부와 무관하게 분배하자고 제안했다.[61] 몇 년 후, 가부장제와 노동 윤리 양쪽 모두와 싸우고자 '적정 소득 보장'을 요구하는 페미니스트와 복지권 활동가 들이 주요 정치와 언론의 공간에 등장했다.[62] 밀튼 프리드먼Milton Friedman부터 마틴 루터 킹 주니어Martin Luther King Jr.에 이르기까지 다양한 사상가들이 기본소득을 옹호했으며, 시와 주가 새로운 정책의 실험에 나섰다. 심지어 리처드 닉슨Richard Nixon 대통령도 미국의 모든 가정에 최소 소득을 제공하는 안건을 지지했다. 닉슨의 가족 지원 계획Family Assistance Plan이 하원에서 큰 득표수를 얻어 통과되었다. 하지만 일부 노동자를 가장 지독한 저임금 일자리에서 해방시켜주었을 이 조치는 실현되지 않았다. 이 법안이 상원에서 탈락해 닉슨의 결제 데스크에 다다르지 못했기 때문이다.[63]

1970년대 번아웃의 출현에는 이렇게 좌절된 이상만큼이나 중요한 한층 더 큰 요인이 존재했다. 번아웃이 처음으로 대중의 관심을 받은 것은 미국에서 일의 역사에 있어 결정적 전환점이 된 시점이었다. 수십 년이 흐른 지금 역사학자들은 1974년을 1970년대 노동계층을 다룬 제퍼슨 카우이Jefferson Cowie의 저서 《살아 있기Stayin' Alive》에 등장하는 표현대로 '두 시대를 나누는 분수령'으로 본다.[64] 1974년 이전에는 생산성이 증가하면 노동자의 임금 역시 증가한다는 노동에 대한 뉴딜의 합의가 여전히 유효했다. 따라서 일반 노동자들의 실질 임금은 꾸준히 인상되어 1973년 최고조에 달했다.[65] 노동계층, 적어도 정부의 프로그램과 노동조합의 혜택을 있는 대로 누리던 백인 노동계층의 호시절이었다. 호황은 금세라도 다다를 것처럼 보였다. 노동계층은 〈올 인 더 패밀리All in the Family〉 (1971년부터 1979년까지 CBS에서 방영한 시트콤으로, 블루칼라 노동자 아치 벙커와 그 가족들을 그렸다—옮긴이)의 아치 벙커Archie Bunker를 위시해 TV 채널까지도 지배했다. 그렇다고 갈등이 없었다는 의미는 아니다. 노동조합의 젊은 세대는 빠른 속도와 생산 라인에서의 지루한 반복 노동에 맞서 싸우고자 했다. 윗세대는 이미 유리한 계약 조건으로 일하고 있는데 어째서 지루한 것에 맞서 안달을 내느냐고 주장했다.[66] 그럼에도 노동의 질을 놓고 벌어진 내부의 논쟁으로 인해 실제 힘을 지닌 노동운동이 출현하게 되었다.

하지만 이런 상황은 오래 지속되지 못했다. 1974년, 20세기 중반의 황금시대는 쇠락을 맞았다. 불명예로 끝난 닉슨 임기와 베트남전쟁이 정치체제에 대한 미국인들의 신념을 흔들어놓았다. 미국의 제조 및 조합 노동은 세계적 경쟁, 석유수출국기구OPEC 엠바고로 인해 빚어진 '석유파동', 빠른 인플레이션이라는 독성 혼합물에 잠식당했다. 2차 세계대전 이후 처음으로 노동자의 생산성 증가와 임금 인상률이 불일치하게 되었다. 1974년 이후로 노동생산성은 꾸준히 증가했지만 노동자의 임금은 상승하지 않았다. 1970년대와 1980년대에 비非관리직 노동자의 실질임금은 감소했고, 코로나 팬데믹이 노동자들에게 미친 영향으로 인한 약간의 일시적 증가를 제외하면 여전히 회복되지 않고 있다.[67] 역사학자 릭 펄스타인Rick Perlstein은 다음과 같이 쓴다. "기대의 지속적인 하향 조정, 그것이 1970년대의 핵심 경험이었다."[68]

1970년대 미국이 마주한 문제들은 다만 정치와 경제에 국한된 것이 아니라 정서적인 것이기도 했다. 역사학자와 당대의 관찰자들은 1970년대 중반의 사건들을 가리켜 국가적인 '신경쇠약' '집단적 슬픔'이라고 칭했다.[69] 1970년대는 지미 카터Jimmy Carter 대통령이 훗날 '국민병 연설malaise speech'이라는 이름으로 불리게 된 TV 연설에서 오늘날 미국 전역이 고질적인 영적 질병을 앓고 있다고 진단하며 막을 내렸다. 이 연설에서 카터는 지난 열흘간 미국 국민들의 우려에 귀를 기울였다고 말한다. 그다음에는 대통령의 냉담함에서부터 석유 부족에 이르기까지 카터 정부와 국가에 대한 국민들의 기나긴 불만 목록을 읊었다. 그다음에 그는 자신의 관점에서 '미국 민주주의에 대한 근본적 위협'으로 보이는 것을 이야기한다. 그 위협이란 바로 "자신감의 위기. (…) 삶의 의미에 대한 커져가는 의심과 국가적 목표를 향한 단결의 상실에서 이 위기를 볼 수 있다". 카터는 또한 줄어든 투표 참여자 수, 감소한 노동 생산성, 감소한 미래에 대한 믿음에서도 위기를 보았다. 즉, 미국은 소진, 냉소주의, 무능감에 사로잡힌 번아웃 환자가 된 것이다.[70]

1980년대 초기 번아웃은 기진맥진해져 패배감을 느끼는 미국 노동자들의 상태를 설명하는 주요 용어가 되었다. 오래지 않아 마슬라흐가 제도적 미비가 번아웃의 원인이라 주장하는 이론을 전개했으며, 프로이덴버거가 1980년 발표한《번아웃: 높은 성취에 따르는 높은 대가Burn-Out: The High Cost of High Achievement》이 자조 도서로 인기를 끌었다. 1981년 항공교통관제사 노동조합의 조합장은 임금 인상과 주당 노동시간 단축을 위해 조합원들이 파업에 나선 일차적 이유가 '초기 번아웃' 때문이라고 언급했다.[71] 나는 이 파업을 번아웃에 낙관주의로 맞섰던 순간이라고 본다. 이때는 집단행동이 상황을 나아지게 할 수 있는 것으로 보였을 것이다. 로널드 레이건Ronald Reagan 대통령이 복직 명령을 거부한 1만 1,000명의 관제사들을 해고했을 때 그 희망은 깨어졌다. 레이건의 결정은 오늘날까지도 노동자들이 듣고 있는 것과 같은 메시지를 보냈다. 각자가 알아서, 번아웃에 알아서 대처하지 못하면 속수무책으로 당하는 수밖에 없다는 메시지다. 1년 뒤 《뉴욕 타임스》에 실린 〈언어에 관하여On Language〉라는 칼럼을 통해 이 칼럼 자체가 '언어학적 번아웃'을 겪고 있다고 했던 윌리엄 새파이어William Safire의 말을 통해서도 번아웃이라는 용어가 흔히 쓰였음을 알 수 있다.[72]

• • •

1990년대와 2000년대에 번아웃에 관한 연구는 인적 서비스를 넘어 화이트칼라와 블루칼라 노동자 모두를 포괄하는 것으로 확장되었지만, 번아웃이라는 용어는 미국에서 20년간 휴면기에 들어갔다. 한편 100년 전 신경쇠약증이 그러했듯 번아웃 역시 해외로 확산되었다. 마슬라흐는 2명의 공동 저자와 함께 2009년 발표한 한 논문에서 "거칠게 말하면, 번아웃이 퍼지는 것은 각 국가의 경제적 발전 정도와 조응하는 것으로 보인다"라고 관찰했다.[73] 다시 말해, 번아웃은 처음에는 부유한 북아메리카와 유럽의 문제였다가 라틴아메리카, 아프리카, 아시아로 전파되었다는 것이다(인정해야 하는 것은, 나에게 이 주장은 북아메리카의 백인 프로테스탄트 교인들이 다른 지역, 인종, 종교 집단에 비해 신경쇠약증에 걸리기 쉽다고 조지 비어드가 말한 주장의 희미한 메아리처럼 들린다는 점이다). 2019년 세계보건기구는 번아웃이 비록 질병은 아니지만 국제 질병 분류의 주요 진단 편람에 등재된 '증후군'으로 분류했다.[74] 국제 질병 분류에서 마침내 신경쇠약증이 삭제된 것도 이때다. 스웨덴을 비롯한 일부 유럽

국가에서 번아웃은 유급 병가를 비롯한 질병 수당을 받을 수 있는 공식 진단명이다.[75] 핀란드에서는 번아웃을 겪는 노동자들이 유급으로 10일간 상담, 운동, 영양 수업을 비롯해 개인 및 집단별 집중 활동으로 구성된 재활 워크숍에 참여할 수 있다.[76]

지난 50년 사이, 번아웃에 대한 인식이 최초 미국에서의 맥락을 넘어선 반면 번아웃에 대한 대중의 이해는 크게 발전하지 않았다. 어떤 면에서 보면 번아웃에 대한 과학적 이해 역시도 답답할 만큼 정체된 채다. 번아웃을 측정하는 방법에 대한 합의는 거의 이루어지지 않다시피 했으며 보편적 진단 기준도 부재한다. 번아웃은 미국정신의학회의 〈정신 질환 진단 및 통계 편람Diagnostic and Statistical Manual〉에 실린 장애에도 속하지 않는다. 수십 년이 지난 지금까지도 우리는 프로이덴버거가 늘어놓은 모호하고 두루뭉술한 증상 목록이 반복되는 것을 듣고 있다. 1980년, 프로이덴버거는 성 혁명에서부터 소비주의에 이르기까지 빠른 속도로 일어나는 사회적·경제적 변화가 번아웃의 원인이라고 했다. "동시에, TV가 '좋은 삶'을 사는 사람들의 유혹적인 이미지에 우리를 노출시켰다."[77] 이 문장에서 TV를 인스타그램으로 대체한다면 최적화된 삶을 추구하는 웰니스 웹사이트에 바로 어제 게시된 글이라 해도 이상하지 않으리라.

첨단기술이 호황을 누리던 1999년, 《뉴욕 타임스》 1면에 실린 기사 역시 비슷한 느낌이다. 기사를 쓴 레슬리 카우프만Leslie Kaufman은 절반 이상의 직원들이 일터에서 "과도한 압박을 경험한다"라고 보고한 휴렛팩커드 지역 사업소 한 곳을 취재했다. 당시 휴렛팩커드를 비롯한 기업 관리자들은 이런 압박을 경감하고 직원들을 유지하고자 '업무 시간을 주당 40시간으로 제한하는 것에서부터 주말에는 이메일이나 문자 메시지를 확인하지 않기를 권장하는 것에 이르기까지 모든 조치'를 시행하고 있었다. 우리는 여전히 똑같은 문제에 직면해 있고, 마찬가지로 똑같은 해법을 제시하고 있다. 카우프만의 기사대로라면 탄력근무제와 재택근무제 역시 시행했으나 소용없었다. "이 문제를 해결하려는 움직임은 아직 시작 단계다. 여러 기업이 논의를 진행하고 있지만 오래된 관례를 벗어나는 방법을 모른다."[78] 20년이 넘는 세월이 지난 지금도 기업들은 번아웃을 여전히 논하고 있고, 변하는 방법을 여전히 모른다.

번아웃의 역사를 쭉 살펴본 나는 울적할 만큼이나 명확한 결론을 내렸다. 바로 번아웃 담론이 50년째 제자리를 맴돌고 있다는 결론이다. 신경쇠약증의 역사까지 더하자면 150년째이고, 멜랑콜리와 아세디아까지 묶으면 2,000년이 넘는 세월이다. 오늘날 우리가 일과 문화가 가져오는 소진에 관해서 하는 이야기들은 프로이덴버거, 마슬라흐, 그리고 1970~1980년대에 이들을 비판했던 사람들과 마찬가지로, 교육받은 엘리트 노동자에게 초점을 맞추며, 가속화된 문화를 문제시하고, 모든 괴로움을 모호하고 포괄적인 단일한 개념 안에 집어넣고자 하는 경향이 있다. 그뿐만 아니라 오늘날 우리가 하는 이야기들은 조지 비어드와 S. 위어 미첼이 1880년대에 펼친 신경쇠약증 이론과도 닮았다. 초기의 번아웃 연구자들 역시 소진된다는 것이 시대의 화신인 현대인이라는 증거라고 보았기 때문이다. 오늘날 대중의 논의대로라면 번아웃은 한 세대 전체의 표식이고, 이때 세대란 기술, 변혁, 최신 문화와 동의어다.

이토록 오랜 세월 번아웃에 관한 담론이 제자리만 맴돌았다는 사실 앞에서 나는 복잡한 감정이 든다. 한편으로는 이 담론을 새로운 방향으로 전개해보고 싶기도 하다. 불로장생의 영약이라느니 거친 개인주의rugged individualism를 향한 요구라느니, 기술에 대한 탄식, 일하는 방식을 바꾸겠다는 공허한 맹세 따위로 이루어진 과거의 실수들을 반복하고 싶지 않다. 우리 시대의 조지 비어드가 되어 금방 밑천이 드러나는 유사 과학을 떠들어대고 싶지도 않다. 나는 번아웃에 대한 체계적인 연구를 원하고, 연구 목적이 나를 끔찍한 악몽에 사로잡히게 해 직업까지 포기하게 만든 이 상태에 대한 진단 기준을 명확히 확립하는 것이기를 바란다. 마케팅을 위한 헛소리가 아니라 한층 이성적인 동시에 공감적인 목소리를 원한다. 더 냉철하고 더 엄밀한, 그러면서도 불필요한 불안을 조장하지 않는 대화가 이루어지기 전까지는 번아웃을 겪는 노동자들을 도울 수가 없다.

그런데 한편으로는 번아웃 담론이 변하지 않은 이유는 어쩌면 변화가 불가능하기 때문이 아닐까 하는 우려가 든다. 사막의 수도사들에게 아세디아가 그러했고, 전기의 시대에 신경쇠약증이 그러했듯, 번아웃은 우리 시대에 너무나도 깊이 뿌리내리고 있다. 어쩌면 그 뿌리는 우리 문화에서 번아웃을 유발하는 조건을 변화시킬 수 없을 만큼 깊은 것인지도 모른다. '번아웃의 위험 없이 스타트업을 성장시키는 법' 같은 헤드라인을 읽을 때마다 절망감이 든다.[79] 그런 방법은 존재하지 않는다. 우리 시대에는 그저 업무 문화에 참여하는 것 자체가 번아웃을 각오하는 것이다. 일을 하면서 번아웃을 피하겠다는 것은 수영을 하되 물에 젖는 건 싫다는 소리다. 번아웃을 중단한다는 것은 우리가 우리 자신이기를 그만두는 것이 될 것이다. 삶에 방향을 제시하는 문화적 추정을 잃게 될 것이다. 무엇이 추구할 가치가 있는지, 누구를 본보기로 삼아 살아야 할지, 시간을 어떻게 보내야 할지에 대한 추정이다. 어쩌면 스트레스와 불만 속에서 수십 년을 보내면서도 여전히 번아웃 문화를 끝내는 데 실패한 것은 바로 그 때문인지도 모르겠다. 어떻게 보면 우리는 번아웃을 끝내고 싶지 않은 것이다.

이런 희망과 두려움을 결합했을 때 새로운 해법이 등장할 수 있으리라. 나는 우리가 더는 일을 중심에 두지 않은 정체성을 새로이 빚어낼 수 있다고 진심으로 믿는다. 우리는 번아웃 문화를 끝낼 수 있다. 하지만 우선 우리에게는 우리의 사회적·도덕적·영적 삶의 핵심에 자리한 이 괴로움을 표현할 수 있는 훨씬 더 적확한 어휘가 필요하다.

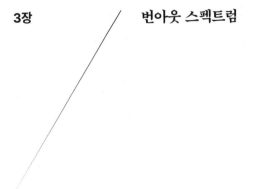

3장 / 번아웃 스펙트럼

처음부터 번아웃을 겪는 사람은 없다. 처음 신학 교수가 되었을 때, 나는 무한한 에너지, 그리고 낙관주의를 품고 있었다. 꿈에 그리던 일을 막 시작한 차였다. 마침내 진리 탐구와 정신 함양 앞에서 학생들을 나만큼이나 들뜨게 할 기회가 생겼다. 교수로 임용된 첫 학기, 나는 매일 오전 8시에 수업이 있었다. 동료 교수 중 가장 먼저 출근해 가장 늦게 퇴근할 때가 많았다. 그런데도 나는 업무에 어느 정도 선을 그었다. 주말에는 일거리를 집으로 가져오지 않으려 노력했고 대체로 성공했다.

처음으로 직업상의 위기가 찾아온 것은 그 학기가 한창이던 시기, 학생들이 제출한 첫 과제물을 채점할 때였다. 내가 낸 과제는 신학적 내용을 담은 기나긴 구문이 특징인 아우구스티누스Augustine의 밀도 높고 아름다운 회고록 《고백록》 속 우정을 분석하라는 것이었다(이제 와 생각해보니, 아마 대학교 2학년생들에게는 조금 무거운 주제였을 것 같다). 과제물 중 한 학생이 제출한 글이 특히 눈에 띄었다. 그가 사용하는 어휘들은 학부생들이 전형적으로 제출하는 글처럼 오류가 많지만 기교 넘치는 산문과는 놀라울 정도로 달랐다. 글 전체가 마치 담배 파이프를 물고 있는 1950년대의 옥스퍼드대학교 교수가 쓴 것만 같았다. 문장 속에서 '완강한implacable'이라는 단어 역시 적확하게 사용했다.

그런데 갑자기 그 글에 실제보다 똑똑해 보이고 싶은 사람들이 물을 법한 의미 없는 수사학적 질문들이 등장하기 시작했다. 무엇보다 이상했던 것은, 그 학생이 몇 번이나 '우정'을 동사처럼 사용했다는 사실이었다. 예를 들면, "신이 우리를 우정하기에 우리역시 신을 우정해야 한다"라는 식으로. 뭐야, 이게? 혼란스러웠던 나머지 동료 교수들에게도 과제물을 보여주었는데 다들 나만큼이나 당황했다. 그러다가 마침내 나는 이 학생이 아우구스티누스적 사랑을 다룬 여러 사람의 글을 짜깁기한 뒤 '사랑'이라는 단어를 모두 일괄적으로 '우정'으로 바꾸었음을 추정해냈다. 그 뒤에 완성한 과제물을 다시 한 번 읽어보지도 않고 제출한 것이다. 상황을 파악했을 때 머리끝까지 화가 났지만, 그 뒤로도 표절한 과제물을 여러 편 발견하고는 실의에 빠지고 말았다.

몇 주 뒤, 학생들은 중간고사에서 평균 D 학점을 기록했다. 아무것도 배우지 못한 것일까? 노력마저 하지 않은 것일까? 나는 친구한테 편지를 써 '교육이라는 것이 불가능한 거짓말 같다는 생각 때문에 드는 고뇌'를 털어놓았다. 다음 해, 한 수업의 수강생 절반 가량이 과제물을 표절했다. 강의실에서 마주하는 이런 도전 하나

하나가 나의 이상을 모독하는 것만 같았다.

물론 학생을 가르치는 일이 늘 나쁘기만 한 것은 아니었다. 학기마다 학생들은 배움을 얻어갔다. 내가 신학을 주제로 농담을 할 때면 예의 바르게 웃어주기도 했다. 하지만 학생들의 표절이며 무관심이 내 마음을 짓누른 나머지, 나는 교수 생활을 시작한 지 6년차, 종신교수 심사 절차를 한창 밟아가던 중이었음에도 새벽 2시에 나 스스로 무능하다 주장하는 '종신교수직 포기 편지'를 쓰고 있었다. "사람들에게 읽기, 새롭고 도전적인 아이디어를 토론하기, 글쓰기 같은 원하지 않는 일을 시키는" 내 직업이 싫어졌다고 썼다. 강의실의 '교착 상태'를 돌파할 방법들을 상상할 수는 있지만 시도할 용기는 없다고 썼다. "저는 배우고자 하는 마음이 없는 대다수 학생들을 가르치기 위해 해야 할 일들을 하기에는 에너지나 결단력, 욕망이 부족합니다."

지금에 와 돌아보면 저 한 문장 안에 번아웃의 전형적인 증상 세 가지인 소진, 냉소, 무능감이 전부 들어 있다. 하지만 그것은 내가 교수직을 내려놓기 한참 전의 일이었다. 한밤중에 절망감을 느끼기는 했지만, 아침에 침대에서 일어나기가 힘들지는 않았다. 기분이 너무 나빠서 먹거나 마시는 것에 몰두해 잊으려 하지도 않았다. 나는 종신교수 임용 심사에 합격했다. 하던 일을 계속했다. 스스로 자꾸만 되뇌었다. 이것은 내가 꿈꾸던 직업이잖아.

종신교수직을 포기하겠다는 편지를 쓸 때 내가 이미 번아웃을 겪고 있었다 해도 틀린 말은 아닐 것이다. 하지만 그 경험이 결정적인 것은 아니었다. 그때의 나는 필라멘트가 나간 전구나 재로 변해버린 장작처럼 '타버린' 것이 아니었다. 그 뒤 몇 년 사이, 무언가가 달라졌고, 나는 살아남으려면 교수직을 그만두는 수밖에 없다고 생각하게 되었다. 노동자들의 가벼운 절망감이 비참한 허무감으로 바뀌는 과정을 이해하고 나면 우리는 공공의 대화가 간절히 필요로 하는 번아웃의 확고한 정의를 내릴 수 있을 것이다.

• • •

번아웃 경험의 다양성은 바다처럼 넓고 그 깊이 역시 얕은 모래톱에서부터 가늠할 수 없는 해구에 이르기까지 모두 다르다. 임상적 우울증 같은 양상을 띠는 경험도 있지만, 보통 번아웃보다 더 급작스레 나타나고 해소되는 공감 피로compassion fatigue를 닮은 경험도 있다.[1] 번아웃의 정의를 내리려면 이런 다양성도 고려해야 한다. 전세계 수많은 노동자가 번아웃 증상을 보이거나 스스로 번아웃을 겪는다고 말하지만, 겉으로 보기에는 대부분 계속 일을 이어간다. 한편 소수의 노동자는 일터에서 거의 기능하지 못한다. 이들은 고질적인 소진에 시달리고, 실적도, 업무 몰입도도 줄어들고, 집행 기능, 주의력, 기억력 같은 인지능력이 감소한다.[2]

물질 남용이나 중독에 빠질 수도 있다. 어떤 이들은 자살을 생각하기도 하는데, 미국의 경우 이들 중에는 놀라울 정도로 많은 수의 의사 역시 포함된다.[3] 자신이 번아웃을 겪는다고 말하는 모든 사람이 이 정도의 심각한 상태에 이르는 것은 아니다. 하지만 번아웃이라는 용어를 사용하는 수많은 이들은 그 용어를 사용함으로써 무언가를 말하고 있다. 자신이 일과 맺는 관계에서 무언가 잘못되었다고 말이다.

넓이(모든 사람이 약간은 번아웃을 겪는다고 느낀다)와 깊이(어떤 사람들은 심각한 번아웃 때문에 더는 일을 할 수 없다)의 필요성 사이 균형을 잡으려면, 번아웃이 상태가 아니라 스펙트럼이라고 생각해야 한다. 번아웃을 논할 때 우리는 대개 번아웃이라는 것이 흑백으로 나뉠 수 있는 상태인 것처럼 말한다. 하지만 이런 흑백논리로는 번아웃 경험의 다양성을 설명할 수가 없다. 전구가 꺼지고 켜지는 것처럼 번아웃과 아닌 것 사이에 명확한 구분선이 있다면, 번아웃을 겪는다고 말하면서도 여전히 할 일을 유능하게 해내는 사람들을 분류할 방법이 없어질 것이다. 이런 문제는 번아웃을 스펙트럼으로 바라보면 해결된다. 번아웃을 겪는다고 주장하지만 이 때문에 심신이 쇠약해지지는 않은 사람들은 그저 번아웃을 부분적 형태 또는 심각성이 덜한 형태로 겪는 것뿐이다. 그들은 타버리지 않은 채 번아웃을 경험한다. 아직 번아웃이 최후통첩을 날리지 않은 것이다.

심리학자들은 이미 자폐 같은 다른 질병들을 스펙트럼으로 바라보면서 서로 관련된 다양한 강도의 장애들을 한 가지로 묶고 있다. 우울증을 스펙트럼으로 보는 이도 있고 그중에는 우울증 연구자로 썩 어울리는 이름을 가진 스위스의 연구자 율레스 앙스트Jules Angst도 있다. 1997년 발표한 논문에서 앙스트와 공동 저자 캐슬린 메리캉가스Kathleen Merikangas는 청소년들의 우울감이 15년이라는 기간에 걸쳐 스펙트럼을 따라 변화했음을 보고했다. 즉, 청소년은 시간이 지날수록 우울증 기준을 더 많이 또 적게 충족했으며, 때로는 주요 우울 장애의 역치를 넘나드는 모습을 보였다는 것이다.[4] 두 연구자는 '역치 이하의' 우울 상태를 경험한 이들에게 훗날 주요 우울증의 발병 위험이 더 크다는 사실을 알아냈다.[5] 이 연구는 희망적인 결과를 암시한다. 몇 가지 우울 증상을 지닌 이들의 경우 낮은 수준의 상태를 인지하면 병이 심화되기 전 치료를 받을 수 있기 때문이다.

우울이나 번아웃의 스펙트럼 개념은 단일 역치나 양자택일적 모형을 사용하는 경우보다 사람들의 장애 경험을 더 잘 반영하기도 한다. '역치 이하의 우울'의 다양한 범주를 가르는 경계선을 포함해 모든 기준선은 임의적인 것이다. 마슬라흐 번아웃 인벤토리는 물론 다른 척도에서도 '번아웃'과 '번아웃이 아닌 상태' 사이의 경계선이 어디 위치하는지를 알 수 없는 이유는 그런 경계선이 애초부터 존재하지 않기 때문이다. 마치 무지개의 '빨간색'이 서서히 주황색에 가까워지는 것과 마찬가지로 제각기 다른 심도를 가진 다양한 번아웃 경험은 서로에게 섞여든다. 선을 그을 수는 있고 명확한 진단이 필요한 임상 환경에서는 그래야 할 수도 있다. 하지만 세밀한 분류가 있다면 개인의 차이를 미세하게 반영한 치료가 가능해질 것이다. 앙스트와 메리캉가스는 누구나 살면서 일시적인 가벼운 우울 상태를 겪는다고 말한다.[6] 이와 비슷하게 번아웃 스펙트럼 속에도 경증이 존재한다고 인정한다면, 비록 모든 이가 높은 수준의 소진, 냉소주의, 비효능감으로 '발전'하지 않더라도 대부분의 사람이 어떤 시점에는 번아웃 스펙트럼에 착지할 것이라고 예상할 수 있을 것이다. 모든 노동은 번아웃의 가능성에 우리를 노출시킨다. 개인이 이를 부분적으로만 경험할 수도 있지만, 그들이 겪는 번아웃의 한 차원은 시간이 지나면서 한층 더 전면적인 장애로 발전할 수 있다.

난민 자녀를 위한 댈러스의 어느 비영리단체에서 일하는 사회복지사 리즈 커프먼Liz Curfman의 경험은 번아웃의 변화하는 성질을 설명해준다. 커프먼은 나에게 사회복지 분야에서 일하는 사람들은 "번아웃을 훈장처럼 달고 다닌다"라고 말했다. 하지만 커프먼에게 번아웃은 특정한 형태로 나타났다. 그는 일을 시작한 뒤로 쭉 업무 스트레스를 받아 냉소적으로 변했다고 했다. 예전에 다니던 어느 직장에서 커프먼이 속한 팀이 지원금 갱신을 신청해야 했던 일이 있었다. 팀원들이 받는 보수를 지급하는 아주 중요한 지원금이었다. 일자리가 위태로운 상황에서 그는 엄청난 불안감을 느낀 나머지 동료들을 험담하기 시작했는데, 그것은 일종의 비인간화였다. "냉소적이 되었고, 타인의 잘못을 지적할 준비가 되어 있었습니다." 그의 말이다. 지원금 갱신이 성공적으로 이루어지자 커프먼의 냉소주의는 비효능감으로 진화했다. 아메리콥스AmeriCorps 회원들을 조직하는 자신의 일이 세상에 변화를 이끌어낼 수 있는가가 의문이었다. 업무상 문제 해결을 위한 새로운 해법에 골몰할 때면 그는 "그냥 해치워버리자. 어차피 중요한 것도 아니잖아"라고 이야기하곤 했다.

훗날 다른 기관에서 일하게 되었을 때 커프먼의 냉소주의는 다시 돌아왔다. "그때의 저는 지금 당신과 대화를 나누고 있는 친절하고 자비롭기 그지없는 그 사람이 아니었답니다." 그는 이런 농담을 했다. "저는 기회만 있으면 싸우려 들고 까칠한 데다가 굉장히 공격적인 사람이었어요." 기관에서는 커프먼에게 업무에 대해 돌아보라며 2주의 유급휴가를 주었다. 처음에는 화가 났다. "'감히 어떻게?'라는 생각이 들었지요." 하지만 휴가를 통해 그는 자신이 지금 힘들다는 사실을, 또 상사와 그가 서로에게 품은 기대를 서로에게 제대로 전달하지 못하고 있다는 사실을 알 수 있었다. 그는 업무를 잘 수행하는 데 필요한 지식을 더 많이 얻어 일터로 돌아왔다.

　나와 대화하는 한 시간 동안 커프먼은 소진에 관해서는 이야기하지 않았지만, 다른 노동자들은 대부분 소진에 대한 경험을 언급했다. 따지고 보면 우리는 소진과 번아웃을 동일시할 때가 많다. 하지만 번아웃을 양자택일적 장애가 아니라 다양한 단계로 이루어진 스펙트럼으로 생각한다면 노동자들이 비인간화나 비효능감과 무관한 소진을 겪을 수도 있다는 것 역시 이해할 수 있다. 부분적인 번아웃을 겪는 사람은 스펙트럼 속에 놓여 있을 뿐 극단으로 치달은 것은 아니다. 업무 때문에 맥이 빠지고 냉소적으로 변하고 쓸모없는 기분이 들더라도, 여전히 상황이 더 나빠질 수 있다는 것이다.

· · ·

내가 경험한 번아웃은 영구적인 상태로 정착하기 전 수년간 밀려왔다 사라지곤 했다. 리즈 커프먼처럼 심각한 소진 없이 냉소적으로 변하고 비효능감이 들었다. 소진이 찾아온 것은 한참 뒤였다. 나는 보통 한 학기에 네 개의 교양 수업을 맡았다. 대학에서 학생들에게 전공과 무관하게 필수로 듣게 하는 수업들이었다. 학생들은 강의 평가에 울분을 토했다. 전형적인 의견은 "무의미한 수업치고는 성적 평가가 엄격하고 무척 까다롭다"라는 식이었다. 나는 직업상의 보람을 얻으려고 교수들이 강의 외에 하는 활동에 매달렸다. 위원회, 콘퍼런스, 논문 게재 등이었다. 나는 그럼에도 강의 평가에 큰 타격을 입었다. 종신교수직을 포기하겠다는 편지를 쓰던 그 시절의 일기에는 이렇게 쓰여 있다. "모든 게 지친다. 강의는 지적인 도전이 아니다(도전인 것은 맞지만 지적이지 않을 뿐이다). 또 대부분의 학생이 딱히 이익을 얻지 못하기에 보람도 없고, 이익을 얻는 학생도 고마워할 줄 모른다."

강의가 지적인 도전이 아니라고 괄호 안에 방백처럼 적어넣은 말이 지금 내 눈에 선명히 들어온다. 내가 어떤 것을 기대하고 교수가 되었지만 그 대신 다른 것을 얻었다는 의미다. 나는 나를 가르친 교수들이 살 것이라고 상상했던 그런 삶을 살고 싶었다. 세계에 들어가는 것은 학문이라는 공화국의 시민이 되는 것이라고 생각했다. 하지만 실제로는 교수직 역시도 관료주의, 일정, 5시까지 끝내야 할 지겨운 잡무로 가득한 보통 직업일 뿐이었다. 또 학생들은 배움을 고귀한 지적 추구로 생각하지 않았다. 그들에게 교육이란 회계사나 운동선수 트레이너 또는 교사가 되기 위한 수단에 불과했다. 나처럼 신학 사상이 주는 순전한 기쁨을 느끼려 대학에 들어온 것도 아니었다. 학생들을 탓하는 것은 아니다. 하지만 나는 학생들이 나 같기를 기대하지 않을 수가 없었다.

일에 대한 이상과 일의 현실 사이의 이러한 간극이야말로 번 아웃의 원점이다. 우리는 우리가 실제로 하는 일이 우리가 하고 싶었던 일에 못 미칠 때 번아웃을 겪는다. 이런 이상과 기대는 단순히 개인적인 것이 아니라 문화적인 것이다. 부유한 국가의 문화에서 사람들은 직업으로부터 보수 이상의 것을 바란다. 우리는 존엄성을 원한다. 인간으로서 성장하기를 원한다. 심지어 일종의 초월적인 목표를 추구하기도 한다. 그런데 우리는 일을 통해 그런 것들을 얻지 못하고, 그 이유 중 일부는 지난 수십 년 사이 노동이라는 것이 감정적으로는 부담스러워진 반면 물질적으로는 가치가 하락했기 때문이다(업무 환경의 저하와 이상의 좌절에 대해서는 4장과 5장에서 더 자세히 이야기할 것이다). 나는 대학교수의 삶은 명민한 동료와 의욕적인 학생들과 나누는 끊임없는 지적 대화로 이루어질 거라고 상상했다. 하지만 실제로 강의는 힘들었고, 인정받는 일은 거의 없었으며, 지긋지긋한 회의에 참석하거나 연구실에서 혼자 학생들의 표절 때문에 편집증세를 겪으면서 긴 시간을 보내야 했다.

번아웃의 원인이 이상과 현실의 간극이라고 바라보는 관점은 연구 논문에서 흔히 등장한다.[7] 크리스티나 마슬라흐와 공동 저자인 마이클 라이터는 번아웃을 "사람들의 실제 모습과 그들이 해야하는 일이 어긋났음을 보여주는 지표"라고 했다.[8] 나에게 그 말은 번아웃이 일에 필요한 요건과 사람들이 생각하는 자아상 사이의 차이를 보여준다는 뜻으로 읽힌다. 1976년 발표한 초기 논문에서 마슬라흐는 각자가 맡은 업무에 포함되지만 받아들일 준비가 되지 않은 부분들과 이 문제를 연결짓는다. 한 국선변호사가 마슬라흐에게 이렇게 말했다. "저는 법을 공부한 것이지 미래의 의뢰인을 상대하는 방법을 공부한 것이 아닙니다. 또, 제 문제는 법과는 아무런 관련이 없고, 몇 시간이나 남의 문제를 놓고 사람들과 대화를 나누는 것이 고역일 뿐입니다." 이 변호사의 경우, 일이 '법적인 문제'에 관한 것이리라는 이상, 그리고 법과는 관계없는 사람들의 문제를 해소한다는 현실 사이에는 엄청나게 큰 간극이 존재하며, 그것이 그를 번아웃을 겪기 쉬운 상태로 만든다.[9]

번아웃 경험은 서로 반대쪽으로 쓰러지려는 두 개의 죽마에 올라타 균형을 잡으려는 것과 같다. 각각의 죽마는 우리가 하는 일의 이상과 현실을 표상한다. 운이 좋다면 두 개의 죽마가 상당히 가까이 놓여 있어 양쪽 모두에 발을 잘 얹고 보폭을 넓히거나 더듬거리지 않고 앞으로 걸어갈 수 있지만, 그런 경우는 잘 없다. 죽마는 서로 멀어지며 V자로 벌어진다. 죽마가 높지 않다면, 즉 일이 요구하는 바가 그리 많지 않다면, 조금 벌어진다고 해서 죽마에서 떨어지지는 않을 것이다. 하지만 죽마가 높다면, 즉 응급실 간호사의 일처럼 힘든 일이라면, 이상과 현실의 간극이 조금만 벌어져도 긴장도가 높아진다. 시간이 갈수록 힘이 떨어지는 바람에 두 죽마 중 하나를 놓치거나 아예 굴러떨어져버릴 것이다. 둘 중 어느 경우라 해도 죽마 사이에 걸쳐 있는 사람은 진정한 의미에서 번영하는 삶을 살 수 있도록 편안하게 지내지는 못할 것이다.

두 개의 죽마가 처음 벌어져 그 사이에 걸쳐지는 때에 낮은 정도의 번아웃 또는 일시적인 형태의 번아웃이 발생한다. 고통은 실재하고, 현실을 꽉 붙잡고 있기가 힘들다는 것 역시 진짜다. 열이

병의 증상인 것처럼 당신이 느끼는 소진, 냉소주의, 비효능감은 번아웃의 증상이다. 이 증상들은 무언가가 잘못되었으며 당신이 균형을 잃었다는 신호다. 다리를 벌린 채로 일주일, 나아가 한 달을 버티다가, 프로젝트가 끝나거나 마감을 치르고 나면 두 개의 죽마는 다시금 나란해진다. 긴장이 풀리고 이상과 현실 둘 다 꽉 붙들 수 있다. 하지만 곧 새로운 과제가 생기고, V자가 또다시 크게 벌어지는데, 이번에는 몇 주 사이에 제자리로 돌아와주지 않는다. 다리를 벌린 채 최대한 죽마 사이의 거리를 좁히려 애를 쓸 뿐이다. 손바닥에 땀이 배어난다. 신경은 날카로워진다. 두 개의 죽마가 나란해야 마땅하다는 사실을 당신은 알고 있다. 부모님도 선생님도 졸업식 연사들도 그렇게 말했으니까. 그러니까 죽마에 매달려 고생하는 나는 대체 무엇이 잘못된 것일까? 그런데 두 개의 죽마는 결코 원래 모습대로 정렬되지 않고, 그렇게 한 달, 어쩌면 1년, 어쩌면 더 오랜 기간이 흐른 뒤 당신은 이제 둘 중 하나를 놓아야 하는 지점에 도달하고 만다.

그 시절의 일기를 읽으면, 내가 전해주는 지식에 무관심한 학생들 앞에서 일에 대한 높은 이상(젊은이들의 정신에 새로운 사고방식을 점화하는 것)을 잃지 않으려 전전긍긍했던 것이 그 당시의 나에게 어떤 효과를 낳았는지가 보인다. 나는 내가 상상한 교수의 삶과 실제 교수의 삶이 가진 모순 속에서 살아가려 애쓰는 동안 종종 긴장감을 느꼈다. 비슷한 감정이 일기 속에 여러 번 등장한다. 그때가 간극이 더 커진 시점이다. 하지만 간극이 좁아져 긴장을 풀고 회복할 수 있었던 순간도 있었던 모양이다. 내가 끊임없는 긴장 속에 살았던 것은 아니므로. 하지만 그렇게 두 개의 죽마 사이에 걸쳐져 있던 사이 내 유연성은 사라졌다. 몇 년 뒤, 죽마들이 또다시 벌어져 아주 오랫동안 제자리로 돌아오지 않자 나는 결국 부러지고 말았다.

• • •

모든 사람이 저마다의 방식으로 번아웃 스트레스를 겪는다고 말하는 것은 유혹적이다. 하지만 실제로는 사람들 그리고 그들이 하는 일은 서로 그렇게 다르지 않다. 번아웃이 어떤 사람에게 주로 냉소주의라는 형태로 발현된다면 아마 다른 이들에게도 마찬가지일 것이다. 그러므로 전형적인 번아웃 경험의 몇 가지 범주를 식별한다면 스펙트럼 속에서 각 유형의 번아웃을 경험하는 이들에게 도움을 줄 방법들도 만들어볼 수 있으리라.

최근 연구자들이 번아웃의 '프로파일', 즉 번아웃의 특징적 경험에 초점을 맞추는 이유가 바로 그것이다.[10] 번아웃에는 세 가지 별개의 차원이 존재하기에, 어떤 사람은 한 가지 차원에서 유별나게 높은 점수를 기록하는 한편 다른 두 가지 차원에서는 그렇지 않을 수도 있을 것이고(소진되었지만 냉소적이지는 않고, 비효능감에 시달리지는 않는 사람), 마찬가지로 세 가지 차원 모두에서 높은 점수를 기록하는 사람도 있을 것이다. 예를 들면, 마슬라흐와 라이터는 번아웃을 다섯 가지 프로파일로 바라보았다. 세 가지 차원 모두에서 낮은 점수를 기록하는 경우, 세 가지 차원 모두에서 높은 점수를 기록하는 경우, 그리고 각각 소진, 냉소주의, 비효능감 중 한 가지 차원에서만 높은 점수를 기록하는 경우다. 여기서 나는 '높은' 점수와 '낮은' 점수라는 표현을 쓰고 있지만, 이런 분석에서는 누군가가 특정한 프로파일에 들어맞는지 아닌지를 결정하는 임의로 정해진 수치가 있는 것이 아니다. 그보다는 마슬라흐 번아웃 인벤토리에 대한 응답의 패턴, 이 척도에서 빈번히 나타나는 점수들의 조합을 찾는 것이다.[11] 이 조합이 바로 사람들이 번아웃을 경험하는 가장 흔한 방식인 프로파일이다.

죽마를 타는 은유로 다시 돌아오자면, 다섯 가지 번아웃 프로파일은 이상과 현실 두 가지 모두에 매달린다는 과제에 임하는 다섯 가지 다른 방식과 대강 들어맞는다. 첫 번째이자 가장 쉬운 방법은 이상과 현실이 이미 가까이 정렬되어 있어 두 개의 죽마에 지탱한 채로도 그리 힘들지 않게 걸을 수 있는 것이다. 라이터와 마슬라흐는 이 상태를 '몰입engaged'이라고 부르지만, 나는 그저 번아웃이 아님이라는 표현이 더 낫다고 생각한다('업무 몰입도'라는 업무 이상 자체가 번아웃을 유발한다고 확신한다. 이 이야기는 5장에서 더 자세히 하겠다). 나머지 네 개의 프로파일은 죽마들이 서로에게서 멀어질 때 나타난다. 그 순간 우리는 각자의 상황과 심리적 기질에 따라 네 가지 다른 방식으로 반응한다. 하지만 분명히 하고 싶은 것은, 그런 반응은 선택하는 것이 아니라는 점이다. 번아웃을 겪을지 말지 선택할 수 없는 것처럼 번아웃을 어떻게 겪을지 역시 우리가 정할 수는 없다. 네 가지 반응은 불수의적인 것으로 특정한 스트레스에 우리의 신체와 정신이 반응하는 네 가지 방식일 뿐이다.

일의 현실이 이상으로부터 멀어지는 순간, 아마 우리는 우리를 그 사이 간극 속으로 떨어뜨리고자 하는 두 개의 죽마 모두에 온 힘을 다해 매달리게 될 것이다. 순전한 의지력일 수도 있고 현실 부정일 수도 있지만, 우리는 과도한 업무량 때문이든 불충분한 지원 또는 부담스러운 정서적 요구 때문이든 일의 현실이 이상과 점점 어긋나는 동안에도 우리가 품었던 기대에 매달린다. 두 다리를 한껏 벌린 채로 두 개의 죽마 모두에 매달려 있을 때는 소진이 우리의 경험을 지배하고, 이때 우리는 과도하게 긴장한다.

두 번째 방법은 이상을 버리고 타협적 현실에 순응하는 것이다. 이 경우 우리는 동료와 고객을 비인간화하게 된다. 또는 일의 사회적 의의를 포기한 뒤 그저 돈만 바라볼 수도 있다. 이 프로파일에 해당하는 노동자를 예로 들면 환자를 '27번 침대의 바이러스 감염'이라는 식으로 병으로만 바라보는 의료인이나, 학생만 없다면 학교 일도 할 만할 것이라고 생각하는 교사다. 또 동료에게 폭언을 쏟아내고 뒤에서 험담을 일삼던 과거의 리즈 커프만 역시 이 프로파일에 해당할 것이다. 일에 있어 타인을 완전한 인간 존재로 바라본다는 것까지 포함해 이상이 더는 중요해지지 않을 때 우리는 냉소적이 된다.

세 번째 방법은 현실을 무시하거나 이에 저항하고 이상을 지키는 것이다. 우리는 일이 기대에 부응하지 못해 실망하거나 분노한다. 아니면 일에 무심해져 최소한의 일만 한다. 무엇 하러 굳이 그렇게까지 해? 어차피 실패할 텐데. 우리는 비효능감을 느끼고 무가치한 존재가 된 기분을 느낀다. 이상을 바라보며 영영 이상을 달성할 수 없을 것이라 믿는다. 좌절한다.

마지막 방법은 이상과 현실 둘 다 놓아버리는 것이다. 아니면 너무 오랫동안 둘 사이에 걸쳐져 있느라 찢어져버린다. 최소한의 것 이상을 할 수 없게 된 우리는 죽마에서 떨어지고 만다. 그 어떤 노력을 해도 소진된다. 일은 그 어떤 가치도 없는 그저 잡무에 지나지 않는다. 고갈된 것 같고 공허한 기분을 느낀다. 이때가 번아웃 상태다.

연구자들은 특정한 시점에 각각의 프로파일에 들어맞는 노동자들의 비율을 파악해보았다. 미국과 캐나다의 병원에서 의사, 간호사 같은 임상 의료인, 그리고 행정직과 사무직을 모두 포함한 직원들을 대상으로 실행한 복수의 연구 결과, 내가 번아웃이 아님이라는 이름을 붙인 프로파일에 해당하는 이들이 40~45퍼센트, 비효능감에서만 높은 점수를 기록한 좌절 프로파일에 해당하는 이들이 20~25퍼센트, 소진 점수가 높은 과도한 긴장 프로파일에 해당하는 이들이 15퍼센트, 비인간화 점수가 높고 따라서 냉소 프로파일에 해당하는 이들이 10퍼센트, 그리고 세 가지 차원 모두에서 높은 점수를 보인 번아웃 프로파일에 해당하는 이들이 5~10퍼센트로 나타났다.[12] 프로파일들을 다르게 정의한 다른 연구들 역시 번아웃을 겪지 않는 이들이 40퍼센트, 전형적인 번아웃을 겪는 이들이 5~10퍼센트라는 연구 결과를 뒷받침한다.[13]

이런 수치를 얻은 덕에 우리는 마침내 '얼마나 많은 노동자가 번아웃을 겪는가?'라는 중요한 질문에 답할 수 있게 되었다. 전체 노동자의 절반이 조금 넘는 숫자가 번아웃 스펙트럼에 위치해 번아웃의 세 가지 차원 각각에서 얻은 점수에 따라 각각의 프로파일에 속해 있다. 또 최대 10분의 1에 달하는 적은 수가 세 가지 차원 모두에서 높은 점수를 얻어 전형적인 번아웃 프로파일에 들어맞는다. 이런 추정치는 직관을 자아낸다. 여러분의 일터를 둘러보자. 아마 많은 이들이 그저 잘 지낼 것이고, 또 많은 이들이 불행하거나 겉보기에도 힘들어할 것이고, 몇몇은 안간힘을 쓰며 버티고 있을 것이다.

번아웃 프로파일에 속하는 이들의 숫자는 요란한 뉴스 기사나 마케팅 보고서에 등장하는 '번아웃을 겪는' 사람의 숫자보다 적다. 사실 번아웃 프로파일에 들어맞는 노동자의 비율은 미국에서 임상적 우울증을 겪는 성인의 비율인 8.1퍼센트와 거의 비슷하며, 우리는 우울증을 심각한 문제로 보고 있다.[14] 전체 노동자의 절반이 번아웃 스펙트럼에 속해 있다면, 대부분의 사람이 직업 생활에서 어느 시점에는 이런 프로파일 중 한 가지를 경험한다고 이야기해도 좋으리라. 또 적지만 사소하지는 않은 수의 노동자가 최소한 한 번은 번아웃 프로파일에 속하게 된다. 그렇다. 모든 사람이 지금 이 순간 번아웃을 겪고 있는 것은 아니다. 하지만 우리는 대부분 일터에서의 현실이 이상에서 벗어날 때의 긴장을 느낀 적이 있고, 이 때문에 비틀거린 경험이 있다. 또 우리 중 많은 수가 아프게 추락한 적 있다.

번아웃의 프로파일은 1차원적이고 양자택일적인 번아웃 모형이 놓칠 수 있는 번아웃 경험의 미세한 차이를 드러낸다. 임상의학자들이 번아웃의 부분적 형태를 식별하고 환자의 특수한 필요에 맞는 처방을 제시할 수 있는 데 도움이 된다. 나아가 프로파일은 특정한 일터나 직업 경험에서 겪는 번아웃이 다른 노동자들과는 상이한 경험임을 보여준다. 예를 들면, 프랑스 심리학자들을 대상으로 한 연구에서 마슬라흐 번아웃 인벤토리의 네 개 군에 해당하는 점수를 살펴보았더니 냉소주의와 비인간화 프로파일은 나타나지 않았다. 논문 저자들은 "실제로, 환자들에게 냉소적이고 무심한 태도를 보이면서 효율감을 얻는 열정적인 심리학자를 상상하기는 어렵다"라고 언급했다.[15] 다시 말해, 번아웃 프로파일은 이 직종에 종사하는 사람들은 냉소주의보다는 과도한 긴장이나 좌절감의 형태로 번아웃을 경험할 가능성이 크다는 의혹을 확인시켜주며, 그렇기에 냉소적인 심리학자를 겨냥한 특수한 치료법을 고안할 필요는 없다.

　　내 마슬라흐 번아웃 인벤토리 점수는 소진 항목이 높고, 비인간화 점수는 보통에서 높음 사이이며, 개인적 성취 항목에서 낮았기에, 다섯 가지 프로파일 중 그 무엇에도 딱 맞아떨어지지 않았다. 하지만 내 점수를 라이터와 마슬라흐의 논문에 실린 표와 눈으로 견주어보는 것만으로도 내가 과도한 긴장이나 좌절 또는 번아웃 프로파일에 들어맞을 수도 있었겠다는 생각이 들었다. 나는 분명 소진되었고 과도하게 긴장했지만, 성취감이 너무 낮았기에(내가 종신교수가 될 자격이 없다는 편지를 내 손으로 썼을 지경이기에) 나에게 일어난 일은 분명 과도한 긴장 그 이상의 문제였다.

번아웃에 관한 우리의 문화적 대화는 오로지 소진에만 초점을 맞춘다 해도 과언이 아니다. 때로는 연구자들조차도 같은 실수를 한다. 하지만 프로파일에 관한 연구들은 소진으로는 자초지종이 설명되지 않는다는 사실을 확인해준다. 라이터와 마슬라흐는 마슬라흐 번아웃 인벤토리의 소진 차원을 번아웃과 갈음해서 사용한다면 '오직' 과도하게 긴장했을 뿐인 수많은 사람을 번아웃으로 진단하게 될 것이라고 경고한다. 과도한 긴장 경험이 스펙트럼상의 다른 프로파일의 경험들과 동일한 것은 아니다. 라이터와 마슬라흐의 연구에서, 오직 소진 항목에서만 높은 점수를 기록한 사람들은 자신의 업무량을 부정적 시각으로 바라보는 경향이 있지만 일의 다른 영역에 대해서는 그렇지 않았다.

이와는 대조적으로, 번아웃 프로파일에 속한 사람들은 일의 모든 영역에 걸쳐 부정적 시각을 드러냈다.[16] 반가운 연구 결과다. 평가를 통해 과도한 긴장 프로파일에 속한 노동자들을 식별할 수 있다면 고용주가 그들의 업무량을 줄일 수 있을 것이고, 따라서 갈수록 심해지는 긴장으로부터 벗어날 수 있으리라 기대할 수 있기 때문이다. 같은 선상에서, 심각한 소진을 겪지 않았지만 업무 스트레스로 인해 냉소적인 유리 상태를 겪는 노동자들을 더 나쁜 상황에 처하기 전에 식별해낼 수도 있다.

번아웃 스펙트럼에서 가장 흔히 나타나는 프로파일은 좌절인

데, 이는 마슬라흐 번아웃 인벤토리에서 비효능감 차원에서만 높은 점수를 기록하는 것에 해당한다(또는 점수가 낮을수록 심각한 개인적 성취에서 낮은 점수를 기록하는 것에 해당하기도 한다). 이 범주에 속한 사람들은 과도한 긴장, 냉소, 번아웃 프로파일에 속한 사람들에 비해 업무에 대한 부정적 경험이 상대적으로 약한 것으로 나타난다. 그럼에도 좌절한 노동자들의 경험은 번아웃이 아닌 노동자들의 경험에 비해 충족감이 덜하다. 라이터와 마슬라흐는 좌절이 "중립적 상태보다 다소 저하된 상태"라고 표현한다.[17]

또 다른 연구에서는 노동자들의 "제한된 건강 효과"가 좌절 프로파일에 들어간다고 언급한다.[18] 좌절은 심각한 약화로 보이지 않으므로 간과할 가능성이 크다. 실제로 연구자들은 종종 연구 설계에서 좌절을 완전히 무시하기도 한다. 미국 의사들 사이에서 주목받는 메이요 클리닉의 번아웃 연구에서는 개인적 성취를 아예 측정하지 않고 있다.[19] 유럽에서 영향력 높은 어느 번아웃 모형은 오로지 소진과 업무에서의 이탈만을 측정하며 비효능감은 포함하지 않는다.[20]

그럼에도 비효능감은 번아웃 경험 그리고 사회에서 번아웃이 차지하는 위치에서 결정적 역할을 한다. 비효능감이란 영혼의 위기이자 자기 존중감과 의미를 향한 공격이다. 비효능감을 느끼는 것 자체는 소진이나 냉소주의보다 해를 덜 끼칠지 모른다. 사람들은 자기 효능감이 낮다 해도 일의 흐름을 따라 흘러갈 수 있기 때문이다. 미국 노동자의 대략 4분의 1가량이 바로 이런 상황으로, 자신이 하는 일에 의미가 전혀 없다고 보고했다.[21]

잠시 멈추어 이 통계를 살펴보자. 노동자 네 명 중 한 명이 업무에서 의미 있는 점을 전혀 발견하지 못한다. 쓸모 있다는 감각도, 사회에 도움이 되거나 재능을 펼친다는 느낌도, 개인적 목표를 향한 포부도 없다는 뜻이다. 이렇게 의기소침해진 노동자들은 어디에나 있지만, 이들은 몇 가지 유형의 따분한 직업군에 모여 있는 것처럼 보인다. 미국 재향군인관리국의 연구자들이 진행한 어느 연구는 재향군인 병원의 행정 및 사무 직원들(청구서 발급, 물품 구매, 병원의 물리적 공간을 관리하는 직원들) 사이에는 좌절 프로파일(이 연구에서는 "성취감이 없는"이라고 표현했다)이 유달리 많이 나타난다는 점을 밝혀냈다.[22] 즉, 좌절감을 느끼는 병원 직원들은 불균형할 정도로 트라우마나 질병을 마주할 일이 거의 없는 이들이지만, 동시에 암의 차도를 목격할 일도, 여성의 출산을 도울 일도, 절단 수술을 한 환자가 새 의족에 의지해 첫 발걸음을 내딛는 모습을 볼 일도 없는 이들이다.

무의미와 좌절은 그 자체로 큰 해를 끼치는 것은 아닐지 몰라도 소진이 주는 물리적 피해와 냉소주의가 주는 도덕적 손실을 증폭시킨다. 일 때문에 지치거나 무감각해진 사람이 그 때문에 좌절감을 느끼면 상황은 더 악화될 것이다. 이 때문에 재향군인관리국 연구자들은 번아웃이라는 부정적 경험, 특히 그 고질적인 성질은 주로 비효능감에서 유발되는 것이라고 주장한다.[23] 이 주장은 마슬라흐가 오래전부터 견지해온, 통상 번아웃은 소진에서 시작되며 노동자는 사람들과 정서적 거리를 둠으로써 이에 대응한다는 관점과 대조된다.[24] 좌절 프로파일에 해당하는 재향군인 병원 직원들은 특히 승진, 인정, 칭찬에 관련한 불만족을 토로했다.[25] 그들이야말로 간과된 이들이기 때문이다.

좌절한 노동자는 일에 들이는 노력이 헛되다고 느낀다. 자신이 성취해낸 것들이 그들의 눈에는 보이지 않는다. 그들의 노동의 산물이 추상적이거나 덧없는 것일 수도 있다. 그들이 하는 일 중 제대로 된 일은 거의 없을 수도 있다. 남들보다 늦게 승진하거나, 애초에 승진 가능성이 없을 수도 있고, 상사가 그들의 노력과 성취를 알아차리지 못했을지도 모른다. 그들은 인류학자 데이비드 그래버David Graeber가 '쓸모없는 직업bullshit jobs'이라고 부른, 심지어 그 일을 하는 사람들마저도 존재 의의를 의심하는 그런 일을 하고 있을 수도 있다. 이런 노동자들은 그저 확인란에 표시하거나 다른 중재자들 사이를 중재하는 일, 또는 자신들의 상사를 중요한 사람처럼 보이게 하는 역할 외에 그리 큰일을 하지 않을 수도 있다.[26]

번아웃을 오로지 소진의 측면에서만 바라본다면 우리 중 얼마나 많은 수가 거의 아무 일도 하지 않고 온종일을 보내며 재능이 녹슬어 거미줄에 뒤덮이는 기분을 느끼는지를 제대로 인식할 수 없다. 이런 쓸모없음이 사람에게 가하는 폭력은 종종 보이지 않는다. 겉보기에는 스트레스로 보이지도 않는다. 좌절한 노동자는 애초부터 불이 켜진 적이 없기 때문에 번아웃 상태로 보이지 않을 수도 있다. 하지만 번아웃 스펙트럼이 율레스 앙스트의 우울증 스펙트럼과 마찬가지로 작동한다면, 좌절을 경험하는 노동자는 종국에는 소진, 냉소 또는 전면적인 번아웃을 보일 가능성이 크다. 그뿐만 아니라 좌절한 노동자가 지닌 문제의 핵심 부분이 인정 부족이라면, 그들을 인정해줌으로써 심각한 문제를 미리부터 방지할 수도 있을 것이다.

나는 허무감을 시작으로 번아웃에 들어섰다. 그것이 나의 최초 증상이었다. 전일제 강의를 시작한 첫 학기 동안, 나는 허무감 때문에 교육이란 '불가능한 거짓말'이라고 탄식하게 되었다. 그렇다고 언제나 비효능감이 더 심각한 번아웃으로 가는 첫 단계라는 의미는 아니다. 많은 사람의 경우 그렇기는 하지만, 번아웃으로 들어가는 다른 입구도 있다. 좌절 프로파일이 빈번히 나타난다는 사실은 번아웃이란 노동자들이 버틸 수는 있지만 급성 삽화처럼 한순간에 재발하기도 하는 고질병이라는 신호일 수 있다.[27]

나는 내 문제가 번아웃이라는 사실을 모른 채로 몇 년 동안 좌절과 과도한 긴장, 그리고 냉소 속에서 버티었다. 또 교육에 대한 내 믿음이 입증되었다고 느꼈던 때는 한동안 번아웃 스펙트럼에서 빠져나올 수 있었던 것 같다. 내가 설계한 수업 중 활동에 참여하는 학생들의 지식이 제자리를 찾아가는 모습을 보았다. 학생들이 저린 손을 탈탈 털어가며 과제 노트에 글을 써내려가는 모습을 보고 있자면 그들이 자랑스러웠다. 모두 자신들이 배움을 얻었다는 사실을 나에게 증명하고자 안간힘을 쓰고 있었다. 최고의 아이디어들을 나와 나누었다. 그 기간에 내 이상과 현실은 나란해졌다. 하지만 이 또한 한때일 뿐이었다.

· · ·

어쩌면 우리는 지금까지 번아웃에 관한 연구, 그리고 이를 둘러싼 폭넓은 사회적 대화를 할 때 쓸모없는 사람이 된 듯한 느낌을 간과했는지도 모른다. 일을 하는 것이 무익하게 느껴진다는 말은 사회적으로 용인되지 않기 때문이다. 경쟁력이 없는 노동자는 영웅이 아닌 패배자다. 반면 과도하게 긴장한 노동자들은 이상을 모범적으로 실천하고 있다고 칭찬받는다. 일 때문에 소진되었다는 것은 미국의 노동 윤리 규범을 준수하는 좋은 노동자라는 뜻이다. 따지자면, 그것은 일에 무척이나 헌신한 나머지 일을 통해 스스로를 인정하는 경지에 올랐다는 뜻이니까. 심지어 비인간화마저도 비효능감보다는 사회적으로 용인 가능하다. 대단한 일을 해내기 위해 사사로운 것들은 무시하는 비정한 냉소주의자 역시도 TV 속 경찰 드라마나 의학 드라마의 원형에 해당하는 일종의 영웅이다.

과도하게 긴장된 프로파일에 해당하는 노동자들에게는 종종 사회적 보상이 뒤따르기 때문에, 나는 과도한 긴장을 번아웃과 동일시해서는 안 된다고, 또 비효능감을 번아웃의 결정적인 차원으로 보아야 한다고 주장하고 싶다. 마슬라흐 번아웃 인벤토리의 세 가지 차원 모두에서 높은 점수를 기록한 5퍼센트 또는 10퍼센트의 노동자가 시달리고 있는 전면적 번아웃 상태는 노동자로 하여금 일을 계속할 수 있는지 자문해보게 한다.

하지만 그들은 자신들이 일을 계속할 수 있다는 사실을 모른다. 이런 '영웅' 서사에의 유혹은 번아웃이 거친 개인주의 그리고 끊임없는 분투라는 미국적 미덕을 얼마나 잘 반영하는가에 방점을 찍는다. 나는 더는 할 수 없을 때까지 열심히 일했지만 결국 한계를 극복하고 더 열심히 일하는 법을 배웠다! 이런 영웅 서사의 뻔뻔한 예시라 할 법한 것이 바로 자잘하고 낮은 보수의 프리랜서 부업을 구할 수 있는 온라인 플랫폼 파이버Fiverr가 2017년 지하철에 게재한 광고다. 매력적이지만 정신없어 보이는 한 젊은 여성의 사진 위로 다음과 같은 문구가 쓰여 있다. "점심 대신 커피를 마신다. 할 일을 마치고 또 다음 일을 이어간다. 수면 부족은 당신이 선택한 마약이다. 그렇다면 당신은 실천가일지도 모른다." 먼 곳을 바라보는 여성의 시선에는 야망과 소진이 뒤섞여 있고, 먼 목표를 바라보는 초점은 번아웃의 공허한 시선과 구분되지 않는다.

번아웃 문화의 역사가 시작된 이래, 우리는 자화자찬 삼아 스스로를 번아웃이라 과잉 진단해왔다. 랜스 모로Lance Morrow는 1981년에 번아웃을 다룬 에세이에서 다음과 같은 말로 회의를 드러냈다. "이 단어는 과장과 나르시시즘을 동시에 사용하는 미국인 특유의 습관을 완벽하게 담고 있다. 영혼의 심기증 말이다. 이 개념에는 교묘한 자기 면책에 결부된 은밀한 자아 확대가 담겨 있다."28 연구자 아얄라 파인스와 엘리엇 애론슨은 1980년대 내내 번아웃에 관한 워크숍을 진행했다. 이들은 다음과 같이 보고했다. "가장 헌신적인 노동자들이 가장 극심한 번아웃을 겪는다는 사실을 알게 된 참여자들은 수치심이나 부끄러움 없이 자유롭게 번아웃을 고백할 수 있게 된다."

실제로 파인스와 애론슨은 이상주의자일수록 번아웃 증상을 더 많이 보인다는 사실을 사전에 고지한 경우 참여자들의 번아웃 점수가 더 높아진다는 사실을 밝혀냈다.[29] 다시 말해, 번아웃이 영웅적 소진이라면 야심만만한 노동자들은 이를 달성하겠다는 포부를 품는다는 것이다. 미국의 노동 문화에서 소진이란 딱히 부정적인 것이라고 보기는 어렵다. 과도한 긴장에 대한 금기는 존재하지 않는다. 오히려 자기가 해야 하는 일을 할 수 없다고 털어놓는 일이 금기시된다.

고백하자면, 나는 오랜 기간 좌절과 냉소로 가득한 소진의 시기를 보낸 뒤 직업을 포기했고, 그렇기에 직업상의 부정적인 결과가 일어나지 않았는데도 번아웃에 시달린다고 말하는 이들을 만날 때면 눈썹을 치켜들곤 했다. 일터에서 보낸 최악의 시기에 내 업무 수행 능력은 저하되었고 건강 역시 마찬가지였다. 일을 그만두지 않으면 개인적으로 크나큰 피해를 당할 위험을 무릅써야 한다는 느낌이 들었다. 나는 내가 고군분투하고 있다는 것이, 수업과 논문 게재를 해나가는 와중에 여러 교직원 위원회를 이끌고 있다는 사실이 자랑스러웠다. 누군가가 나에게 추가 업무를 맡기면 흔쾌히 응했다. 특히, 그 업무를 통해 내가 일을 제대로 해내는 사람이라는 평판을 얻을 가능성이 있을 경우라면 더더욱 그랬다. 그렇다, 나는 실천가였다.

하지만 그 모든 것은 번아웃이 아니었다. 번아웃의 서곡일 뿐이었다. 안식년을 마치고 돌아온 첫날, 오전 8시 회의보다 일찍 도착해 저녁 수업을 끝낸 뒤에야 귀가하면서도 나는 기진맥진하지 않았다. 내 일에 대해 냉소하지도 않았다. 나는 수많은 이들이 내가 제대로 일을 해내기를 바라마지않는 학교로 돌아온 것이 기대되었다. 몇 달 뒤, 나는 아내와 전화 통화를 하면서 콘퍼런스 환영 행사에서 어느 연구자가 나를 모욕했다며 길길이 뛰었다. 그것은 냉소주의였다. 채점해야 할 과제물을 무시하고 준비 없이 수업에 임하는 것, 그것은 비효능감이었다. 아침에 일어나고 두 시간 뒤 낮잠을 자야 하는 것, 그것은 소진이었다.

· · ·

번아웃이 주는 지위와 미덕 덕분에, 번아웃은 임상적 우울증처럼 더 강력한 사회적 낙인이 담긴 심각한 문제들을 덮을 수 있는 매력적인 자가 진단이 된다. 사실 번아웃도 일종의 우울증일 수 있다. 번아웃의 대부인 허버트 프로이덴버거는 1974년 번아웃에 시달리는 노동자는 "우울한 것처럼 보이고, 행동하고, 느낀다"라고 썼다.[30] 이 또한 그의 즉흥적인 관찰로, 훗날에야 과학적 근거를 얻게 된 것이다.

심리학자 어빈 숀펠드Irvin Schonfeld는 우울증 증상과 번아웃 점수 간의 강력한 연관 관계를 발견한다. 실제로, 소진은 다른 두 개 차원인 냉소주의와 비효능감에 비해 우울증과 더 강한 연관 관계를 보인다.[31] 숀펠드가 공동 저자들과 함께 진행한 어느 연구에서는 번아웃에 시달리는 미국 공립학교 교사 중 86퍼센트가 우울증 진단기준 역시 충족한다는 사실이 드러났다. 번아웃을 겪지 않는 교사 중에서 우울증 진단 기준을 충족하는 이들은 1퍼센트 미만이었다.[32] 번아웃과 우울증 모두 일상적인 기능을 저해하고, 사회적 위축과 냉소주의가 특징이다.[33] 이런 이유로 숀펠드는 번아웃이 우울증과 별개의 질환이 아니라 우울증의 일종으로 다룰 수 있다고 주장한다. 그렇게 한다면 번아웃에 시달리는 노동자들에게 상담 요법이나 약물 치료의 도움을 받으라고 권유할 수 있으리라.[34]

숀펠드의 연구는 다른 연구자들뿐만 아니라 번아웃에 집착하는 문화에 대한 도전이기도 했다. 숀펠드의 말이 맞다면 우리는 번아웃에 주의를 기울임으로써 심리학자들이 훨씬 더 잘 이해하고 있는 더 근본적인 문제로부터 눈을 돌리는 셈이기 때문이다. 물론 나는 번아웃에 관심을 가져야 한다고 생각하지만, 번아웃이 다양한 프로파일로 이루어진 스펙트럼이라고 보는 나의 관점에서 번아웃을 우울증과 나란히 놓는 것이 문제가 된다고는 생각하지 않는다. 번아웃을 경험하는 데 과도한 긴장, 냉소, 좌절을 부분적으로 겪는 상태를 포함한 여러 방식이 존재한다면, 번아웃의 세 가지 차원 사이에 강력한 연관 관계가 있다고 기대하지 않을 것이다. 나는 진정한 번아웃은 일상적인 피로와 다르기 때문에 휴식으로 치유되지 않는다고 한 숀펠드의 의견에 동의한다.[35] 번아웃에서 회복하려면 일에 상당한 변화가 일어나야 하는데, 그 변화에는 일을 그만두는 것도 포함될 수 있다. 또 심각한 번아웃 증상을 겪는 이들에게는 우울증 검사가 필요하다는 데도 동의한다. 상담 치료나 항우울제가 나에게는 큰 도움이 되지 않았지만, 과거의 나와 같은 업무 스트레스를 겪는 다른 이들에게는 도움이 될지 모르니까.

번아웃과 우울증 사이의 연관 관계에 대한 연구는 고무적이다. 일과 관련된 스트레스를 심각하게 받아들이고, 치료를 불가능하게 하는 포괄적인 번아웃 정의에 반박하기 때문이다. 노동자의 이상과 일의 현실 사이 간극은 우리의 안녕을 크게 훼손해 잘 지내지 못하도록 방해한다. 두 가지 간극에서 간신히 버티는 것은 우리 모두에게 일어날 수 있는 일이다. 이는 일에 있어 우리의 집단적 이상과 현실이 국가적·세계적 규모에서 서로 동떨어지고 말았기 때문이다.

4장 / 번아웃의 시대에 일은 어떻게 나빠졌는가

신학 교수라는 직업에서 내 일의 현실이 내가 품은 이상과 동떨어진 부분은 강의뿐만이 아니었다. 적어도 강의하는 내 모습은 대학 생활에 흠뻑 취해 학자로서의 삶을 꿈꾸던 시절에도 상상해본 것이었다. 하지만 학교 측에서 그저 '봉사'라고 부르는 이런저런 잡무들은 상상해본 적 없었다. 끝마쳐야 하는(것으로 추정되는), 그럼에도 불구하고 피하려면 피할 수 있는 위원회 업무 같은 것 말이다. 대학에서 보내는 동안 나는 교육과정 위원회, 교육과정을 개정하기 위한 임시 위원회, 교육과정 내에서 새로운 시험적 프로그램을 운영하는 위원회, 교육과정 평가 위원회, 승인을 위한 운영 위원회, 대학 내 전도 위원회, 강의 위원회, 그리고 온라인 교육 실무 위원회에 서로 다른 시기에 봉사했다. 대부분의 위원회 산하에는 분과 위원회가 있었다. 나는 위원장을 여러 번 맡았는데, 이는 부가적인 책임을 떠맡으면서도 부가적인 보상은 받지 못한다는 뜻이었다.

여기에 내가 소속된 학부에서 해야 하는 통상적인 업무도 있었다. 설상가상으로 나는 강의 개발 센터장까지 맡고 있었다. 내가 꿈꾸던 일이 그저 직업에 불과하다고 느끼게 된 것은 바로 이런 위원회 일을 할 때였다.

봉사 업무는 업무량이 많다는 것 외에도 강의나 연구와는 다른 방식으로 학교 행정 부처와 옥신각신해야 한다는 점에서 성가신 일이었다. 나는 이런 일을 할 때 가장 좌절감을 느꼈다. 또 이런 일은 말 그대로 그 누구도 고마워하지 않는 일이다. 행정 절차상 근거 없는 걸림돌 같은 것들에 마주할 때마다 나는 낙심하고 심지어 분노하기까지 했다. 이 일이 요구하는 엄격한 요건을 충족하는 것이 과연 중요한 것인가 의문을 품기 시작했다. 더 많은 일을 하려고 무리해보았자 받는 보상은 똑같을 것 같았다. 때로 나는 대학에 관해 그토록 마음을 썼던 것이 후회되기도 한다. 훨씬 일을 덜 할 수도 있었을 것이다.

그러면서 나는 100년도 더 전에 대학교수를 지망하는 이들에게 습관적으로 이런 질문을 했던 독일의 사회학자 막스 베버Max Weber의 말에서 뒤틀린 위안을 찾았다. "시시한 사람들이 당신을 뛰어넘어 승진하는 모습을 해마다 보면서 억울하고 원통한 기분을 느끼지 않을 자신이 있는가?" 다른 직업 분야와 마찬가지로 학계 역시 공정하지 못할 때가 많다. 겉보기에는 가산점이라는 보상을 받는 것 같지만 운이 나쁘면 몇 년간 열심히 한 일도 없던 일이 되어버린다. 지원금 프로그램이 종료되거나, 학계 유행이 바뀌거나, 당신의 계획이 아닌 새로운 계획을 선호하는 새로운 학장이 부임

4장

한다거나 하는 경우다. 베버는 학자 꿈나무들이 부당한 일 앞에서 뚝심으로 버티는 일을 이렇게 설명한다. "말할 것도 없이 언제나 똑같은 대답을 듣게 된다. 당연히 나는 오로지 '소명'을 위해서 살아간다고. 하지만 적어도 내가 만나본 이들 중 인격에 어떠한 손상도 입지 않고 그 과정을 버티어낸 이들은 극소수에 불과하다."[1] 나 역시 한때 학계가 공정하다고 믿는, 또 그렇지 않다 해도 소명이 나를 지탱해주리라 믿었던 열의에 찬 젊은 교수 중 하나였다. 적어도 인격에 손상을 입은 것이 나뿐만은 아니었다. 베버의 말대로라면 학계는 똑같은 시험을 100년 이상 겪고 있는 셈이니까.

기나긴 부당함의 역사와 인정받지 못한 노동은 학계에서의 번아웃을 유발하는 원인 일부에 불과하다. 지난 50년간 학계의 노동 역시도 다른 여러 업계에서와 마찬가지로 보상은 줄어들고 심리적으로는 해로워지는 수순을 밟았다. 번아웃 문화의 태동기인 1970년대에 비해 대학 행정 직원 수는 훨씬 늘었다. 어떤 통계에 따르면, 미국에서 가장 큰 공립대학 체계를 갖춘 캘리포니아주립대학교의 행정 직원의 수는 1975년에서 2008년 사이 세 배 이상 늘어난 반면 전일제 교원의 수는 고작 몇 퍼센트 늘어났다.[2] 모순적인 일이지만, 비非교원 직원의 수가 늘었다고 해서 교원의 업무량이 줄어들지는 않았다. 달라진 것이 있다면 비대해진 대학 행정 부처의 요구를 충족시키기 위해 교원들이 해야 하는 서류 작업이 늘어난 것뿐이다. 특히 평가라는 영역(즉, 강의 자체가 아니라 강의의 효율성을 평가하는 영역)에서 행정적 일거리는 어마어마하게 늘어났다. 대학을 '사업체처럼' 운영하라는 압박 덕분에 대부분의 교원이 학계에서 이루고자 한 일과 상관없는 일거리가 늘었다.

대학 행정 부처의 규모가 확장된 반면 대학 내에서 전일제 종신교수가 하는 강의의 비중은 줄어들었다. 대학 강사 대부분이 종신교수가 아니라 학기마다 계약을 맺고 강의당 3,500달러에 못 미치는 보수를 받으며 그 어떤 혜택은 물론 연구실조차 없는 시간제 강사 또는 겸임교수인 경우가 점점 늘고 있다.[3] 2018년 전체 교원의 40퍼센트가 시간제 겸임교수였고, 20퍼센트는 또 하나의 값싼 임시 노동력인 대학원생이었다.[4] 석사 이상의 학위를 갖춘 이들 중 다수가(지난 몇 년간 내가 그랬듯) 겸임교수 계약을 맺는다는 사실은 베버가 묘사한 소명의 힘, 그리고 1970년대 이후 위축된 전문 노동의 위상 둘 모두를 입증한다. 업무 조건이 아무리 나쁘다 한들 겸임교수는 우리가 가진 기술과 소질을 사용해서 할 수 있는 최선의 일로 보인다.

지난 수십 년 동안, 부문을 가리지 않고 일이 주는 스트레스는 늘고 보상은 줄었다. 그 결과 각자가 품은 일의 이상을 실제 하는 일과 연결하기 위해서는 훨씬 더 큰 긴장 상태에 머물러야 한다. 이런 불리한 협상이 횡행하기에 고용인들을 연소시키는 것은 마치 의식적인 인사 전략처럼 보일 수 있다. 채용, 번아웃, 해고, 이를 다시 반복하는 것 말이다.

• • •

어지간한 사람들은 가게, 병원, 학교, 회사, 경찰서 등 특정 기관에서 일한다. 각 일터의 환경은 노동자의 번아웃 여부에 크게 기여한다. 업무 환경은 모두 다르며, 당연히 같은 환경에서 두 명의 노동자가 서로 다른 경험을 할 수도 있다. 하지만 그 어떤 기관에서든 업무 환경은(이를 '날씨'라고 생각해보자) 일을 둘러싼 전체적 '기후', 즉 경제와 문화의 전반적 경향에 의해 형성된다. 미국에서는 1970년대 이래 기후가 노동자들에게 불리한 쪽으로 바뀌었다. 후기 산업(서비스 노동으로의 전환을 강조) 또는 신자유주의(금융시장의 힘이 증대되고 노동조합이 쇠퇴했음을 강조)라 불리는 이 시대에 일은 우리에게 더 큰 심리적 부담을 지웠으며, 더 불안정해진 반면 일에 대한 우리의 이상은 더 높아졌다. 고용율이 역대급으로 높았던 2019년에도 미국 경제에서 고급 노동 대비 저급 노동의 수는 연구자들이 이 데이터를 추적하기 시작한 1990년 이래로 최저 수준에 머물렀다.[5] 요약하자면 적어도 지난 30년 사이 일은 그야말로 더 나빠진 것이다.

일이 요구하는 바가 많아지는 반면 대가는 줄어들게 된 큰 이유는 업계의 원칙이 비용과 위험부담을 지는 이들을 고용주에서 노동자로 전환했기 때문이다. 오늘날 고용주들은 자본가 친화적인 규제 완화와 그 밖의 정책 변화에 힘입어 노동자들을 자산보다는 부채로 바라본다. 즉, 1970년대 이후의 원칙대로라면 직원 개개인은 생산성의 원천이 아니라 급여와 혜택 면에서의 막대한 비용을 의미한다는 뜻이다. 그렇다면 회사는 이익을 극대화하기 위해 언제나 최저 급여로 최소한의 직원을 구해야 하고, 이는 사무실 임대료와 포장 비용을 아끼는 것과도 일맥상통한다.[6]

사회학자 에린 해튼Erin Hatton은 고용을 부채로 보는 모형이 일찍이 1950년대에 등장한 기간제 노동자들에게 그 뿌리를 둔다고 주장한다. 그 시절의 광고에는 '켈리 걸Kelly Girl'이라는 경쟁력 있고 심지어 매력적이기까지 한 사무직원이 등장한다. 켈리 걸에게 일은 소일거리에 지나지 않으므로 높은 임금이 필요하지 않다. 주 소득자는 남편이므로 켈리 걸이 버는 돈은 얼마든 간에 그저 '쌈짓돈'일 뿐이다.[7] 1960년대 후반에서 1970년대 초반, 문화계에 번아웃이 등장하기 직전의 결정적인 시기, 정규직 노동자는 게으르며 현실에 안주한다는 생각을 기업들이 널리 주창하자 기간제 노동자가 늘어났다. 정규직 노동자에게는 바쁘지 않은 시기에도 급여를 주어야 한다. 반면 기간제 노동자는 필요할 때 등장해서 일을 끝마치고 떠난다. 고용주가 모르는 것은, 불안정하고 예측할 수 없는 일이 기간제 노동자의 재정적·심리적 상태에 해를 입힌다는 사실이다. 기간제 노동자는 직원이 아니므로 그들의 상황은 회사로서는 알 바 아니기 때문이다.

이후 수십 년 사이 점점 더 많은 고용주가 부채 모형을 매력적인 것으로 바라보게 된 덕에 기간제 노동자가 이상적인 노동자가 되었다. 모든 직원이 기간제 노동자라면 얼마나 좋을까! 1970년대에 회사들은 정규직 직원들을 해고하고 같은 이들을 기간제로 재계약하기 시작했다.[8] 이 때문에 업무 사이클이 변화하면서 직원들을 빠르고 조용하게 '적정 규모로' 정리할 수 있었다. 전일제 노동자들을 집단 해고하면 분명 부정적인 관심이 쏠렸을 것이다. 하지만 공식적으로는 기간제로 일하는 직원들과의 계약 해지는 눈에

띄지 않고 이루어질 수 있었다.[9]

어떤 규모든 기관에서 일하고 있다면 당신은 직원 채용에서의 이런 '린 앤 민lean and mean'(도급계약 등을 통해 회사의 규모를 극소화시키는 경영 전략—옮긴이) 접근법으로 인해 오늘날의 회사들이 수십 년 전이었다면 직접 고용을 통해 처리했을 업무를 도급계약으로 갈음하고 있다는 사실을 알 것이다. 2014년 미국에서 가장 가치가 높은 회사인 애플은 단 6만 3,000명의 직원만을 직접 고용했다. 애플 제품을 생산하고, 애플 사무실을 청소하고, 애플의 운영에서 행정사무를 도맡는 나머지 70만 명의 직원들은 다른 회사에 소속된 하도급노동자였다.[10]

대학교의 경우 계약직 노동자에게 의지하는 분야는 강의뿐만이 아니다. 급식, 유지 보수, 그리고 대학 본부의 표현대로라면 기관의 '핵심 경쟁력'에 해당하지 않는 다른 활동들 역시 통상적으로 도급계약을 맺는다. 대학은 최저가로 입찰한 회사를 고용해 이런 업무의 관리를 맡기고, 외부 회사 역시도 실제 일을 할 요리사나 상담사, IT 기술자를 고용하는 한편 자사의 이익을 추구한다.[11] 직접 고용된 극소수 직원들을 핵심에 놓고 대다수의 주변 인력들을 도급계약으로 채움으로써, 회사는 가치를 창출한다고들 하는 브랜딩이나 혁신 같은 추상적인 활동으로부터 실제 생산에 드는 번잡한 비용을 분리해낼 수 있다. 그러면 회사는 도급업체, 프랜차이즈, 공급자가 반드시 준수해야 할 기준을 내세워 브랜드를 확립할 수 있고, 동시에 "통제에 따르는 결과에 대한 어떠한 책임도" 회피할 수 있다고 경제학자 데이비드 웨일David Weil은 쓴다.[12] 웨일은 이런 모형에 '균열 일터fissured workplace'라는 이름을 붙인다.

이 모형은 균열 양쪽의 노동자 모두에게 나쁘다. 이 모형에서는 최저임금과 시간외수당을 비롯한 노동법 준수가 소홀해지고, 일은 건강과 안전을 더욱 위협하며, 생산성의 대가는 노동에서 자본으로 옮겨간다.[13] 결국 도급노동자의 임금은 더 낮아지고 고용은 더 불안정해진다. 예를 들면, 2020년 코로나 팬데믹이 대유행하면서 대학 기숙사가 폐쇄되자 대학 측은 직접 고용 노동자들에게는 계속 급여를 주었던 반면 도급계약을 맺은 급식 서비스 직원들은 신속히 해고했다.[14] 이에 더해 아웃소싱은 누가 고용주인가 하는 문제에 있어 노동자에게 심각한 혼란을 야기한다. 당신이 병원에서 일하는 수위인데 급여는 제3의 회사에서 받는다면 당신의 실제 상사는 누구일까? 당신은 누구에게 책임을 다해야 하는가? 또 당신이 힘을 보태는 것은 둘 중 어느 기관의 사명인 것일까?

핵심 직원들은 더 큰 안정성을 누리기는 하지만 이들 역시 균열 일터의 압박을 받는다. 회사는 노동 체계에서 해이함을 없애고 효율성을 높이고자 직원을 감축하지만, 경영학자 제이넵 톤Zeynep Ton이 보여주듯 직원 수가 줄어들게 되면 질병이나 단순히 예상보다 바쁜 날과 같은 예기치 못한 사태에 대처할 수 없다. 모두가 일손이 더 많을 때보다 더 열심히, 그리고 아마도 덜 효율적으로 일해야 한다.[15]

택시 중개 서비스인 우버를 필두로 한 긱 이코노미gig economy(단기 계약이나 임시직 노동자를 필요에 따라 고용하고 그 대가를 지불하는 형태의 경제—옮긴이)는 여기서 한 발짝 더 나아가 노동자의 계약을 최소 단위, 즉 단일하며 고립된 작업으로 쪼갠다. '균열'이라는 말조차도 절제된 표현인지 모르겠다. 긱 이코노미는 일터를 텅 빈 광활한 공터 위에 펼쳐진 자갈밭으로 바꾸어버린다. 그 결과로 고용주들은 기본적인 노동권을 이전보다 훨씬 더 업신여기게 되었다. 우버는 운송업체가 아니라 기술 기업이라 자처하고, 운전자들이 직원이 아니라 승객과 마찬가지로 서비스 소비자라고 주장한다. 우버, 그리고 경쟁업체인 리프트Lyft는 운송이 그들의 핵심 사업 활동이 아니므로 운전자는 직원이 아니라 주변부에 위치하는 도급노동자라고 공공연히 주장했다.[16] 운전자들이 도급노동자라면 회사는 최저임금, 혜택, 고용세, 즉 직원을 둘 때 생기는 모든 '부채'를 지불할 필요가 없어진다. 나아가 탐사 보도 전문 기자 알렉스 로젠블랏Alex Rosenblat이 보도한 대로 우버는 기술 기업을 자처함으로써 비윤리적 관행을 덮는다. 운전자가 받을 보수가 누락되더라도 '오류'이고, 가격 차별처럼 보인다 해도 알고리즘의 결점이다.[17]

도급노동을 둘러싼 수사들은 자율성과 독립성을 강조한다. 노동자는 하나의 일에 붙들려 있는 것이 아니라 오로지 자기 자신에게만 충성하는 기업가, 일할 조건을 스스로 결정하는 청부업자다. 계약직 노동자는 위험을 안고 번성하며 자신의 성공(그리고 실패)을 오롯이 책임지는 '1인 기업'이다. 이런 전망은 화이트칼라와 블루칼라 노동자 모두가 받아들이는 전망이다(주로 남성의 경우 그렇다).[18] 긱 노동은 이런 유행에서조차도 한 발짝 더 나아가 초단기 계약을 통해 수행되는 노동을 밀레니얼 세대의 힙하고 자립적인 고군분투로 그려낸다.[19] 하지만 독립성을 이야기하는 것과는 달리 도급노동자들은 보통 업무에 대한 부담스러운 통제와 감독에 시달린다. 한 예로 우버는 운전자의 대시보드에 고정된 휴대전화가 얼마나 진동하는지를 모니터링해 매 운행시의 가속과 멈춤에 대해 운전자의 등급을 매긴다.[20] 또 긱 노동에 대한 임금은 낮은 경향이 있으므로 노동자들은 자유 시간에 일을 계속해야 추가 수당을 받는다. 회사의 모바일 앱에서 로그아웃을 하려는 순간 영리한 알고리즘은 조만간 돈이 되는 일거리가 들어올 것이라고, 딱 한 번 화면을 스와이프 하면 새로운 계약이 들어올 것이라고 장담한다.[21] 앱은 중독성 있는 비디오게임처럼 한 번 더 운행하라고, 한 가지 작업만 더 하라고 유혹한다. 불안정한 노동자에게 고군분투는 끝이 없다.

· · ·

위험부담의 주체가 자본에서 노동으로 옮겨간 것은 1970년 이후 노동환경을 절반밖에 설명해주지 못한다. 나머지 절반을 설명해주는 것은 생산 중심 경제가 서비스 중심으로 변화했다는 사실이다. 번아웃이 처음으로 직업상 위험으로 등장한 것은 인적 서비스, 즉 무료 클리닉 자원봉사자, 사회복지사, 국선변호사가 하는 강도 높은 대인 업무 영역에서였다.[22] 그리고 지난 수십 년 사이 미국을 비롯한 부유한 국가에서는 더 많은 직업이 앞서 말한 번아웃이 많이 발생하는 직업과 마찬가지로 업무에 하루 종일 감정을 담아야 하는 방향으로 변해갔다.

생산 중심의 경제에서 서비스 경제의 이행은 2차 세계대전 이래 쪽 진행되어왔다. 1945년에는 미국에서 비농업 분야에 종사하는 노동자 중 3분의 1이 물건을 만들어 생계를 유지했다. 노동력이 정점에 달하고 번아웃이 처음 심리학자들의 관심을 끌기 시작한 1973년에는 미국의 노동자 중 제조업 종사자가 4분의 1을 차지했다. 2000년에 제조업에 종사하는 노동자는 13퍼센트였고, 이 글을 쓰는 지금은 9퍼센트 미만이다.[23] 일자리 소멸 사태가 잇따라 일어나고 대체로 불황이 뒤따랐다. 2000년대 초기, 그리고 2008~2009년 사이에는 해마다 100만 개의 제조업 일자리가 사라졌다.[24] 하지만 미국의 제조업은 고도의 숙련 노동과 자동화된 생산 라인을 비롯한 효율적인 기술에 힘입어 여전히 높은 생산성을 자랑한다.[25] 그저 이제는 제조 공정을 실행하는 수많은 사람이 필요하지 않을 뿐이다.

이제 미국의 노동자들은 물건을 만드는 대신 팔고 있다. 2018년 미국에서 가장 많은 직업 1위는 소매 판매원이었고, 계산원이 3위, 고객 서비스 담당자가 7위, 종업원이 8위를 차지했다.[26] 이런 판매직에는 모두 '고객 서비스' 정신이 요구된다. 즉, 다른 사람의 욕구를 기꺼이 관리하고 이에 응답하는 정신이다. 또 물건을 판매하지 않는 이들은 타인의 사업, 교육, 건강상 필요에 부응한다. 이 모든 일에서 우리는 말하고, 듣고, 눈을 마주치고, 타인의 정신 상태를 상상하고 예상하며, 화를 내지 않고 꾸짖으며, 안심시킨다. 이제는 우리의 인격과 정서가 가장 주요한 생산수단이다.

그 결과 고용주들은 노동자의 정신적·정서적 습관에 그 어느 때보다도 의뭉스러운 규율을 부과한다. 정치철학자 캐티 위크스

Kathi Weeks의 말을 빌리자면 사장은 "그들의 태도, 의욕, 행동에 바탕을 두고" 노동자를 고용하고 평가하고 승진시키고 해고할 수 있다.[27] 직원들의 감정이 협상 가능한 것이라는 말이다. 고용주는 매 근무 단위로 노동자의 감정을 빌리고, 그렇게 함으로써 그들의 감정을 바꾼다. 예를 들면, 앨리 러셀 혹실드Arlie Russel Hochschild는 1893년 감정 노동을 다룬 고전 《감정 노동》을 발표했는데, 이 책에서 여성 항공 승무원들은 근무가 끝난 뒤 미소, 즉 고용주가 그들의 '가장 큰 자산'이라 표현한 순응적인 가면을 벗기 힘들어했다.[28] 그 결과 승무원들은 직장 외의 정체성에서 핵심을 차지했던 감정들로부터 소외되었다. 감정이 이익에 중요한 역할을 하는 일에서는 노동자의 내면적 삶 속에서 기업의 목표와 대치되는 측면들이 '교정'되어야 한다. 닷컴 시대, 미디어 컨설팅 회사에서 일하던 직원들이 회사의 심리적 요구로 인해 괴로워하자 회사의 '사기 진작 부서'가 그들을 호출했는데, 이 부서가 지닌 오웰적인Orwellian 사명은 직원들이 '감정을 고치도록' 돕는 것이었다.[29]

후기 산업 경제에서 서비스 부문이 커지면서 제조업 부문이 쇠퇴한 것이 변화의 전부는 아니다. 후기 산업 경제가 남아 있는 블루칼라 직업 역시 바꾸어놓았으므로 이제는 블루칼라 노동 역시 화이트칼라 노동의 서비스 윤리를 요구받는다. 한 가지 변화가 있었다. 경찰관에서부터 화물차 기사, 간호사, 교수에 이르기까지 모두에게 섬세한 정서적 균형을 갖춘 행동을 요구해 동시에 양방향으로 잡아당기는 '직업의식professionalism' 규범의 확대였다.[30] 위크스의 표현대로라면 "직업의식을 가진 전문가는 업무에 개인을 투자

하지만 까다로운 동료, 의뢰인, 환자, 학생, 승객, 손님을 다룰 때는 '개인적으로 기분 나쁘게 받아들이지' 않는다".[31] 전문가가 된다는 것은 콜센터에서 추가 근무를 하기 위해 휴일을 기꺼이 포기하면서도, 전화를 건 고객이 자기 문제로 당신을 질책하더라도 공손한 태도를 견지한다는 의미다. (일과 한 몸이 되되, 과해서는 안 되는) 이 기묘하고 자기모순적인 심리적 상태는 산업화 초기에 시간 규범이 생겨나고 이를 오늘날 우리가 당연하게 받아들인 나머지 회의가 2분 늦게 시작되는 것만으로 초조해하게 된 것과 마찬가지로, 노동자들 자아의 한 측면을 변화시킴으로써 이들을 통제하게 된 후기 산업사회의 획기적 발명품이다. '직업의식'은 노동자들에게 새로운 압박을 가하고 그들이 업무의 논리와 조건에 자신을 더 많이 노출하게 만든다.

또 후기 산업사회의 업무 원칙은 블루칼라 노동자들이 자신들의 고용주인 화이트칼라 노동자들과 더욱 유사한 사고방식을 가지게 했다. 토요타가 소규모 팀이 각각 자동차 전체를 완성하게끔 함으로써 선도한 참여형 경영participative management 스타일은 상급자들에게 작업 과정을 개선할 방법을 제시한다. 토요타의 성공에 힘입어, 1980년대에서 1990년대에 미국의 여러 업계가 이 방법론을 채택해 노동자들에게 새로운 정신적 원칙을 부과했다.[32] 이로 인한 주된 변화는 오랜 세월 동안 산업 패러다임에서 노동자들에게 주입된 '시간당 관점'을 버리고 자신들을 '신진 경영자'로 생각하게 만든 것이다. 사회학자 비키 스미스Vicky Smith의 표현대로라면, 신진 경영자는 "자신에게서 빠져나와 그들이 가진 인간적·문화적 자본을 활성화해 품질, 혁신, 효율성을 개선할 수 있는" 사람이다.[33] 이런 변화를 겪은 한 제재소에서 장기간 일한 어느 노동자가 스미스에게 말하기를, 과거에는 "출근해서 할 일을 하고 집으로 가면 끝이 났다. 생각을 하는 대가로 돈을 받는 것이 아니었고, 돈을 벌기 위해 출근한 것이었다".[34] 즉, 과거에 노동자들은 일로부터 정신을 보호할 수 있었다. 그것이 명확한 업무 일정 그리고 노동조합이 경영진과 체결한 계약을 비롯해 강력하고 명백하며 외부에서 강제한 경계로 인해 강화된 이탈의 원칙이었다.

스미스의 보고에 따르면, 제재소 노동자들은 참여형 경영 스타일로의 변화를 제조 공정에서 발언권을 가질 수 있다는 점에서 대체로 기꺼워했다. 하지만 이 때문에 노동자에게는 새롭고도 모호한 부담이 지워졌고, 업무상 책임은 그들의 정신 속에 더 깊이 파고들었다. 과거의 산업 모형과 기존 계약대로라면 노동자들은 그리 많은 개인적 판단을 할 필요가 없었다. 공장의 재정적 건전성, 고객 만족도, 제조 공정의 효율성도 그들의 책임이 아니었다. 구속력이 약화된 계약과 참여형 경영 정책 속에서 노동자들은 어떤 면에서는 더욱 자율성을 얻었지만 '구체적인 문제가 부재하는 상황에서 끊임없이 브레인스토밍을 해야 한다는' 압박을 느꼈고, 주된 작업이 점점 더 추상화됨에 따라 '시간 때우기식의 잡무'로 보이는 일의 양이 늘어났다.[35] 또 새로운 체계는 일과 일을 제외한 삶 사이에 존재하는, 눈에 보이지 않는 내적인 경계선을 유지할 책임을 노동자들에게 돌렸다.

이 경계선을 완벽하게 유지할 수 있는 사람은 아무도 없다. 또 일이 개인의 인격을 자본으로 삼을 때에는 일을 삶에서 분리하는 것이 거의 불가능하다. 일터에서의 규율은 가정생활과 시민 생활까지 넘어오고, 이로 인해 빚어지는 결과는 엇갈린다. 스미스는 어느 복사기 회사의 직원들을 연구했는데, 직원들에게 자기 경영을 학습하는 것이란 균열 일터의 지적·정서적·상상적 요구에 적응해야 한다는 의미였다. 직원들은 직속 상사의 기준과 고객사인 대형 로펌의 기업 문화와 기대를 끊임없이 조율해야 했다. 이 회사의 저임금노동자들은 자신들이 받는 (그리고 가치를 높게 평가하는) 의사소통과 분쟁 해결 교육이 가족을 포함한 삶의 다른 영역에도 적용된다고 말했다. 하지만 또한 일은 후기 산업 시대의 기업이 요구하는 역할과 일정의 유연성에 그들을 길들이기도 했다. 경영진이 이들을 끊임없이 다른 업무 현장으로 파견하는 바람에 동료와 업무 관계를 맺거나 조직을 형성하기는 불가능해졌다.[36] 업무에 일하는 마음가짐은 업무 유니폼을 갈아입는 것처럼 쉽게 바꿀 수 없으므로 노동자는 직장이 원하는 인간상으로 변해가는 경향이 있다.

• • •

1970년대 이후 일터의 주된 경향들(점점 더 균열이 심해지고 불안정해지는 고용의 속성, 대인 노동을 요구하는 업무 부문의 증대, 일에 의한 블루칼라 노동자의 내적 삶의 식민화)은 번아웃이 발생할 최적의 환경을 구축한다. 노동자는 부정적 감정을 억누르고 쾌활한 직업 정신으로 임하는 것과 같은 감정 노동을 수행할 때 번아웃 증상이 발현

되기 쉽다.[37] 그뿐만 아니라 회사가 끊임없이 직원을 감축하면 남아 있는 직원들의 부담이 가중된다. 업무 조건이 계속해서 하락하면 노동자는 자신과 타인을 위해 일로써 성취하고 싶었던 바와 점점 더 멀어진다. 이상, 그리고 업무에서 매일같이 마주하는 현실 두 가지 모두를 놓치지 않으려고 안간힘을 쓰는 노동자는 번아웃 스펙트럼의 극단으로 점점 더 치닫는다.

우리의 일상 경험이 기후보다 날씨에 의해 직접적으로 영향을 받는 것처럼, 노동자들이 처하는 번아웃의 위험은 일차적으로 그들이 일하는 특정한 일터에서 발생한다. 물론 기후변화는 댈러스에 사는 사람이 11월의 어느 화요일에 반바지를 입고 샌들을 신어야겠다고 생각하게 되는 것처럼 날씨에도 영향을 미친다. 하지만 기상에 있어서도 직업에 있어서도 우리가 반응하는 환경은 지역적이다.

업무 환경과 이상의 간극은 일의 특정한 몇 가지 측면에서 전형적으로 나타난다. 크리스티나 마슬라흐와 마이클 라이터는 노동자들이 '사람과 일의 부조화'를 가장 많이 경험하는 여섯 가지 영역을 밝혔다. 업무량, 통제, 보상, 공동체, 공정성, 가치가 그것이다.[38] 나아가 이런 부조화가 노동자들의 번아웃을 유발한다. 중요한 것은 번아웃이 늘 과중한 업무의 결과는 아니라는 점이다. 업무량을 감당할 수 있지만 그 누구에게도 인정받지 못하거나 스스로 통제권을 가지지 못한다면 또는 우리가 하는 일이 개인적인 가치와 상충한다면 여전히 번아웃 스펙트럼에 안착할 가능성이 있다. 부당한 대우를 받거나 동료들과의 공동체 감각이 훼손될 때도 마찬가지다.

의상 디자인에서부터 정보 경영까지 아우르는 다양한 경력을 가진 기업가 제시카 사토리Jessika Satori의 경우, 워싱턴주 타코마 인근 대학교의 경영학 교수라는 직업에서 공동체는 고정 핀처럼 핵심 요소를 차지했다. 고정 핀이 사라지면 바퀴는 빠지고 만다. 사토리는 처음 교수가 되었을 때는 학생들에게 깊이 전념했다고 말했다. 또 학과 내에 마음을 붙일 사람들도 있었다. 사토리는 다른 두 명의 여성 교원과 함께 해가 쨍쨍한 날이든 비 오는 날이든 캠퍼스 근처 호숫가를 일주일에 두세 번 산책했다. 사토리가 부임했을 때 그들이 산책을 함께하자고 권했다. 숲길을 따라 산책하기 위해 하이힐을 벗고 테니스화로 갈아 신는 것이 사토리에게는 '의식' 같은 것이었다.

호수를 한 바퀴 도는 데는 45분이 걸렸다. 그러면 세 사람이 대화에 집중할 시간은 15분이 남았다. 첫 5분 동안 그들은 학생 문제든 대학의 종신교수 임명 위원회든 그저 하고 싶은 말을 '쏟아냈다'고 한다. "필요하다면 마음껏 감정을 토해내고 목소리를 높일 수 있었습니다." 그러면 나머지 두 사람은 귀를 기울이다가 10분간 조언과 응원을 해주었다. 두 동료들은 사토리보다 상급자이면서도 그를 귀중한 관점을 지닌 동료로 대우해주었다고 했다. 그는 산책이 "우리가 갈등이나 인간관계를 다루는 일에 관해 했던 설교들을 실습할 수 있게 해주었다"라고 말했다. "서로를 상대로 이런 기술들을 시험해보는 것이었지요."

사토리는 한 해를 보내고 대학 시스템 속 다른 캠퍼스로 전근하게 되었다. 여전히 학생들에게 전념하기는 했지만 멘토도 의식도 사라졌다. 그는 이런 생각을 했다고 한다. "종신교수가 되려고 노력하기는 했지만, 도저히 그렇게는 되지 않았습니다." 사토리는 일을 가능하게 만들었던 공동체를 잃어버렸다. 야심찬 기업가였던 그는 이제 아침에 침대에서 일어나는 것조차 힘들어지기 시작했다. 결국 새 캠퍼스에서 한 학기를 보낸 뒤 사임했다. 하지만 훗날 사람들이 삶에서의 변화를 탐색할 수 있도록 돕는 인생 코치이자 영적 지도자로 일하며 그는 이 경험을 활용하게 되었다.

1997년 마슬라흐와 라이터는 업무의 여섯 개 주요 영역 각각의 조건이 저하되며 업무의 '위기'를 자아낸다고 주장했다. 그러면서 이 위기의 근원을 세계화, 기술, 노동조합의 쇠퇴, 그리고 기업의 의사결정에서 금융의 역할 증대로 꼽았다.[39] 수십 년이 지난 지금까지도 이 위기는 일터를 번아웃 공장으로 탈바꿈시키고 있다. 1970년대 이후의 고용 풍토에서는 노동자들이 이상과 현실 사이 긴장을 가장 크게 느끼는 영역의 조건들이 훨씬 더 악화되었다. 이런 경향은 주로 신자유주의 시대 고용의 부채 모형이 등장하고 금융의 힘이 증대된 탓이다.

여러 업계에서 업무량과 업무 강도가 증가했다. 특히, 다른 부유한 국가들의 노동시간이 갈수록 줄어드는 반면 미국은 여전히 긴 노동시간을 유지하고 있다.[40] 미국인 노동자의 절반이 자유 시간을 이용해 부족한 업무를 따라잡으며, 그중에서도 10퍼센트는 매일 그렇게 한다고 응답했다.[41] 반면에 1973년 후로 실질임금은 인상되지 않았으므로 그렇게 많은 일을 해도 딱히 물질적 보상이 늘어나지 않았다.[42] 일부 블루칼라 노동자들이 참여형 경영을 통해 어느 정도의 자율성을 얻기는 했지만, 자율성에는 더 강도 높으며 개인의 삶을 침범하는 업무량이라는 대가가 따른다. 그 밖의 제조, 소매, 운송 노동자들은 업무의 자율성을 심각하게 제한하는 침투적 감시에 점점 더 강하게 시달린다.[43] 이렇게 균열되고 불안정한 일터에서는 각 노동자가 자신이 일하는 기관에서 인정을 받거나 승진을 할 기회가 거의 없는 개별 도급노동자가 되므로 공동체와 공정성이 약화된다. 한 예로, 아마존은 낮은 임금을 유지하면서도 수많은 기간제 노동자들에게 열심히 일하면 직접 고용이 가능하다는 전망을 내세워 통제를 행사한다. 하지만 승진하는 노동자는 10~15퍼센트에 불과하다.[44] 또 균열 일터에서는 노동자가 자신이 하는 일에 대해 가지는 통제를 약화시키는 번아웃 인자인 '역할 모호성role a마슬라흐 번아웃 인벤토리guity'이 증대된다.[45] 그뿐만 아니라 경영자적 관점이 커지면서 서비스 노동자들의 가치는 효율성과 주가를 증대시키라는 명령과 모순을 이룬다.

일의 규모와 강도가 증대되고 있지만, 일이 점점 사소하고 무의미한 것으로 변해 노동자들이 중요하지 않은 일에 시간과 에너지를 쓰게 만든다는 증거도 존재한다. 사람들이 일터에서 하는 일은 대부분 행정적인 '단순 잡무' 또는 마치 내가 대학교수일 때 했던 강의 평가와 마찬가지로 회사의 주요 생산품과는 동떨어진 부수적 업무다. 비키 스미스가 인터뷰했던 제재소 노동자들이 자신들이 효율적인 자기 관리자라는 사실을 보여주기 위해 업무를 창출했던 것을 떠올려보자. 이런 일들이 바로 데이비드 그래버가 말한 '쓸모없는 직업'의 전형이다. 쓸모없는 직업은 흉내 내기 놀이 같은 것이다. 겉보기에는 일처럼 보이지만 그 어떤 사회적 가치도 이루어내지 못하며, 이 일을 수행하는 사람들도 그 사실을 알고 있는 경우가 많다. 그래버는 "우리 사회에서 이루어지는 일들 중 최소한 절반은 사라지더라도 아무것도 달라지지 않을 일들"이라고 했다.[46] 무의미한 일도 일이다. 이런 일도 우리를 진짜 일만큼 기진맥진하게 만들 수 있다. 더욱이, 쓸모없는 직업이 가진 무의미함은 일의 현실이 노동자가 품는 그 어떤 이상과도 모순되게 만든다. 사람들은 가르치고, 공동체에 봉사하고, 사람들이 필요로 하는 물건을 팔고 싶어 하지만, 결국은 하잘것없는 행정 업무의 수렁에 빠진다. 이런 모욕이야말로 쓸모없는 직업이 그토록 빈번하게 번아웃을 유발하는 이유다.

• • •

초과 노동, 쓸모없는 일, 그리고 관리 통제주의managerialism가 낳는 문제들은 번아웃이 심각한 문제로 떠오르는 결정적인 직업군에서 맞물린다. 바로 의료인이다. 의사들이 번아웃에 시달리면 사회 전체가 고통을 겪는다. 코로나 팬데믹은 치명적 질병을 담당한 내과 의사의 업무량을 가중하는 한편으로 비응급 처치를 수행하는 의사들의 근무시간과 급여를 감소시켰다.[47] 평상시에 내과의사는 주당 업무 시간이 길다. 2017년 위스콘신의 한 의료기관에서 일하는 일반 진료의를 대상으로 수행한 어느 연구에서 이들은 하루 평균 11.4시간을 일했다.[48] 2019년 미국 전역의 내과의사들을 대상으로 수행한 연구대로라면 이들 38.9퍼센트가 주당 60시간 이상 일했으며, 이는 다른 직종의 노동자 중 오직 6.2퍼센트만 주당 60시간 이상 일하는 것과 대비된다.[49] 같은 연구에서는 일반적인 노동인구와 비교해 내과의사들 사이에서 정서적 소진과 비인간화 또는 냉소주의 수치가 심각하게 높은 것으로 나타났다. 또 정서적으로 소진된 직원들이 근무하는 중환자실의 사망률이 상대적으로 높다는 증거도 나타났다. 즉, 의사와 간호사가 과도하게 긴장하면 환자가 사망할 확률도 높다는 것이다.[50]

나는 병원에 갈 때마다 나를 돌보는 사람들이 차분하면서도 친근하게 나에게 집중해준다는 사실에 좋은 인상을 받았었다. 의료인들은 겉으로는 기분 좋아 보인다. 하지만 의료 노동의 현실은 종종 끊임없고 상충하는 도전으로 이루어져 있다. 내과의사 대니얼 오프리Danielle Ofri는 의사가 하는 일을 다음과 같이 설명한다.

당신은 딸의 발표회를 보러 갔다가 당신이 담당한 나이 든 환자의 아들에게서 긴급히 할 말이 있다는 전화를 받는다. 동료는 가족에게 급한 일이 생겨서 병원에서는 당신더러 두 타임 연속으로 근무하라고 한다. 당신 환자의 MRI가 보험 적용이 되지 않아서 당신이 보험사에 전화를 걸어 따지는 것 말고는 선택지가 없다. 당신이 회진에 쓸 수 있는 시간은 15분뿐인데 당신 환자에게 필요한 시간은 45분이다.[51]

이런 곤혹에 더해 설상가상인 것은 의사가 근무 중에 굳이 의학 학위가 없어도 수행할 수 있는 데이터 입력을 하느라 쓰는 시간이 엄청나게 많다는 점이다. 오늘날 내과의사는 매일 환자들과 대면 소통하는 시간의 두 배에 해당하는 시간을 검사 기록, 시험 결과 검토, 약 처방 같은 전자 의료 기록과 소통에 쓰고 있다.[52] 또 내과의사 중 전자기록에 더 많은 시간을 쓰는 이들이 번아웃 징후를 보일 가능성이 더 크다.[53]

번아웃은 이상과 현실의 간극에서 발생하는 것이기에 온종일 컴퓨터 앞에 붙박여 있는 의사들이 번아웃을 겪는 일이 잦다는 것은 놀라운 일이 아니다. 의사가 되고자 하는 이 중 의대 지원 서류에 전자 건강 기록을 작성하고 싶은 열망을 털어놓는 이는 아무도 없으니까. 미시시피주의 내과의사 섬너 에이브러햄Sumner Abraham은 자신이 담당한 젊은 레지던트들이 이런 간극에 괴로워하는 모습을 자주 보게 된다고 했다. "그들은 자신들이 하고자 했던 일과 동떨어진 일을 하고 있기에 목적을 잃은 기분이 됩니다. 이들이 원하는 것은 사람들과 긴 시간을 보내는 것, 안정적인 소득을 얻는 것, 주말의 휴식이었지요. 그런데 그 대신 시급 9달러를 받으면서 빈번히 야간 근무와 주말 근무를 하고, 컴퓨터 화면 앞에 앉아 시간을 보내고 있으니까요." 레지던트들은 지치고 불행해진다. 에이브러햄은 지난 20년 사이 레지던트의 주당 근무시간은 줄어들었으므로 그들의 소진은 과중한 업무 때문이 아니라고 설명했다. "자신이 하는 일을 이해하지 못하는 것이 문제입니다." 에이브러햄의 말이다.

의료계가 점점 더 기업과 관료주의의 성격을 띠게 되면서 의사들이 느끼는 갈등은 심화하는데, 환자들을 돌보는 일과 비용을 최소화하는 일이 서로 경합하도록 만들기 때문이다. "의료 체계는 환자를 치료하기 위해서가 아니라 돈을 벌기 위해 확립된 것입니다." 메이요 클리닉에 재직 중인 연구자 리슬로트 디바이Liselotte Dyrbye가 2019년 《워싱턴 포스트》와의 인터뷰에서 한 말이다.[54] 오프리 역시도 의료진은 자신의 원칙과 고용주의 요구 사이 간극을 메우기 위해 자신의 시간과 에너지를 쥐어짠다는 의견이다. "의사와 간호사가 급여에 해당하는 근무시간이 끝났다고 퇴근해버린다면 환자들에게는 재앙 같은 일이 일어날 것이다. 의사와 간호사는 그 사실을 알기에 할 일을 외면하지 않는다. 의료체계 역시 그 사실을 알기에 이득을 본다."[55]

그런데 그 모든 초과 노동이 그 무엇도 성취하지 못할 수도 있다. 외과의사이자 작가인 아툴 가완디Atul Gawande는 의료 노동의 상당 부분이 건강상 순이익이 없는 과잉 진단 또는 궁극적으로 무해한 질병의 검사와 치료로 이루어진다고 본다. 더 나쁜 것은, 이런 추가적 '돌봄'이 환자에게 불필요하고 해로운 스트레스를 가져온다는 것이다. 가완디는 의료 서비스 지출의 30퍼센트가 낭비라고 추정한 2010년의 한 연구를 인용한다.[56] 달리 표현하자면, 모든 의료 서비스 노동의 30퍼센트가 무의미하다. 그저 컴퓨터 앞에 앉아 있지 않을 때면 환자에게 불필요한 검사와 수술을 수행하는 것은 온종일 일을 하면서도 쓸모없는 기분을 느끼는 의사들에 대한 처방이다.

우리를 돌보는 데 헌신하는 의사, 간호사를 비롯한 임상 의료인들에게 공감하기는 쉽다. 하지만 병원비가 지나치게 많이 나왔을 때 우리와 대화를 나누는 상대인 병원이나 보험사 행정 직원들에게 공감하기는 그보다 어렵다. 하지만 1970년에서 2018년 사이에 열 배로 급증한 행정 직원들 역시 일 때문에 이상이 좌절되는 경험을 한다.[57] 실제로 재향군인 병원의 행정 직원들은 같은 병원의 내과의사들보다 번아웃 스펙트럼에 위치할 가능성이 컸다(급식이나 청소 같은 영역의 호봉제 노동자들도 마찬가지였다). 3장에서 이야기했듯, 행정 직원들은 함께 일하는 임상 의료인들보다 좌절 프로파일을 보일 가능성이 크고, 이는 즉 그들이 느끼는 비효능감 지수가 높음을 가리킨다.[58] 행정 직원들은 목숨을 구하는 영웅처럼 보이지 않지만 똑같은 번아웃 문화에 종속된 똑같이 형편없는 기업 체계에 붙들려 있다.

• • •

후기 산업 시대에 변화하는 일의 기후는 우리의 일터에 음울한 '날씨' 환경을 조성하지만, 같은 환경에서 일하는 두 사람이 반드시 둘다 번아웃을 겪는 것은 아니다. 이는 똑같은 소나기를 맞아도 각자가 다른 경험을 할 수 있는 것과 마찬가지다. 우산을 챙겨온 사람도 있을 것이고, 비 오는 날씨에 도지는 알레르기가 있는 사람도 있을 것이고, 또 그저 비 오는 날씨를 좋아하는 사람도 있을 것이다. 경제 요인이 번아웃 문화에 크게 기여하기는 하지만 각자가 지닌 심리적 특질 역시 번아웃 가능성에 영향을 준다. 예를 들면, 번아웃은 심리학자들이 신경증적이라고 부르는 기질과 연관이 있다. 즉, 기분이 오락가락하고 불안감을 쉽게 느끼는 사람(예를 들면, 이 책의 저자)은 번아웃에 더 민감할 수 있다는 것이다. 또 성취욕이 강한 소위 A 유형의 야심가들은 특히나 소진을 겪기 쉽다.[59]

번아웃에는 인구통계학적 패턴이 존재하지만 그것은 사람들의 예상과 꼭 같은 모습은 아니다. 예를 들면 스트레스는 시간이 지날수록 누적되기에 나이 든 노동자가 젊은 노동자보다 번아웃 스펙트럼에 속할 가능성이 크다고 생각할 수도 있을 것이다. 전일제로 강의하던 시절 나는 번아웃에 관해 그리 깊이 생각하지 않았으며 이 용어를 노화와 연결지어 생각했다. 번아웃을 겪는 것은 수십 년의 세월 동안 단단하게 굳어져 수천 장의 시험지와 과제물 아래에 묻힌 화석 같은 교수일 것이라고 말이다. 그런데 실제로는 번아웃은 업계와는 상관없이, 일을 갓 시작한 노동자 사이에서 흔하다. 나이 든 의사보다 젊은 의사가 번아웃 증상을 보일 가능성이 크다.[60] 또 번아웃은 경력 초기의 강사들 사이 이직률이 높은 요인일 수 있다.[61] 이는 오랜 세월 이어져온 현상이다. 1982년 크리스티나 마슬라흐는 일을 시작한 지 얼마 안 된 사회 서비스 노동자가 나이 든 동료들보다 높은 번아웃 수준을 보인다고 밝혔다.[62]

이상이 번아웃에 미치는 역할을 감안하면, 젊은 노동자가 특히나 더 민감하다는 것을 이해할 수 있다. 일을 시작한 초기, 특히 소명 의식을 갖고 임하는 직업인 경우 일에 대해 품은 이상은 정점에 올라 있을 가능성이 크다. 그러다가 섬너 에이브러햄이 이야기한 레지던트들의 경우처럼 일의 현실이 충격적으로 다가오는 것이다. 그런 경험을 한다면 하루하루가 이상과 현실을 붙들고 버티려는 고군분투가 되고, 두 가지 사이의 간극이 점점 커지면서 팽팽하게 양쪽으로 당겨진 상태가 되고 만다. 더는 버틸 수가 없다면 일을 그만두고 두 개의 죽마가 나란히 설 수 있는 다른 일을 찾게 될 것이다. 첫 난관이 찾아온 뒤에도 버티는 이들은 이유가 무엇이든 간에 둘 모두를 꽉 붙들고 매달리는 데 성공했던 이들이다. 어쩌면 처음부터 그들이 품은 이상이 낮았을 수도 있다. 아니면 업무 환경이 약간 나았는지도 모른다. 아니면 그들에게는 회복탄력성이라는 드문 자질이 있었을 수도 있다. 어떤 경우든 간에 마슬라흐의 표현을 빌리자면 그들은 '생존자들'이다.[63]

개인의 회복탄력성이나 나이와 무관하게, 미국의 사회생활에 깊이 배어 있는 인종주의, 성차별, 동성애 혐오를 비롯한 부당함 역시 번아웃을 촉진한다. 주변적 정체성을 가진 사람들은 추가적인 스트레스를 안은 채 일터로 간다. 마찬가지로 일하는 동안 차별은 이들에게 또 다른 압박을 행사할 것이다. 동일 직업에 종사하는 여성이 남성보다 높은 비율로 번아웃을 경험한다는 것을 실제로 몇몇 유망한 연구들이 보여준다. 예를 들어 내과의사들을 대상으로 한 연구에서 여성은 소진이나 냉소주의에서 높은 수치를 보일 가능성이 남성보다 30퍼센트 크다.[64] 개연성 있는 이유를 꼽자면 여성 의사가 남성 의사에 비해 환자나 동료 들로부터 차별, 학대, 괴롭힘을 더 많이 겪기 때문이다. 한 연구에서는 이런 부당한 일들을 겪었다고 보고한 레지던트들이 번아웃 증상을 보일 가능성이 두 배 이상 컸으며, 부당한 일을 겪은 여성의 수가 남성보다 훨씬 많았다.[65] 또 번아웃의 젠더 격차는 여성 노동자들이 종종 가정에서 수행하는 육아와 가사 노동이라는 '두 번째 근무'의 결과일 가능성도 있다.[66] 그럼에도 번아웃과 젠더의 연관 관계는 확정적인 것은 아니다. 번아웃에 있어 남성과 여성의 격차가 없음을 보여준 연구도 많고, 단일 젠더가 지배적인 직업에서는 제대로 된 비교를 할 수 없다.[67] 연구자들은 그 밖에도 마슬라흐 번아웃 인벤토리의 소진 요소에서 여성이 남성보다 높은 점수를 보인 반면, 남성의 경우 비인간화에서 여성보다 점수가 높았다.[68] 이런 차이로 인해 일부 연구자들은 마슬라흐 번아웃 인벤토리가 소진을 더욱 민감하게 탐지하기 때문에 여성이 번아웃을 더 많이 경험하는 것으로 보이는 것이 아닌가 생각하기도 한다.[69]

번아웃의 젠더 격차와 무관하게 여성의 노동 경험은 1970년대 이래 노동 인구에게 번아웃이 어떻게 확대되었는지를 보여주는 주요 지표다. 최근 수십 년 사이에 전 세계적으로 일터는 '여성화'를 겪었는데, 즉 집 밖에서 임금을 받고 일하는 여성의 수가 늘었다는 것이다. 또 후기 산업 시대에 전통적인 '여성의 일'을 닮은, 무거운 돌봄과 정서적 노동의 부담을 안기는 대인적인 사무직이 늘어났다는 의미이기도 하다. 성차별이 여전한 사회에서 이는 (남성을 포함해) 더 많은 노동자가 이런 전형적인 '여성적으로' 코드화된 직업을 수행할 때 덜 존중받는다는 의미다. 경제학자 가이 스탠딩Guy Standing은 그것이 "여성을 동등하게 기본급 노동에 포함하기 위한 수 세대에 걸친 노력"이 낳은 역설적인 결과라고 본다. 여성은 일터에서 더 많은 기회를 얻게 되었지만 그것은 남성들이 '여성과 연관된 고용과 노동력 참여 패턴'을 보이기 시작했기 때문이다.[70] 즉,

모든 노동자의 경험이 20세기 중반 기간제 노동 부문에서 여성들이 마주한 것과 유사하다는 것이다. 전형적인 기간제 노동자는 젊고 열정적이며 (추정컨대) 생활임금이 필요하지 않으며 심지어 평생직장도 원하지 않는 '켈리 걸'의 모습이다. 고용의 부채 모형과 균열 일터의 결합은 후기 산업사회의 기후에 막대한 책임이 있으며, 궁극적으로는 노동에 대한 젠더화된 관점에 의존한다. 주 소득자인 남성에게는 승진 기회가 있는 안정적이고 급여가 높은 직장이 필요한 반면, 가족 소득의 보너스에 불과한 임금노동을 하는 여성의 경우에는 그렇지 않다는 것이다. 이런 관점에는 인종 차별적인 요소도 있는데, 미국에서 흑인 여성은 백인 가정에서 가사일을 하며 생계 유지비를 벌곤 했기에 전통적으로 고용율이 높았다.[71] 여성 기간제 노동자가 관리자의 눈에 하나의 표준이 되자 남성 노동력은 값비싼 부채가 되었고, 정규직을 없애고 모든 일자리를 도급계약으로 전환해 노동하는 여성들이 늘어나자 회사들은 많은 남성 노동자의 지위를 여성화시켰다. 기자 브라이스 코버트Bryce Covert의 말대로라면 "오늘날 우리 모두는 여성 노동자이고, 이 때문에 모두가 고통받고 있다".[72]

번아웃과 인종의 관계 역시 마찬가지로 복잡하다. 노동에 대한 불충분한 대가는 번아웃을 유발하는데, 미국에서 흑인과 히스패닉 노동자의 임금은 백인과 아시아 노동자의 임금보다 확연히 낮다.[73] 인종에 따른 임금 격차는 젠더에 따른 임금 격차와 교차하므로 흑인 여성은 같은 자격을 갖춘 다른 인구학적 집단에 비해 적은 돈을 번다.[74] 또 시 전공 교수 티아나 클라크는 흑인의 번아웃을 다룬 에

세이에서 썼듯 유색인 노동자는 그들이 하는 모든 행동에 감시가 덧붙는다는 느낌을 받는다. "흑인으로 살면서 경계를 긋는다는 것은 직업이나 생명을 대가로 치를 수 있는 일이다. 내가 이메일에 대답하지 않거나 재직 중인 대학교에서 열리는 학과 회의에 참석하지 않는다면 백인 남성 밀레니얼 세대 동료들과는 다른 대가를 치르게 될 것이다."[75] 사회 전반에서 스트레스를 더하는 인종 격차는 일터에서는 암암리에 미묘하게 드러나며, 클라크의 말대로라면 특히 젠더 격차와 교차할 때 그렇다. 그는 자신뿐만 아니라 주변 백인들의 감정과 반응까지 감당해야 하며, 그 와중에 다른 이들에게는 기대되지 않는 불굴의 능력을 증명하려 애쓰기까지 해야 한다.

하지만 번아웃에서 인종이 차지하는 역할을 살펴보다 보면 오늘날 이루어지는 연구의 한계를 맞닥뜨리게 되고 명쾌한 정답은 찾기 힘들다. 번아웃과 인종의 관계를 고찰한 연구는 거의 없다. 있다 해도 연구 결과가 일관성 없고 미국 내 백인 노동자와 비교해서 흑인 노동자들의 번아웃 발생률과 강도에 있어 차이를 보여주지 못한다.[76] 이들 연구는 번아웃에 있어 업무 환경과 개인의 대응 전략이 인종보다 크게 작용한다고 주장한다. 한 연구에서는 흑인 정신 질환 사례 관리자가 백인 동료들보다 더 낮은 정도의 소진과 비인간화를 보였다. 또 다른 연구에서는 아동 보육 담당자의 경우 흑인이 백인보다 비인간화 수치가 높았다.[77] 하지만 아동 보육 담당자들을 대상으로 한 연구에서는 번아웃의 세 가지 차원에 있어 인종보다 대응 전략이 더 강한 연관을 맺고 있는 것으로 나타났다. 인종과 무관하게 스트레스에 부정, 이탈 등 회피 전략으로 대응하는 이들이 번아웃을 겪는 경향이 많았다.[78] 블루칼라 일터를 대상으로 한 연구에서도 비슷한 결과가 나타났다. 1990년대부터 누적되어온 데이터를 바탕으로 샌프란시스코 대중교통 체계 속 버스 운전사와 철도 기관사를 대상으로 수행한 연구에서는 다양한 인종으로 구성된 노동력 내에서 번아웃과 인종 간의 통계학적 연관 관계를 밝혀내지 못했다.[79] 이 연구에서는 부당 대우에서 승객과의 갈등, 사고에 이르기까지 업무 중 스트레스 또는 불편한 좌석이나 차량의 진동 등 인체공학적 문제가 있다고 보고한 운전사들의 경우 번아웃 점수가 더 높은 것으로 나타났다.[80]

심리학자를 비롯한 연구는 번아웃과 인종의 연관 관계, 특히 다른 정체성 범주와의 교차 속에서의 관계에 더 초점을 맞추어야 한다. 미국의 역사가 시작된 이래 지금까지도 유색인 노동자들은 불균형할 정도로 저평가된 노동에 종사해왔으며 업무 환경을 개선해줄 노동보호에서 소외된 경우가 많았다.[81] 이 역사와 오늘날의 현실이 번아웃에 아무런 영향도 없다고는 상상하기 힘들다. 동시에, 우리는 번아웃이 억압과 동일한 것이 아니며 또한 단지 특정 직업이 얼마나 나쁜가를 나타내는 지표도 아니라는 사실을 명심해야 한다. 번아웃은 일에 대한 이상과 심각하게 동떨어진 상황의 경험이며, 이상이란 그 자체로 사회적 불의와 연관이 있다. 이 주제에 대해 더 많은 연구가 이루어지기 전까지는 어째서 기존 연구가 번아웃과 인종 간의 유의미한 관련성을 보여주지 않는가에 대해 지적인 고찰을 할 수 있는 것이 전부이리라. 어쩌면 기나긴 차별의 경험이 특정한 인종 집단의 노동자로 하여금 평균적으로 다른 집단보다 일에 대해 낮은 기대를 품게 한 것인지도 모른다.

정치과학자 데빈 피닉스Devin Phoenix는 "아프리카계 미국인 대다수에게는, 엘리트 계층을 번성하게 하는 대가로 장시간 노동을 해서 간신히 생계를 유지하는 사람들의 이미지는 그들이 당연하게 여기는 만족스러운 기준과 동떨어진 것이 아니다. 오히려 그 반대로, 이 이미지야말로 기준 자체를 보여준다"라고 했다.[82] 번아웃은 부분적으로 기대의 문제이므로, 다른 형태의 부당 행위를 겪으며 희망이 억눌리는 탓에 번아웃이라는 특정한 위험은 경감되는 것인지도 모른다.

또한 다양한 인종의 노동자들이 같은 방식으로 번아웃 증상을 경험하거나 표현한다고 번아웃 연구들이 추정을 잘못했을 가능성도 있다. 백인 미국인과 비교했을 때 아프리카계 미국인 사이에 우울과 불안의 정도가 낮게 나타난 것 역시 이런 가능성으로 설명할 수 있다.[83] 백인 미국인의 정신 질환 비율이 높은 것은 연구자들이 정신 질환을 측정하기 위해 사용한 방법이 백인들의 자기표현 방식 쪽으로 기울어져 있어서일지도 모른다. 같은 선상에서, 각자의 문화적 배경에 따라 스트레스를 경험하는 방식이 다를 수도 있다. 어찌 되었든 스트레스는 그 자체로 생물학적 현상인 동시에 문화적 현상이기도 하기 때문이다.

그러므로 우리는 연구자들이 마슬라흐 번아웃 인벤토리 같은 조사들을 백인의 번아웃을 발견하기 더 쉬운 방식으로 구성했을 가능성을 염두에 두어야 한다. 티아나 클라크의 주장대로 흑인의 번아웃은 다를 수 있다. 번아웃을 더 잘 바라보기 위해서는 번아웃을 측정하는 척도를 바꾸어야 하는지도 모른다.

· · ·

사람들이 번아웃을 유발하는 긴장을 가장 자주 경험하는 업무의 여섯 가지 영역을 다시 한 번 살펴보자니 내가 연구와 강의 윤리로 살아왔던 시절 익숙했던 표현들이 눈에 띈다. 업무량과 보상은 우리가 일에 투자하는 노력과 그 대가로 우리가 받는 것이다. 그 두 가지의 관계는 우리가 받아 마땅한 것을 받는가 하는 정의의 문제다. 공정성 역시 정의와 관련 있다. 자율성은 도덕적 책임과 행위와 뗄 수 없는 것이다. 공동체는 인간이 윤리적 행위를 하는 맥락인 동시에 우리의 도덕적 규범의 원천이다. 또 가치는 우리의 도덕적 삶의 모든 측면에 영향을 미친다.

정의, 자율성, 공동체, 가치는 윤리의 기본 구성 요소다. 일터에서 이런 것들이 훼손되거나 부재할 때 노동자들은 이상과 현실 사이에서 더욱 커지는 간극으로 끌려들어가는 기분이 든다. 소진되고, 냉소적으로 변하고, 성취감을 잃어버리는 경향이 커진다. 이는 즉 번아웃이 근본적으로 우리가 서로를 대하는 방식의 실패라는 의미다. 번아웃은 우리의 문화 속 행동 규범인 도덕의 실패다. 일터가 사람들이 원하는, 또는 그들에게 마땅한 환경을 내어주지 않았기에 사람들은 번아웃에 시달린다.

또 번아웃에 시달리는 노동자들은 도덕적 실패의 희생자인 동시에 최선의 성과를 이룰 수 없어진다는 점에서 상황을 더 악화시킨다. 나는 내 학생들에게 마땅한 선생이 되지 못했다. 지치고 의기소침해진 의사는 환자에게 최선의 조치를 해줄 수가 없다. 번아웃으로 인해 냉소주의에 빠진 이들은 동료나 고객을 제대로 된 인간으로 대하지 않을 가능성이 크다. 질적으로 저하된 일 때문에 부당하게 훼손당하는 것은 노동자 자신뿐만이 아니다.

그럼에도 업무 환경이 낫다고 해서 반드시 번아웃 위험이 적은 것은 아니다. 다시 내과의사를 생각해보자. 급여가 높고 사회적으로도 크게 존경받지만 번아웃 척도에서 그들의 점수는 일반 인구에 비해 현저히 높다. 최근 수십 년 사이 의료 노동이 더 시간 집약적인 노동으로 변화한 것은 사실이지만, 의사들이 객관적으로 나쁜 환경에서 일하는 것이 문제는 아니다. 그 환경이 의사들의 이상에 어긋난다는 점이 문제다. 대니얼 오프리는 동료 의사들의 환자에 대한 헌신, "개인적인 대가를 크게 치른다 해도 환자에게 올바른 일을 하고자 하는" 의지가 병원에서 모든 일을 가능하게 하는 이상이라고 지적한다. 그리고 의료계가 점점 더 기업 경영을 닮아가는 이 시대에 "의료 산업을 이끌어가고자 매일같이 이용당하는 것이 바로 이 윤리다".[84]

업무 환경은 번아웃을 유발하는 간극의 한쪽 가장자리에 불과하다. 다른 쪽에는 우리의 이상이 있다. 일을 통해 좋은 삶을 살고자 하는 동기를 우리에게 불어넣는 것이 이상이기에, 이상 역시 윤리의 문제다. 이런 이상들은 널리 공유되고 있으므로 우리 문화의 한 측면이기도 하다. 그리고 업무 환경이 저하되어온 지난 50년간 일에 대한 우리의 이상은 점점 더 높아졌을 뿐이다.

5장 / 일의 성인, 일의 순교자
: 우리의 이상이 품은 문제

부자들은 일에 있어 비논리적이다. 그들은 우리 사회에서 돈이 가장 덜 필요한 사람인데도 가장 많이 일한다. 첨단기술업계의 억만장자 거물들이 주당 100시간을 일한다고 뻐겨댄다. 회사의 주가를 높여 그들을 더더욱 부유하게 만들어주는 것은 그들의 노동이 아닌데도 말이다. 미국의 고학력자들은 평균 소득 능력이 가장 높지만 저학력자들에 비해 업무 시간이 길고 여가 시간이 짧다. 부유한 부모를 둔 아이들은 여름방학에 아르바이트를 하는 비율이 가난한 아이들의 두 배 이상이다. 또 은퇴 후를 위해 큰돈을 모아둔 미국의 전문직 종사자들은 나이가 든 뒤에도 계속 출근한다.[1]

한편, 일거리가 없는 것은 물질적으로뿐만 아니라 심리적으로도 악몽이다. 백인 노동계층의 경우 안정적인 직업이 없다는 것은 존경받는 인간이 될 기준을 충족하지 못했다는 의미다. 그 결과 오늘날 대학 교육을 받지 못한 백인 남성 사이에서 우울증, 중독, 자살은 우려될 정도로 흔하다.[2] 나는 번아웃의 주요 원인 중 하나가 강의였는데도 강의를 그만두고 나자 방향을 상실한 기분이 들었고, 풀 타임 교수직을 그만두고 2년도 지나지 않아서 한 강의당 이전에 벌던 돈의 극히 일부밖에 되지 않는 몇천 달러라는 돈을 받고 겸임교수 일을 시작했다.

이 모든 것은 우리가 오로지 돈을 위해서만 일하는 것이 아니라는 증거다. 자원봉사자, 부모, 특히 굶주린 예술가를 비롯해 많은 이들이 노동의 대가로 아예 돈을 받지 못한다. 심지어 급여의 한 푼 한 푼이 절실한 부유하지 않은 노동자들조차도 때로는 일하는 이유가 오로지 돈 때문만은 아니라고 한다. 사람들은 애정 때문에, 봉사하고자, 집단의 노력에 기여하고자 일을 한다. 사람들은 오로지 물질 때문이 아니라 이상 때문에 일한다.

4장에서 살펴보았듯, 20세기 중반에 비해 높아지는 정서적 밀도와 낮아지는 안정성을 비롯한 노동 조건의 저하는 우리가 번아웃 문화 속에서 살아가는 이유를 절반밖에 설명해주지 못한다. 나머지 절반을 설명할 수 있는 것은 우리가 공유하는 일에 대한 이상이다. 산업화 시대까지 거슬러 올라가는 이상도 있지만, 최근 몇십 년 사이 이상은 더 커지기만 했다. 그 결과 일에 대한 이상과 직업의 현실 사이의 간극은 과거보다 더 크다. 산업화 시대와 비교했을 때 오늘날의 일이 물리적으로 더 안전함에도 불구하고 번아웃이 우리 시대의 특징적 징후인 것은 이 때문이다. 200년 전 영국 맨체스터나 매사추세츠주 로웰의 섬유공장 노동자는 오늘날 보편적인 영국과 미국의 노동자들보다 일하는 시간이 길었으며 업무 환경은 위험했다.[3] 하지만 그들이 오늘날의 우리만큼 번아웃에 시달리지 않았던 까닭은 그들에게 일이 자아실현 수단이 아니었기 때문이다. 그들이 일이 자아실현의 방법이라 믿지 않았기 때문이다. 그들이 소진되지 않았다는 말은 아니다. 하지만 21세기의 관념을 갖고 일을 바라보지 않았던 그들은 21세기에 번아웃이라 불리는 장애를 겪지 않았다.

오늘날 미국인들이 소진되는 시점까지 일하도록 동기를 부여하는 이상은 열심히 일하면 좋은 삶을 살 수 있으리라는 약속이다. 그저 물질적으로 안락한 삶이 아니라 사회적 존엄성, 도덕적 인격, 영적 목표를 지닌 삶 말이다. 우리는 모든 면에서 번영하고 싶어 일한다. 나는 대학 시절 지도교수가 좋은 삶을 살고 있는 것처럼 보였기에 나 역시 교수가 되기를 꿈꾸었다고 '들어가는 말'에서 이야기했다. 교수는 존중받는 사람이자 현명한 판단력을 지닌 사람, 지식을 얻어 타인에게 전해준다는 분명하고도 고귀한 목표를 지닌 사람으로 보였다. 강의실 바깥에서의 교수의 삶, 그들이 맞서 싸우는 개인적인 악마에 대해서는 사실상 아무것도 몰랐다. 나의 멘토 중 두 분은 결국 종신교수직을 얻지 못해 다른 직업을 찾아야 했다. 세 번째 멘토는 주요 행정 보직을 맡고 몇 년 뒤 심장마비로 사망했다. 나는 이들의 불운과 나의 직업적 전망을 전혀 연관시키지 못했다. 내가 어떻게 그럴 수 있었겠는가? 미국이 주는 약속을 굳건히 믿은 나머지 눈이 멀어 있었다. 제대로 된 직업을 찾기만 하면 성공과 행복은 당연히 따라오리라는 약속 말이다.

하지만 이 약속은 대체로 거짓이다. 플라톤Platon이 '고귀한 거짓말'이라고 불렀던, 사회의 근본 질서를 합리화하기 위한 미신이다.[4] 플라톤은 사람들이 이 거짓말을 믿지 않으면 사회가 붕괴할 것이라고 설파했다. 우리 시대의 고귀한 거짓말은 근면함의 가치를 믿으라는 것이다. 우리는 상사의 이득을 위해 일하면서 스스로 지고의 선을 위해 일한다고 믿는다. 번아웃이 서로에게서 점점 멀어지는 두 개의 장대(일에 대한 이상과 일의 현실) 사이에 걸쳐 있는 경험이라면, 우리는 이미 둘 중 하나의 장대, 즉 이상에 매달린 채 일을 시작한다. 우리는 우리의 직업이 약속을 실현해주기를 바라지만, 바로 이 희망이 결국은 번아웃을 선사하게 될 상황에 우리를 빠뜨린다. 희망 때문에 우리는 추가 근로를 하고, 추가 프로젝트를 맡고, 우리에게 필요한 임금 인상도 인정도 받지 못하는 삶을 살게 된다. 아이러니한 일이지만, 열심히 일하면 좋은 삶을 살 수 있다는 이상을 믿는 것이야말로 이 이상이 약속하는 좋은 삶을 살아가는 데 가장 큰 걸림돌이 된다.

아마 근면이야말로 미국 사회가 가장 높이 평가하는 가치일 것이다. 2014년 스스로가 생각하는 각자의 성격에 대해 설문한 퓨 연구센터의 조사에 따르면 응답자 중 80퍼센트가 자신을 '근면하다'고 묘사했다. '공감 능력이 뛰어나다' '타인을 수용한다'를 포함해 그 어떤 성격적 특징도 근면만큼 강한 긍정적 반응을 끌어내지 못했다. 자신이 게으르다고 답한 응답자는 3퍼센트에 불과했으며 그중에서도 게으름을 자신의 특징적인 성격이라고 응답한 이들은 통계적으로 무의미한 숫자였다.[5] 이런 수치들은 우리의 실제 모습보다는 우리가 가치를 두는 것이 무엇인가를 말해준다. 즉, 우리는 우리 중 상당수가 순전히 게으르다는 사실을 잘 알고 있지 않은가? 직장 동료를 생각해보라. 그중에서 업무에 태만한 이들이 얼마나 많은가? 또 그중에서 얼마나 많은 수가 자신이 게으름뱅이가 아니라고 장담하겠는가? 실제로 미국인들은 대체적으로 근면하지만, 그렇다고 우리 모두가 종일 끙끙대며 보고서를 작성하고 고객을 만나느라 진땀을 흘리면서 부지런히 일하는 것은 아니다. 오히려 우리 미국인들은 스스로 근면하다 여겨야 한다는 것을 알기 때문에 스스로가 근면하다 말한다. 그것이 우리가 자신과 타인을 존중하는 방식이다. 우리가 근면을 가치 있게 생각한다고 해서 누군가가 실제로 열심히 일하는 것은 아니지만, 이 때문에 많은 사람이 자신의 신체와 정신이 견딜 수 있는 것 이상으로 일하는 것은 맞다. 근면이라는 가치는 우리의 노동이 수익을 내게 만든다. 또 수많은 사람의 번아웃을 유발한다.

• • •

사람의 존엄성, 인격, 목적이 일에서 나온다는 고귀한 거짓말은 400년의 미국 역사 속에서 점점 불어났다. 일이 약속하는 대가는 불어난 동시에 점점 추상적으로 변한 나머지 오늘날 우리는 업무에서 **충족감** 같은 고귀한 것을 기대하는 실정이다. 처음에 일이 약속한 유일한 대가는 훨씬 구체적이고 결정적인 것, 즉 생존이었다. 사실 고귀한 거짓말의 시작은 약속보다는 위협에 가까웠다. 1608년 존 스미스John Smith는 전염병으로 죽어가는 제임스타운 정착지의 실권

을 잡자마자 이후 미국에서 일의 이상의 바탕을 이루게 될 칙령을
선포했다. "매일 나만큼의 수확을 하지 못하는 이는 다음날 강물에
빠뜨릴 것이요, 모자란 양을 벌충하거나 굶지 않으면 무위도식자
로 항구에서 추방할 것이다."[6]

스미스의 선포는 일하는 이와 무가치한 사람, 자격 있는 사람
과 자격 없는 사람, 사회 구성원과 합당한 추방자 사이의 중간 단
계를 없애버렸다. 오늘날까지도 미국의 정치인들은 '얻는 자taker'와
대비되는 의미로서의 사회의 '창조자maker'를 논할 때 똑같은 구분
을 쓴다. 정치적 좌파와 우파 모두가 중요하게 생각하는 '완전고용'
이라는 이상 속에도 이와 같은 이분법이 내재되어 있다.[7] 이는 사
회복지 혜택을 받으려면 일을 해야 한다는 주장의 바탕이기도 하
거니와, 보편적인 직업 보장을 제안하는 근간이기도 하다.[8]

《데살로니가후서》에 등장하는 바울의 편지 "일하지 않는 자
먹지도 말라"[9]에서 빌려온 스미스의 위협은 직업을 가지는 것이 존
엄성을 얻는 유일한 방법이라는 약속과 대구를 이룬다. 사회학자
앨리슨 퓨Allison Pugh는 "우리가 사회적 세계에서 전적으로 인정받는
참여자로서 설 수 있는 능력"으로 존엄성을 정의한다.[10] 존엄성은
사회적 시민권이다. 오늘날 미국에서는 당신에게 직업이 있다면
타인들이 당신을 사회에 기여하는 존재이고 그러므로 사회가 돌아
가는 방식에 대해 발언권이 있다고 인정할 것이다. 사회적 불의에
맞서는 시위대들을 향해 "일자리나 구해!" 하고 고함을 지르는 행
인을 상상해보라. 마치 헌법 수정 제1조가 규정하는 언론의 자유는
일하는 이에게만 해당한다는 식, 임금 근로야말로 사회에 대해 불

평하거나 사회적 혜택을 요구하기 위해 필요한 유일한 티켓이라는 식이다. 물론 역사적으로 근면한 노동을 통해 존엄성을 얻는 것은 백인 남성의 특권이었다. 백인 여성은 수 세기 동안 가사 노동에 종사한 끝에야 재산권과 투표권을 얻었다. 아프리카계 미국인 여성과 남성 수백만 명이 노예 노동을 했고, 그들이 법적으로 임금을 받을 수 있게 된 뒤로도 사회적 시민권은 오랫동안 요원했다. 일을 통해 누구나 미국 사회에 의지할 권리가 주어진다는 약속은 고귀하기 짝이 없다. 하지만 인종주의와 성차별주의는 그 약속을 거짓말로 만들곤 한다.

일의 두 번째 약속은 일을 통해 인격이 함양된다는 것이다. 이는 가정교육의 단골 주제이기도 하다. 맡은 일이 없던 아이들이 잔디를 깎고 아기를 돌보고 패스트푸드점에서 주문을 받는 등등의 일을 하면서 올바른 어른이 되어간다는 소리다. 이런 주장에는 우리가 반복해서 수행하는 행동은 그것이 무엇이 되었든 우리를 변화시킨다는 생각이 담겨 있다. 우리는 습관을 만들어가고, 그렇게 쌓인 습관들은 좋은 것이든 나쁜 것이든 우리의 인격을 이룬다는 것이다. 윌 듀런트Will Durant는 아리스토텔레스Aristoteles의 도덕철학을 이렇게 요약한다. "우리가 반복해서 하는 행동이 우리를 만든다. 그렇다면 탁월함이란 행위가 아니라 습관이다."[11] 이런 관점에서 볼 때 좋은 삶이란 용기나 절제 같은 미덕을 개발하는 것이리라. 십대 청소년이 휴대전화를 내려놓고 최저임금을 주는 일자리에 지원하기만 한다면, 제때 출근하고 해야 할 일을 하는 것만으로도 시간 엄수, 책임감, 투지같이 도덕적 삶을 살아가기 위해 꼭 필요한 자질들을 배운다는 소리다. 존엄성에서 한 발짝 더 나아간, 일의 이상의 두 번째 구성 요소는 1820년대 미국에서 노동자들의 위스키 소비량을 도덕적 결함의 근원이라 보았던 공장주들이 담합해 업무 규율을 동시에 강화했을 때 두드러졌다. 공장주들은 업무 중 음주를 금지했다.[12] 절제라는 미덕이 일을 더 잘하게 만들고, 일은 또다시 더 나은 인간을 만들어낸다고 믿었기 때문이다.

일의 세 번째이자 가장 고매한 약속은 일이 목적으로 가는 길이라는 것이다. 일이 가진 목적의식에 있어 가장 위대한 예언자는 애플 공동 창립자 스티브 잡스Steve Jobs다. 그는 1985년 한 인터뷰에서 애플은 빠른 성장이 필요하지만 그것은 "우리에게는 무의미할 뿐인 수익 목표" 때문이 아니라고 했다. 애플의 목표는 더 고차원적인 것에 있다는 것이다. "애플에서 사람들은 하루에 18시간 일합니다. 우리는 남들과는 다른 유형의 사람들을 끌어들이지요. (…) 자신의 한계를 조금이라도 뛰어넘어 우주에 작은 흠집이라도 남기기를 진정으로 원하는 사람들. (…) 이제 우리에게 그럴 기회가 온 것 같습니다. 그리고 이 기회가 우리를 어디로 이끌어갈지는 알 수 없습니다. 우리가 아는 것은 그저 세상에는 지금 우리보다 훨씬 큰 무언가가 있다는 것뿐입니다."[13] 물론 애플은 결국에는 1985년 잡스가 세웠던 소박한 가치 목표를 훌쩍 넘어서게 되었다. 2011년 잡스가 사망하고 오래 지나지 않아 애플은 전 세계에서 가장 높은 가치를 지닌 상장회사가 된 것이다. 하지만 그것은 '무의미하다'.

잡스가 세속의 언어로 표현한 자기 초월은 영성을 바탕에 두고 근면을 합리화한 고대와 근대의 주장들을 연상시킨다. 플라톤의《국가》에 등장하는 고귀한 거짓말은 신들이 인간의 영혼에 금속을 주입했으며 각각의 금속에 벗어날 수 없는 사회적 지위를 지정했다는 것이다.[14] 성경의 도입부는 인간이 하는 일에 중요성을 부여하는 표현들로 가득 차 있다. 하느님은 정원을 가꾸도록 인간을 창조한다. 인간이 하느님을 거스른 탓에 각 성별은 서로 다른 노동을 하게 되며 인간은 평생 고된 일을 하게 된다. 그리고 종교개혁의 시기에 장 칼뱅Jean Calvin과 마르틴 루터Martin Luther는 농부나 상인이라는 직업이 인간 사회를 설계한 하느님의 설계를 담고 있음을 설명하고자 근대적인 직업의 개념을 개발했다.[15] 그들의 신학에 따르면 일은 인간의 영혼을 구하는 것이 아니라 신성한 명령을 수행한다. 오늘날 '목적'이라는 표현은 일이 그저 급여나 건강보험을 위한 따분한 필요를 충족하는 데 그치는 것이 아님을 시사한다. 일에는 모호하지만 더 큰 의미가 있다는 것이다.

일이 영적인 사업(자기 자신을 초월하고자, 고차원의 현실을 마주하고자, 충족되고자 하는 우리의 야심이 펼쳐지는 장소)으로 변화하며 일의 이상은 진일보했으나 이는 오늘날의 노동자라면 누구나 그 이상을 실현할 수 있다고 상정한다. 일을 바라보던 산업화 시대의 관점과는 상당히 변화했다. 웬만한 사람들에게 일이 초월의 방법이 된 것은 더 추상적인 인적 서비스 노동이 등장한 이후의 일인 것이다. 1960~1970년대에 페미니스트들은 여성의 유급 노동 진출을 확대하고자 주장하면서 의미를 추구할 권리를 주된 근거로 삼았다. 베티 프리단Betty Friedan은 1963년 발표한 기념비적인 저서《여성의 신비》에서 당대의 "여성, 그리고 최근 남성에게도 늘어나고 있는 정체성 위기"는 전후 사회의 부와 풍요에서 기인한다고 쓴다. 기술은 물질적 생산성이라는 문제를 해소했으므로 일은 무언가 비물질적인 것을 얻기 위한 수단이 되어야 했다. "인간에게 있어 일은 단순히 생물학적 생존의 수단으로서가 아니라 자아를 내어주고, 자아를 초월하며, 인간 정체성과 인간 진화의 창조자이기 위해 중요하다."[16]

오늘날 자기 충족이라는 표현은 심지어 임금과 지위가 낮은 일에 대해서도 흔히 쓰인다. '소명vocation'은 여전히 기독교계에서 일을 가리키는 포괄적인 용어로 흔히 쓰여 업무 체계 내 모든 직위를 성스러운 것으로 격상시킨다. 또한 '사랑' 역시 업계를 가리지 않고 노동에 목적을 부여한다.[17] 웨그먼스 식료품 체인은 선반에 물건을 진열하거나 식료품을 계산할 직원을 구하는 구인 광고에서 "당신이 사랑하는 일을 하세요"라는 표현을 사용했다. 공정을 기하기 위해 덧붙이자면 웨그먼스는 꾸준히 미국에서 일하기 가장 좋은 회사 상위권을 지키고 있다.[18] 그럼에도 일이 사랑 또는 구원을 얻는 수단이라면, 업무 환경에 신경 쓸 이유가 있을까? 이상을 추구하기 위해 일을 한다는 것 자체가 보상일 텐데 말이다.

. . .

미국의 노동 윤리에 따르면 존엄성, 인격, 목적은 오로지 자신의 일에 몰입하는 노동자만이 얻을 수 있다. 직원의 몰입도 역시 높아야 한다. 미국의 업계에서 수익이 성배라면 일에 몰입하는 노동자들은 결코 지치지 않고 헌신적이며 순수한 마음을 지닌 갤러해드 경 Sir Galahad이다. 갤럽은 노동자들의 몰입도에 대해 조사하면서 이들에 대해 영웅, 심지어 성인을 연상시키는 표현을 쓴다.

> 일에 몰입하는 직원들이 가장 좋은 동료다. 이들은 조직, 기관, 대행사를 설립하는 데 협조하며 그곳에서 일어나는 모든 좋은 일의 배후에 존재한다. 이런 직원들은 일에 집중하고, 열의를 가지고, 헌신한다. 이들은 자신의 업무 범위를 알고 결과를 내기 위한 새롭고 더 나은 방법들을 찾는다. 업무에 심리적으로 100퍼센트 헌신한다. 또한 조직 내에서 새로운 고객을 창출하는 유일한 직원들이다.[19]

이들은 업무에 심리적으로 100퍼센트 헌신한다. 세상에 그런 사람이 있다고? 갤럽 보고서에 따르면 미국의 노동자 중 3분의 1가량이 그런 사람들이라고 한다.[20] 우리 대부분은 고객 창출에 혈안이 된 이들이 아닌데, 이 때문에 이런 수치들을 발표하는 경제 평론들은 미간을 찌푸린 채 자신의 일에 열의를 가지는 노동자는 '고작' 전체의 3분의 1에 지나지 않는다고, 15퍼센트가량은 업무에 적극적으로 소홀하며, 대부분은 '태만하고' 무관심하다고 한탄한다.[21] 갤럽의 조사 결과를 받아들이는 관리자나 컨설턴트 입장에서는 나머지 3분의 2에 해당하는 태만한 직원들이 심각한 문제다. 한 경제 평론가가 주장하는 바대로라면 태만한 직원들은 근태 소홀과 생산성 저하로 인해 고용주가 임금의 34퍼센트를 추가로 지출하게 만든다.[22] 또 다른 평론가는 이들을 '조용한 살인자'라고 표현한다.[23] 갤럽 보고서는 현실에 안주하는 생산성 낮은 직원들은 심지어 고위 경영진들 사이에 남몰래 도사리고 있을지도 모른다고 경고한다. 적극적으로 태만한 직원들이라면 타인의 시간과 성취를 무너뜨릴 수도 있다. "적극적으로 태만한 이들은 업무에 몰입하는 이들이 하는 모든 일을 없었던 일로 만들고자 한다."[24] 즉, 그들은 영웅의 임무를 방해하려 혈안이 된 악당이다.

이런 식의 수사들은 그저 우스꽝스럽다 웃어넘길 것이 아니라 비인간적이기까지 하다. 사실 갤럽의 자체 척도로 살펴보았을 때 미국의 노동자들은 다른 부유한 국가의 노동자들에 비해 몰입도가 높다. 미국 노동자들의 몰입도 수준은 인간의 한계에 가까울 정도다. 아니면 보고서 상의 높은 몰입도는 응답자들이 자신이 근면하다고 응답해야 한다는 사실을 아는 것과 마찬가지로 업무에 몰입한다고 응답해야 한다는 것을 알고 있다는 뜻에 불과한 것인지도 모른다. 노르웨이 노동자들의 업무 몰입도는 미국 노동자들의 절반에 불과하지만 그럼에도 노르웨이 국민은 전 세계에서 가장 부유하고 행복한 국민 중 하나다. 시리아는 전 세계의 최빈국 중 하나이지만 그 주된 이유는 2013년 조사한 시리아 노동자들의 업무 몰입도가 0퍼센트여서가 아니라 내전 때문이다.[25]

나 역시 직접 체득했듯, 업무에 몰입하면 인생이 망할 수도 있다. 잘못된 업무 환경(즉, 미국 일터의 전형적인 환경)에서는 문화적으로 강제된 일에 대한 열의가 번아웃을 유발한다. 내가 크리스티나 마슬라흐처럼 번아웃 증상이 없는 상태를 '몰입된' 상태라고 표현하지 않는 이유가 그 때문이다. 업무에 태만한 노동자가 반드시 번아웃 스펙트럼에 해당하는 것은 아니다. 그는 그저 일의 이상과 업무의 현실을 엇비슷하게 유지하는 방법을 찾은 것일지도 모르고, 어쩌면 그 방법이란 일에 대한 기대치를 상대적으로 낮추는 것일 수도 있다. 만약 그 노동자가 업무에 심리적으로 80퍼센트 몰입하지만 그럼에도 상당히 유능하다면 대체 무엇이 문제인가? 번아웃에 시달리는 노동자가 겪는 소진된 기분, 즉 더 이상 단 하루도 더 출근할 수 없다는 느낌, 또는 내 경우처럼 더 이상 단 한 편의 보고서도 채점할 수 없고, 단 하나의 수업도 더 준비할 수 없다는 느낌은 이미 업무에 지나치게 헌신한 결과다. 노동자들이 자신의 일을 개인적인 차원으로 여기고, 고용주의 우선순위는 비개인적인 것이라는 사실에 반기를 들 때 느끼는 기분이다.

일에 몰입하며 충족감을 느끼는 이들도 분명 있다. 의사, 편집자, 심지어 교수로 일하는 몇몇 친구는 열심히 일하고, 일을 사랑하며, 또 잘 지낸다. 그중에서도 외과수술 전문의 같은 특정 직종은 다른 이들보다 더욱더 잘 지내는 것 같다. 의사들은 번아웃에 시달리는 비율이 높으나 외과 전문의는 모든 직종을 통틀어 가장 높은 급여를 받는 부류에 속할 뿐만 아니라 직업 만족도와 의미라는 부문에서도 높은 점수를 기록했다.[26] 외과 전문의는 중요하고 어려운 일을 하는 데다가 사람들의 목숨까지 구한다. 한발 물러서서 자신이 하는 일에 대해 생각해본다면 기분이 좋아 마땅하다.

하지만 몰입은 한발 물러서는 것이 아니다. 전적으로 뛰어드는 것이다. 분초를 다투는 수술 앞에서 외과 수술 전문의는 '플로우

flow'라는 경험에 스스로를 내맡기는 일을 한다. 도전에 가깝지만 균일하면서도 발전적인 피드백과 보상이 따르는 활동을 하면서 자의식을 잃는 것이 바로 플로우다. 심리학자 미하이 칙센트미하이 Mihaly Csikszentmihalyi는 플로우 상태에 있는 사람들은 그 자체로 선한 일을 할 때 세상과 자신의 신체적 요구를 단절시키고 먹고 자는 것도 잊어버린다. 컴퓨터 게임을 설계하는 이들은 이와 같은 몰입 상태를 이끌어내고자 하는데, 그래야 게임을 종료하기 어렵기 때문이다. '한 판만 더' 또는 '다음 레벨까지만' 하다 보면 반쯤 먹은 도리토스 봉지를 손 닿는 데 둔 채로 새벽 3시까지 눈도 못 붙이기 십상이다.

플로우 상태에 있는 의사는 수술과 한 몸이 된다. 게임은 애초부터 플로우를 유발하고자 만들어졌지만 칙센트미하이는 "사람이 자신의 일에 몰두하고, 집중하고, 자신을 잊어버릴 수 있도록 설정된 목표, 피드백, 규칙, 도전"이 있는 업무에서 플로우가 더 쉽게 발생한다고 생각한다.[27] 그가 연구한 농부, 용접공, 요리사를 비롯한 모범적인 노동자들은 "이후 그들의 자아가 더 굳건해질 수 있도록 상호작용에 몰입했다. 이렇게 변화를 거친 일은 즐거운 것이 되었고, 또한 정신적 에너지를 개인적으로 투자한 결과 일은 마치 스스로 자유롭게 선택한 것처럼 느껴졌다".[28]

칙센트미하이는 플로우야말로 행복의 열쇠라고 생각한다. 그와 공동 연구자인 진 나카무라Jeanne Nakamura의 표현대로 "플로우라는 경험적인 렌즈로 바라보았을 때 좋은 삶의 특징은 자신이 하는 일에 완전히 몰입한다는 것이다".[29] 나 역시 플로우가 어떤 기분인지 안다. 이 책을 쓰는 동안 때때로 그런 기분을 느끼기도 했다. 어떤 문장을 더 낫게 만들 방법을 찾고, 실제로 더 나은 문장을 완성했다는 사실을 깨닫고, 그렇게 다음 문장을, 또 다음 문장을 고쳐나가는 이 과정이야말로 칙센트미하이가 말한 플로우다. 배움에 헌신하는 사람들이 강의실에서 주고받는 솔직하고도 도전적인 대화 역시 그렇다.

플로우라는 이상은 감질날 정도로 보편적이다. 꼭 외과의사나 교수가 되어야 플로우를 경험할 수 있는 것은 아니다. 칙센트미하이는 조 크래머라는 이름의 어느 용접공을 '자기 목적적' 성격을 지닌 사례로 지목했다. 이는 그가 일을 하며 빠른 속도로 플로우 상태에 빠져들어 결국은 플로우 자체가 목적이 되는 사람이라는 의미다. 조는 4학년에서 학업을 중단했지만, 자기가 일하는 열차 공장 안에서 고치지 못하는 것이 없다. 조는 스스로를 부서진 장비와 동일시하고, 그것에 공감한다. 그것을 고치기 위해서다. 작업을 자기 목적적 경험으로 만들었으므로 조의 삶은 "스스로 바꿀 수 없다고 느끼는 황폐한 현실의 제약 속에서 삶에 굴복하는 사람들의 삶보다 더 즐겁다"라는 것이 칙센트미하이의 주장이다.[30] 동료들은 모두 조가 대체 불가능한 사람이라고 입을 모았다. 조는 흔하지 않은 재능을 지녔음에도 승진을 바라지 않았다. 그의 상사는 조와 같은 사람이 몇 명만 더 있었더라도 이 공장이 업계 최고가 되었을 것이라고 장담했다.[31]

더 큰 대가를 치르지 않고 더 큰 생산성을 이루어낼 수 있다는 약속, 그것이 바로 후기 산업 시대의 기업 경영이 몰입과 플로우에 그만큼 매혹되는 이유다. 오늘날의 경영 원칙에서 직원은 부채다. 새 직원을 채용하는 일에는 위험부담이 따른다. 그러면 기존 직원으로부터 조금 더 많은 노력을 끌어낼 수 있는지 살펴보면 어떨까? 또 여러 조사와 워크숍, 공항 서점에서 파는 베스트셀러를 통해 하는 일에 헌신하면 행복해질 수 있다고 직원들을 설득하면 어떨까? 나아가 그들은 조 크래머처럼 일의 성인들로 이루어진 공동체에 이름을 올릴 수 있을 텐데 말이다.

· · ·

노동자들은 자신 역시 고용주에게 조만큼 가치 있는 존재인지 알기 어렵다. 신자유주의 시대에는 경영진의 결정에 따라 유능한 노동자도 예고 없이 해고될 수 있다(그렇기에 노동자는 단일한 고용주에게 의존하지 않는 '1인 기업'이 되어야 한다). 몰입한 직원들을 예우하는 시스템은 한편으로 불안감을 유발하고 노동자들은 이를 가라앉히고자 더 치열하게 일한다. 대학교 종신교수처럼 평생직장을 가진 노동자들 역시 미국의 불안정한 노동환경의 불안감을 흡수한 나머지 자신의 지위를 놓고 조바심을 칠 이유를 만든다. 우리는 가치를 인정받고자 자꾸만 일에 몰두하지만, 일은 치료제인 동시에 독이다. 우리는 불안감을 가라앉히기 위해 적절한 보상도 자율성도 공정성도 인간관계도 없이, 자신이 믿는 가치와 충돌하면서 너무 많은 일을 한다. 그렇게 소진되고, 냉소적이 되고 비효능감을 느낀다. 우리는 좋은 삶을 추구하며 일을 하지만 역설적이게도 일 때문에 우리의 삶은 훨씬 나빠진다.

불안감은 자본주의 속에 단단하게 뿌리내렸다. 막스 베버가 1905년 발표했으며 오늘날까지도 우리의 직업윤리를 지탱하는 마음 자세를 완벽하게 포착해낸 《프로테스탄트 윤리와 자본주의 정신》의 핵심 전제가 바로 그것이다. 베버는 유럽의 프로테스탄트 교인이 오늘날 우리가 벗어날 수 없는 돈, 일, 존엄성에 대한 사고방식을 어떻게 만들어냈는지 보여준다. 유럽과 북아메리카 사회가 오늘날 더욱 세속적으로 변했다는 것과는 상관없다. 프로테스탄트적 사고방식은 우리에게 잔존하기 때문이다. 심지어 무신론자조차도 동일한 사고방식을 보인다. 우리의 프로테스탄트 조상은 의도하지 않게 자신들, 그리고 우리에게 지적인 '철장'을 만든 것이다.[32]

베버는 자본주의를 '괴물 같은 조화'라고 보았다.[33] 베버에게 이는 칭찬의 말이었다. 그의 관점에서 자본주의는 모든 것을 포괄하는 경제와 도덕의 체계로 인류가 만든 가장 뛰어난 구조였다. 그 체계 속에 사는 우리는 체계를 잘 보지 못한다. 자본주의 규범을 숨 쉬는 공기처럼 당연하게 받아들인다. 그럼에도 자본주의는 "사업에 직접 관여하는 이들뿐만 아니라 이 메커니즘 속에서 태어나 살고 있는 모든 개인의 삶의 양식을 압도적인 강제성으로 규정한다".[34] '제대로 된' 유치원에 가는 것부터 생산적인 직업을 택해 일하는 것, 임종할 때 의료적 조치를 받는 것에 이르기까지 당신이 하는 모든 일은 누군가가 그 일을 통해 돈을 벌 수 있다고 생각하기에 가능하다. 우리가 이 자본주의의 조화에 어떤 방식으로 참여하든, 자본주의는 우리에게 선택을 강요한다. 자본주의 윤리에 적응하거나, 그러지 못한다면 빈곤과 비난을 받아들이라는 선택이다.

　베버는 학자였으므로 산업적 상업에는 연루되지 않았지만, 그럼에도 그 역시도 기업인들만큼이나 철창에 갇힌 신세였다.《프로테스탄트 윤리와 자본주의 정신》을 집필하기 전 그는 5년간 신경증적 소진을 겪었다. 강도 높은 강의와 연구를 여러 개 진행하던 그는 육체적·정신적으로 무너졌고, 치료를 받았으며, 회복을 위해 휴직했다. 그러다 복직했지만 업무 환경이 불가피하게 악화되자 결국 책임을 내려놓고 다시 치료받게 되었다. 그의 아내 메리언은 훗날 그 시절 그가 "사슬에 묶여 악하고 질투 많은 신들에게 시달리던 타이탄"이었다고 썼다.[35] 베버는 과민하고 우울하고 스스로가 쓸모없다는 기분을 느꼈다. 모든 일, 심지어 학생들의 과제물을 읽는 일마저도 견딜 수 없이 무거운 짐인 것만 같았다.[36] 결국 재직 중이던 대학교에서 2년 휴직했고, 이후 38세의 나이로 사임하고 학계와 느슨히 연결된 시간강사가 되었다.[37] 나는 베버가 아니지만 그의 이야기에서 개인적으로 힘을 얻는다. 베버는 직업을 버렸지만 그것으로 끝이 아니었다. 그는 교수직을 그만둔 뒤 가장 영향력 있는 저서를 썼다.

　프로테스탄트 윤리란 신도들이 종교적 불안에 대처하고자 스스로에게 가하는 심리적 술수다. 베버는 프로테스탄트 윤리가 구원 예정설로 유명한 16세기의 기독교 개혁주의자 장 칼뱅의 신학에서 유래한 것이라고 주장한다. 구원 예정설이란 하느님이 특정한 이들을 구원받도록 선택 또는 '선출'하며 나머지에게는 영원한 죽음이 예정되어 있다는 뜻이다. 하느님은 그 두 가지를 무조건적으로, 또 일반적인 시간의 흐름 바깥에서 행한다. 하느님은 완벽하고, 변화란 불완전을 시사하므로 하느님은 누군가의 궁극적인 운명에 관해 마음을 바꾸지 않는다. 선택된 사람과 그렇지 않은 사람이 누구인지 아는 것은 오로지 하느님뿐이지만 인간이 이를 알고 싶은 것은 당연하다. 칼뱅주의 신학에서는 일을 잘한다고 해서 구원을 얻을 수는 없지만, 그것이 선출의 신호일 수는 있다. 즉, 하느님이 선출한 이들은 축복받은 지위의 결과물로서 일을 잘 수행할 것이다. 그러므로 자신이 선출되었는지 아닌지가 궁금하다면 스스로의 행동을 검토하라는 것이다. 그 행동은 성스러운가? 아니면 죄스러운가?

칼뱅주의자는 자신이 구원받을지 알고자 자신의 행동이 사회의 번영에 기여하는지를 생각해야 한다. 하느님은 그의 피조물을 아끼지만(신의 섭리라 알려진 믿음이다) 세상일에 직접 관여하는 대신 사람들에게 다양한 '사명'을 내려 인간 세상에 하느님의 뜻을 펼치도록 한다. 인간 노동자들은 하느님의 손이며, 그래서 베버의 표현대로 "사회적 쓸모에 복무하는 노동은 신의 영광을 발전시키는 것이며 하느님의 의지로서 이루어지는 것이다".[38] 그렇기에 자신이 구원받도록 선출되었는지 알고 싶다면, 생산적이며 사명에 맞는 노동을 통해 자기 자신과 공동체를 풍요롭게 하고 있는지 확인해야 한다.

21세기의 부유한 국가에 살고 있는 세속의 사람들은 자신이 하느님에게 선출된 사람인가에 대해서는 그리 크게 걱정하지 않는다. 그럼에도 우리는 아직도 칼뱅주의의 철창에 갇혀 있다. 우리는 미래의 고용주 그리고 우리 자신에게 우리가 재능 있고 자기 목적적인 일의 성인이라 입증하려고 안달을 낸다. 신의 선출과 마찬가지로 이런 유형의 상태는 우리가 자기 자신에게 맡길 수 없는 추상적인 상태이지만, 우리는 타인들이 우리를 그런 사람이라 인식하고 고용해주기를 바란다.[39] 지위에 대한 불안감이 차오르면 우리의 문화 속에서 전해져온 종교적 유산인 위안을 향해 손을 뻗는다. 그 위안이란 바로 성실하고 엄정한 노동이다.

예를 들면, 홍보업계에서 일하는 밀레니얼 세대 영국인 트리스텐 리Tristen Lee는 장시간 노동, 수면 부족, 사실상 없는 휴가, 그리고 말도 안 되는 월세 때문에 스스로를 혹사하게 된다는 익숙한 이야기를 들려준다. 그는 "일에 온 마음과 영혼을 쏟았다"라고 쓴다. "어떤 대단한 수준의 성공을 이루고 재정적 목표를 이루는 데 집착한 나머지 실제로 삶을 즐기는 방법을 잊어버렸다." 앤 헬렌 피터슨의 '잡일 마비'라는 자가 진단이 떠오르는 구절도 있다. "은행에 가거나 옷을 반납하는 잡다하며 큰 보상 없는 일들마저도 불가능한 것처럼 느껴지기 시작한다."[40]

리는 마치 "무언가를 증명해야 하는 기분. 하지만 누구를 상대로?"라는 생각이 들었다고 한다. 베버라면 자기 자신을 상대로 증명해야 한다고 했으리라. 리의 경험은 16세기 칼뱅주의 신학이 21세기에 남긴 반향이다. 일해야만 그에게 가치를 부여하는, 만물을 꿰뚫어보는 사회의 심판을 내면화한 그는 자신의 가치에 안심하고 싶은 욕구를 느낀다. 하지만 충분히 안심할 수 있는 때는 영영 오지 않는다. 오늘날의 노동 이데올로기에서는 당신의 성취가 아니라 다음번 성취를 향한 끝없는 노력이 훨씬 중요하기 때문이다.

"그 최종 결과는 무엇일까?" 리는 묻는다. "이 끝없는 고통은 언제 끝나는 것일까? 도대체 어느 시점에 우리는 삶의 만족에 도달해 '나는 내가 이룬 일이 자랑스럽고 이렇게 높은 곳까지 올라왔어'라고 생각할 수 있는 것일까?"**41** 글쎄, 그런 날은 오지 않을 것이다. 철창에 갇혀 있다는 것이 바로 그런 뜻이다.

· · ·

베버가 《프로테스탄트 윤리와 자본주의 정신》을 출간하고 40년 뒤, 전쟁으로 파괴된 그의 고국은 서로 경쟁하는 경제 체계를 가진 두 개의 국가를 재건하려 시도하면서 정치경제학적 자연 실험을 시작했다. 하지만 독일의 철학자 요제프 피퍼Josef Pieper 의 관점에서 자본주의와 공산주의는 동일한 도덕적 실패를 공유했다. 둘 다 피퍼가 '총체적 노동'이라고 부르는 상태를 창출했다.**42** 피퍼는 유럽인들이 저항하지 않는다면 총체적 노동은 유럽 대륙의 새로운 문화를 장악할 것이라고 여겼다. 1948년 발표한 《여가, 문화의 근간 Leisure, the Basis of Culture》에서 그는 다음과 같이 썼다. "한 가지는 확실하다. '일하는 이'의 세계가 역동적으로 형태를 갖추고 있다. 올바른 말이든 그릇된 말이든 역사상의 악마적 힘이라고 말하고 싶은 충동을 느끼게 하는 빠른 속도로."**43**

악마는 인간의 가치를 거꾸로 뒤집어놓는다. 덕분에 우리는 더 이상 살기 위해 일하는 것이라 일하기 위해 산다. 악마는 일이야말로 가장 고매한 활동이고, 가장 중요한 가치는 회계사가 장부에 기록하는 유의 사용가치에 있다고 우리를 현혹한다. 악마는 우리가 자기 자신을 오로지 일터에서 수행하는 행동들로만 자신을 정의하는 기능물로 생각하게 만든다. 우리는 악마의 속삭임에 꼬여 시에서 찬양에 이르기까지 명백한 쓸모가 없는 모든 일의 가치를 폄하한다. 피퍼는 묻는다. "인간의 실존에서 5개년 계획과 그 기술적 구조에 포함되어 정당화될 필요가 없는 인간 활동의 영역이 존재하는가? 그런 일이 존재하는가, 아닌가?"**44** 악마는 이 질문에 아니라고 대답하게 만들고, 그 결과 우리는 우리 자신으로부터 완전한 인간성을 빼앗아버린다.

이 악마는 21세기 사회에도 살고 있다. 그 사실은 우리의 언어를 통해서도 알 수 있다. 우리는 노동 외에 칭찬받아 마땅한 활동을 모두 일이라고 표현한다. 부모가 된다는 것을 '세상에서 제일 힘든 일'이라고 말한다.**45** 교육에 있어서는 전적으로 일이라는 용어를 통해 생각한다. 내 친구 중 하나는 초등학교 1학년인 자녀가 학교에서 받아온 가정통신문에 이런 내용이 담겨 있었다고 알려주었다. "정시에 수업을 시작하는 것은 중요합니다. 우리는 아이들이 일꾼이 될 수 있도록 훈련하는 중입니다."**46** 또 다른 친구는 자녀가 다니는 유치원 선생님들이 매일 점심마다 메기고 받는 형식의 구호를 외치게 한다고 했다. "열심히 일하면 (…) 대가가 따른다!" 대학생들이 학위를 받으려고 노력하는 이유 중 첫 번째가 "더 나은 일자리를 얻기 위해서"다.**47** 우리는 결혼이 힘든 일이라고 한다. 심지어 죽음도 노동이다. 스티브 잡스의 누이는 추도 연설에서 임종

직전 잡스의 호흡이 "격렬하고, 신중하고, 결연했다. (…) 그래서 나는 알게 되었다. 그가 이 일에도 온 힘을 다하고 있다는 사실을. 죽음이 스티브에게 일어난 것이 아니었다. 스티브가 죽음을 성취한 것이었다"라고 말했다.[48]

삶의 모든 국면이 일이 되어버린 지금, 총체적 노동의 사회에 사는 우리는 쉽게 손에 넣을 수 있는 것은 의심한다. 돈뿐만 아니라 통찰과 기쁨까지 모든 것을 고된 노력을 통해 얻어야 한다고 믿는다. 심지어 스티브 잡스의 경우 죽음조차도 그랬다. 피퍼의 말을 빌리자면 오로지 일에만 가치를 두는 사람은 "그 어떤 것도 선물로 받기를 거부한다".[49] 비생산적인 시간은 낭비다. 우리는 휴식을 '자기 돌봄'으로 정당화하는데, 이는 총체적 노동에 대한 저항처럼 들리지만 종종 우리는 휴식이 과중한 업무량을 수행할 수 있도록 강인해지는 방법이라 여긴다. 피퍼의 말대로 "일로부터의 휴식은 한 시간이든, 하루든, 일주일이든, 여전히 일의 세계의 일부다. 그것은 공리적 기능의 사슬 중 하나의 고리다".[50] 게임을 하는 방이며 낮잠을 자는 공간을 갖춘 전형적인 첨단기술 스타트업 회사의 '신나는' 일터는 사실 여가를 위해 설계된 것이 아니다. 직원을 영원히 일에 묶어놓고자 설계된 것이다.

일을 향한 가차 없는 헌신은 업무량만을 가중하는 것이 아니다. 우리가 일하며 형성하는 습관이 우리가 행사할 수 있는 인간 능력의 범위를 좁혀 일이 함양한다고들 하는 도덕적 성장을 약화된다. 애덤 스미스Adam Smith는 18세기 공장노동이 실제로 사람들을 기능물로 바꾸어버렸다고 본다. 《국부론》 도입부에서 스미스는 생산 라인의 각 노동자가 한 가지 행동을 온종일 끊임없이 반복 수행하는 핀 공장의 생산성에 경탄을 금하지 못한다.[51] 하지만 스미스는 또한 이런 행동이 오랫동안 반복된다면 그것이 인격이 될 수 있으며, 종종 나쁜 인격이기도 하다는 사실을 알아차린다.

> 평생 몇 가지 단순한 조작만을 하며 살아가는 사람은 (…) 지성을 발휘할 일이 없다. (…) 그러므로 그는 자연스레 지성의 습관을 잃고, 대개는 인간으로서 도달할 수 있는 가장 어리석고 무지한 상태가 된다. (…) 이처럼 그가 특정 업종에서 발휘하는 손재주는 그의 지적·사회적·군사적 미덕을 대가로 얻어진다.[52]

오늘날 '지식 노동자'의 경우라 해도 그리 다르지 않다. 유수의 컨설팅 및 재무 회사는 젊은 직원들이 장시간 근무하기를 기대한다.[53] 처음에 직원들은 주당 80시간의 업무 일정 속에서 효율적으로 일을 해낸다. 하지만 몇 년이 지나면 육체적·정신적 고통에 시달린다는 것이 기업 문화 연구자 알렉산드라 미첼Alexandra Michel의 견해다. "계산 같은 기술적인 능력은 무사하지만, 창의성, 판단력, 윤리적 감수성은 쇠퇴한다."[54]

미첼은 번아웃이 도덕적 문제임을 강조한다. 일을 하는 잘못된 환경에서 잘못된 이상을 추구할 때 우리는 윤리적 삶에 필요한 공감 같은 인간적 능력에 손상을 입는다. 피퍼는 우리의 능력이 협소해지듯 욕망의 범위도 줄어든다고 믿는다. 기능물은 "자연히 자신의 '봉사'에서 완전한 만족을 찾는 경향이 있기에 충만한 삶이라는 환상을 가지게 되며 이를 인지하고 기꺼이 받아들인다".[55] 총체적 노동은 우리의 시간뿐만 아니라 영혼까지 점유한다. 일을 통해서가 아니라면 자기 자신을 이해하고 인간성을 표현할 방법을 모르게 된다. 번아웃을 겪기 이전부터 우리는 정체성 그리고 좋은 삶을 살 수 있는 능력의 큰 부분을 잃는다.

• • •

프로테스탄트 윤리의 그리고 미국적 일의 이상의 가장 열렬한 추종자 중 한 사람이 교육자 부커 T. 워싱턴Booker T. Washington이었다. 그의 삶과 교육은 우리를 비롯해 이러한 윤리를 받아들인 그 누구에게도 찾아올 수 있는 기회와 위험성을 보여준다. 1856년 노예로 태어난 워싱턴은 오로지 공업 교육과 성실한 일에만 집중했고 그렇게 앨라배마주에 있는 흑인을 위한 공업학교인 터스키기 인스티튜트를 설립해 20세기 초 전 세계에 널리 알려졌다. 워싱턴은 오늘날 실리콘밸리의 CEO가 할 법한 대로 어디를 가든 세속의 복음을 전하며 인종 차별 피해자들이 상황을 개선할 방법은 오로지 근면하고 숙련된 노동뿐이라고 주장했다. 또 그는 자신의 설교를 실현하기도 했다. 그라는 개인적 사례는 불안감이 우리의 총체적 노동 정신을 몰아의 경지까지 몰아가는 비극을 보여준다.

워싱턴 철학의 핵심에 있는 것은 그가 1901년 발표한 《노예의 굴레를 벗고》에서 반복적으로 등장하는 '법칙'이다. "인간의 본성에는 개인이 가치를 알아보고 보상하게 만드는 무언가가 있는데,

피부색이 어떻든 누구에게나 그 가치는 존재한다."**56** 이 법칙에 따르면, 공동체의 물질적 필요를 채워주는 고된 일을 하면 가치를 얻는다. 궁극적으로 일을 잘하면 열차 공장의 조 크래머처럼 없어서는 안 될 존재가 될 수 있다.**57** 아무튼 정신이 제대로 박힌 고용주라면 귀중한 일꾼을 해고할 일이 있겠는가? 숙련노동의 산물은 인종을 가리지 않으므로, 워싱턴은 재건 시대 이후의 남부에서 흑인이 완전한 시민이 되는 가장 좋은 방법은 기술을 배우는 것이라고 믿었다. 그래서 터스키기 캠퍼스 내에 벽돌 공장과 마차 제작소를 만들었고, 학생들은 이곳에서 일을 하고 완성된 제품을 이웃에 팔았다. 워싱턴은 터스키기의 흑인 장인과 백인 고객 들 사이에 이루어지는 공정한 거래를 통해 인종적 긴장이 사그라졌다고 주장했다. 이런 교환을 통해 학교는 돈을 벌고 백인 이웃에게는 품질 좋은 벽돌과 마차가 생기며, 학생들은 노동의 궁극적인 보상, 즉 '세상이 원하는 무언가를' 함으로써 주체성을 얻게 된다.

하지만 워싱턴의 자립성이라는 이상에는 모순이 존재한다. 타인이 원하는 일을 함으로써 보상을 받는 일은 전혀 주체적이지 않다. 그저 시시각각 변하는 시장의 입맛에 의지할 뿐이다. 입맛이 변하는 것만으로도 생계가 무너질 수 있다. 존엄성, 자신의 가치에 대한 자신감이 타인의 손에 달려 있다. 일을 잘하는 것만으로는 충분하지 않다. 끈질긴 걱정에 시달려야 한다. 그 사람들이 마음에 들어할까? 또 후기 산업 시대 우리 대부분이 하던 것처럼 대인적 노동에 종사하는 경우, 당신의 생산물은 당신 자신이며 당신의 걱정은 그들이 나를 마음에 들어할까로 바뀐다.

워싱턴도 끊임없이 걱정했고 특히 터스키기 인스티튜트 설립 초기에 가장 크게 걱정했다. 표면적으로는 돈에 관해 불안해하는 것이었지만 학교의 재정적 지불 능력을 유지하는 것에는 더 큰 의미가 있었다. "우리가 실패하면 분명 인종 전체가 피해당할 것이다. 사람들이 우리에 대한 편견을 가지고 있다는 것을 나는 알고 알았다." 그는 밤에도 쉽사리 잠들지 못했다. 스트레스는 마치 "평방미터당 454킬로그램의 무게로 우리를 짓누르는 짐 같았다."[59] 그래서 워싱턴은 보스턴 상류층 인사들이며 부유한 실업가들로부터 모금 활동을 하러 끊임없이 출장을 다녔는데 이는 학교를 위한 그의 목표를 이루기 위해서인 동시에 자신의 두려움을 잠재우기 위해서이기도 했다. 그의 노력은 종교적 불안감이 일하기 위한 추진력에 불을 붙인다는 베버의 이론을 잘 보여준다. 다른 것은 워싱턴은 영혼이 아니라 인간으로서의 아프리카계 미국인을 상징했던 터스키기 인스티튜트의 성공을 걱정했다는 점뿐이다.

당연히, 막스 베버와 메리언 베버Marianne Weber 부부는 1904년 터스키기 인스티튜트를 찾았을 때 워싱턴을 만나지 못한 것을 아쉬워했다. 워싱턴은 기금 마련을 위해 출장 중이었는데, 출장 중에도 터스키기 운영에서 손을 떼지 않았다. 학교에서 벌어지는 일들을 식당에서 음식을 어떻게 마련하기까지 상세하게 전보로 알려달라고 하는 미시 관리를 요구했다.[61] 그의 노력은 빛을 보았다. 북부의 독지가가 수표를 보낼 때마다 "나를 내리누르던 짐이 일부 덜어졌다."[62] 일부라는 말을 쓴 까닭은, 칼뱅주의자가 결코 신에게 충분한 영광을 가져다주지 못하는 것과 마찬가지로, 결코 충분한 대학

기금을 마련할 수 없고, 충분한 수익을 낼 수 없고, 이력서에 충분한 경력을 덧붙일 수 없기 때문이다. 미국의 노동 윤리는 노동을 통한 자기 증명을 요구하지만 우리는 결코 완전히 스스로를 증명해낼 수 없다. 다음 날 전부 다시 증명해야 한다.

노동을 통해 가치를 증명하라는 끊임없는 요구는 총체적 노동의 사회를 만들고, 이 사회는 후기 산업 시대 일자리가 가진 기대 이하의 환경과 결합해 번아웃 문화가 된다. 스스로가 없어서는 안 될 존재라고 되뇌지 않고서는 계속 나아갈 수가 없다. 그것이 노동 윤리의 철창을 이루는 또 하나의 쇠창살이다. 기부자들은 지나치게 열심히 일하는 워싱턴을 긴 휴가 삼아 유럽에 보낼 계획을 꾸렸다. 하지만 워싱턴은 휴가를 갈 수 없다고 했는데, "학교가 하루 지출을 내게 의존하는 정도가 나날이 커지는 것 같아서였다. (…) 내가 없는 사이 학교는 재정적으로 버티지 못할 터였다".[63]

오늘날 워싱턴처럼 하나의 조직 전체를 꾸리고 있는 것이 아닌 대부분의 미국 노동자 역시 이런 태도를 보이는 경우가 흔하다. 코로나 팬데믹이 유행하기 전 미국의 노동자들이 매년 쓰는 휴가는 주어진 유급휴가의 절반에 불과했고, 노동자의 3분의 2는 휴가 중에도 일을 했다. 코로나 팬데믹의 확산 초기 몇 달간은 심지어 유급휴가를 쓴 일수가 더 줄었다.[64] 설문 조사에서 그 이유를 물었을 때 다수가 100년 전 워싱턴이 말한 것과 같은 이유를 댔다. 응답자 중 3분의 1은 "뒤처지는 것이 두려워서" 휴가 중에도 일을 했다고 답했고, 또 다른 약 3분의 1이 "자신의 일을 대신할 수 있는 사람이 없다"라고 주장했으며, 5분의 1 이상이 "회사에 전적으로 헌신하기 때문"이라고 했다.[65] 금융 블로거 사라 버거Sarah Berger는 밀레니얼 세대 노동자는 휴가를 거의 쓰지 않는데 그 이유가 "무언가를 증명해야 한다는 기분이 들고, 그들에게 뻔뻔하다거나 게으르다는 딱지를 붙이는 부정적인 스테레오타입을 떨쳐버리고 싶어서"라고 했다.[66] 이러한 보이지 않는 특징을 증명하려고 드는 상대가 누구인지 질문할 필요가 있겠다. 상사에게? 아니면 자신에게? 노동자가 스스로가 꼭 필요한 존재라고 느끼는 감각이 자아에서 나오든 일자리 불안에서 나오든 이 철창에 갇힌 사람은 사실은 자기 없이 학교와 가게, 회사가 돌아갈 수 있을까 봐 두려워하는 것이다. 회사를 잠시 떠나는 것이야말로 회사가 그들 없이도 버틸 수 있는지를 진정으로 확인하는 시험이다. 하지만 휴가를 절대로 쓰지 않는다면 영영 확인하지 않고 살 수 있다.

결국 워싱턴은 기부자들이 제안한 휴가에 '굴복하는 수밖에 없었다'. 그는 "도망칠 퇴로가 전부 막혀버렸다"라고 썼다. 벨기에 앤트워프를 향하는 증기선 안에서 그는 하루에 15시간씩 잤다. 열흘간의 항해는 몇 년 만에 처음으로 터스키기 인스티튜트와 전보로 연락하지 않은 기간이었다. 그가 학교 식당 메뉴를 모른 채로 어떻게 견디었는지 모를 일이다. 하지만 전자 통신수단이 막혀버렸는데도(오늘날 우리라면 겪을 필요 없을 시험이리라) 워싱턴은 일을 할 방법을 찾아냈다. 배에 타고 있는 동안에도 다른 승객들(즉, 잠재적인 기부자들)의 요청으로 연설을 한 것이다. 유럽에 도착한 뒤에는 고관대작들을 만나 또 연설했고 산업교육이 인종 간 평화로 가는 길이라고 이야기했다. 네덜란드에서는 '터스키기 인스티튜트에서 하는 일에 지식을 활용하려는 관점으로' 낙농장을 여럿 방문했다.[68] 익숙한 영역이 아니라 불편한 상황에 던져졌는데도 워싱턴은 적응했다. 자신의 가치나 목적에 대한 그 어떤 의심도 일에 관한 굳건한 확신으로 이겨냈다.

노동자의 몰입이라는 신조가 일의 성인이라는 이상을 내세운다면, 총체적 노동 체제는 자신을 전혀 고려하지 않고 생산성을 극대화하는 일의 순교자라는 이상을 만들어낸다. 일의 순교자는 피퍼가 말한, 기꺼이 고행한다는 것이 첫째가는 미덕인 기능물을 닮았다.[69] 이는 워싱턴의 이상이기도 했다. 그는 최고의 노동자는 일을 하면서 "자기를 잊고" 나아가 "완전히 자기를 망각한다"라고 했다.[70] 마치 중독자를 가리키는 표현 같지만 워싱턴은 이런 표현을 성경에 등장하는 예수 그리스도의 자기희생과 연결지었다. 버지니아주 햄튼 인스티튜트의 백인 교장이었던 홀리스 프리셀Hollis Frissel 박사에게 쓴 편지에서 워싱턴은 자신이 "목적을 위해 스스로 '그 어떤 명성도' 얻지 않으려 끊임없이 노력한다"라고 썼다.[71] '그 어떤 명성도of no reputation'라는 표현은 킹 제임스King James판 성경의 《빌립보서》 2장 7절에 등장한다. 현대어 번역에서 바울은 예수가 "자기를 비워 종의 형태를 가져 (…) 자신을 낮추시고 죽기까지 복종하셨으니 곧 십자가에 죽으심이라"라고 말한다.[72] 그것이 워싱턴이 생각하는 아프리카계 미국인 노동자의 모범이었다.

워싱턴이 품었던 일의 순교자라는 이상은 자기 몰입적 용접공 조 크래머에게 새겨진 것과 같은 형태로 오늘날의 일의 성인이라는 얇은 가림막 바로 아래에 도사리고 있다. 조처럼 되려면 일에 전적으로 헌신해야 한다. 자기를 잊어라. 밤을 지새워라. 밥 먹는 것을 잊어라. 이런 명령들은 비인간적이다. 무너져 더 이상 '몰입'할 수 없어진 노동자는 숭배를 받는 동시에 (자신의 전부를 바쳤고, 필요한 일을 다 했으니까) 비난받는다. 고용주가 해고를 정당화할 만한 사유로 번아웃보다 쉬운 것이 있겠는가? 어쩌면 최후의 순교 행위 삼아 일을 그만둘 수도 있으리라.

나는 워싱턴을 비판적으로 바라보고는 있지만 그렇다고 그를 비난할 수는 없다. 수많은 미국인과 마찬가지로 나 역시 그와 비슷한 믿음을 지니고 있다. 열심히 일하면 반드시 적절한 보상이 뒤따르리라는 그의 가치법칙이 진실이기를 바랐다. 그 생각 자체는 고귀한 것이지만. 하지만 비극적인 것은, 워싱턴은 결코 그 약속을 존중해주지 않을 사회에 살아가는 학생들에게 이러한 가르침을 전했다는 것이다. 짐 크로의 남부에서 그의 이상과 학생들의 현실 사이 간극은 엄청나게 컸고, 그는 학생들에게 그 간극 속으로 몸을 던지라고 가르쳤다.

그 역시도 몸을 던졌다. 그는 가치법칙이 거짓말이라는 사실을 어느 정도 알고 있었다. 북부의 백인들 사이에서 베스트셀러가 된 책이 아니라 일요일 밤 학생들에게 하는 강연에서 그는 분명 고통스러울 것이라고, 보상이 영영 오지 않을 수도 있다고 털어놓았다.[73] 워싱턴이 살던 세상에서 흑인이 겪던 가혹한 억압은 오늘날의 미국인 노동자들이 전형적으로 마주하는 불의와는 차원이 달랐다. 하지만 노동을 통해 존엄성을 얻을 수 있다는 약속은 그 시절에도 지금도 똑같다. 그 공허한 약속 때문에 우리는 간극 속으로 들어가 이상과 현실을 모두 붙잡겠다며 온몸을 쭉 늘린다.

· · ·

《번아웃의 종말》은 꿈에 그리던 직업, 나아가 종신교수직을 얻은 뒤 그토록 비참하고 쓸모없는 기분에 시달리던 나에게 일어난 일을 이해하고 싶은 욕구에서 시작되었다. 그 욕구 때문에 나는 번아웃을 이해하는 서로 상충하는 방식들을 조사하고, 1970년대 나타난 번아웃의 역사, 심리학 연구의 영역, 오늘날 미국을 비롯한 부유한 국가에서 약화된 일의 위상을 탐구했으며, 마지막으로 실제 일의 환경으로부터 점점 멀어지고 있는 일에 대한 윤리적·영적 이상을 살펴보았다.

나는 이상을, 일이 의미와 목적의 장소라는 고귀한 거짓말을 믿었다. 그렇기에 나의 역할과 나를 동일시했으며 대학의 사명에서 없어서는 안 될 존재라는 사실을 증명하고자 초조하게 노력했다. 동료들과 급여를 동일하게 받으면서도 대학에 더 많은 것을 주고 있다고(수업을 더 잘하고, 연구를 더 많이 하고, 리더십도 뛰어나다고) 믿었다. 이렇게 생산적이고 몰입한 직원으로서 느끼는 자부심은 부당한 상황 앞에서 분노로 바뀌고 말았다. 저 녀석보다 내가 대학에 훨씬 더 크게 기여하는데 받는 돈은 똑같다니! 그래서 나는 대학과 학생들이 나를 과소평가하고 있다는 사실을 증명하고자 더 많이 일했고 그러다 더는 일할 수 없는 상태가 되고 말았다. 내가 품고 있던 좋은 교수라는 이상은 의욕을 불러일으켰으나 내가 하는 일의 현실과 동떨어져 있다는 점에서 번아웃을 부추겼다. 나는 일의 성인이 되고자 했고, 결국 양심을 품은 일의 순교자가 되었다. 요약하자면 나는 우리의 번아웃 문화 속 전형적인 노동자였다. 번영하기 위해 필요하다고 우리 문화가 말하는 그것, 즉 일이야말로 우리가 번영하지 못하도록 방해한다.

지금까지 번아웃이라는 모순적인 문제를 알아보았으니, 이제 번아웃을 돌파하는 방법을 찾아볼 차례다. 코로나 팬데믹 이후의 기간은 50년 만에 일의 문화를 바꾸기 위한 최적의 기회일 것이다. 그러기 위해서는 먼저 노동 여부와 관계없이 모든 사람의 인간으로서의 존엄성을 인정하는 데 바탕을 둔 새로운 이상이 필요하다.

THE END OF

BURNOUT

2부

반-문화

교수가 되기 전 주차요원으로 일한 적이 있다. 박사과정을 막 수료하고 학계에서 자리를 잡기 전이었다. 대학교 길 건너편 주차장에서 일하는 사람 몇몇과 안면이 있었는데, 그들을 통해 사장을 소개받았다. 머지않아 나는 피자집 뒤에 있는 작고 낡은 부스 안에서 주차요금을 받는 일을 하게 되었다. 간절히 꿈꾸었지만 아직은 멀게만 느껴지는 직업인 교수들이 볼보나 BMW를 타고 오면, 나는 운전석에 매일같이 앉았다.

  그 일이 좋았다. 쉬운 데다가 재미있기까지 했다. 사장은 직원들을 아꼈고 우리에게 잘 대해주었다. 그는 이 일이 우리 인생의 모든 것이 아님을 알고 있었다. 나와 함께 일하는 친구들은 영리한 학부생이나 대학원생이었는데, 그중 여럿은 타투로 온몸을 뒤덮고 있었고 픽스드 기어fixed-gear 자전거를 타고 다녔다. 부스 안에는 알아듣기 힘든 하드코어 펑크 록 음악을 틀었다. 밴드를 결성해 활동하는 친구도 있었다. 나는 그 친구들보다 나이가 많고, 타투 하나 없었으며, 새파란 혼다 시빅을 몰고 다녔고 키에르케고르Kierkegaard를 읽었다. 종교학 박사과정 수료생인 나는 그들이 평생 본 가장 권위 있는 종교인이나 다름없었기 때문에 교황님으로 불렸다. 주차장에서 일하던 그해, 나는 나처럼 직업적 경계 공간을 지나고 있던 한 여자와 사랑에 빠졌다. 야간 근무를 할 때면 그녀가 커피와 페이스트리를 사다주었다. 그녀는 지금 내 아내가 되었다.

낮은 위상을 가진 일을 하던 시절 내가 느낀 행복과 종신교수가 된 뒤 느낀 고통의 대조를 통해 번아웃 문화를 종식할 방법이 무엇인지 알 수 있으리라. 나는 대학교수가 되고 나면 노동자뿐만 아니라 인간으로서도 성취감을 느낄 수 있을 줄 알았다. 교수직이 나의 완전한 정체성이자 소명이 될 것으로 기대했다. 제대로 된 학자의 직업을 가지면 그럴 수 있다는 관념을 흡수했으나, 사실 이런 기대를 충족하는 직업은 거의 없다. 당연히 직업은 나의 기대와는 달랐고, 나는 수년간 열심히 일하다가 실망감과 좌절감을 더 이상 견딜 수 없게 되자 교수직을 그만두었다.

반면에 주차요원으로 일할 때는 일에 대한 고매한 이상 같은 것은 전혀 품지 않았다. 그저 힘들이지 않고 월세를 벌 수 있을 일이라고 생각한 것이 전부였다. 이 직업에 '몰입'하리라고 기대하지도 않았다. 주차요원으로 살면서 '플로우'를 경험할 가능성은 없다. 부스에서 돈을 받는 일에 점진적인 도전 같은 것은 없다. 시간이 간다고 점점 실력이 늘지도 않는다. 피드백을 주는 사람이라고는 요금을 깎아보려는 성난 운전자들뿐이다. 나는 주차요원으로 일하던 시절, 밥 먹는 것조차 잊고 몰두하는 법이 한 번도 없었다. 솔직히 말하면 일하는 시간 대부분을 부스 안에서 동료들과 점심 메뉴를 의논하며 보냈다(주로 피자였다). 주차요원 일은 더 생산적으로 일하고 더 큰 충족감을 얻을 수 있는 열중을 불러일으키지 않았다. 완벽했다.

나는 주차요원 생활이 행복했던 까닭은 역설적이게도 일에 대한 헌신의 부재 때문이라고 믿는다. 이 직업은 도덕적·영적 의미를 지닌 일이 되기 어려웠다. 존엄성도, 인격의 성장도, 목적의식도 약속하지 않았다. 좋은 삶의 가능성을 품고 있지도 않았다. 나는 일 속에서 충족감을 얻지 못했기에 다른 곳에서 충족감을 찾았고 또 찾아냈다. 글쓰기에서, 친구들에게서, 또 사랑에서 말이다.

주차요원 생활은 내가 그저 한 사람으로서 번성하는 과정에 관여하지 않는 것 이상의 의미가 있었다. 이 일에 대해 내가 품은 이상은 낮았지만 업무 환경은 꽤 좋았다. 급여도 괜찮았다. 동료 주차요원들과 금세 친해졌다. 사장은 우리에게 믿고 일을 맡겼고 우리도 서로를 믿었다. 주차장 근처를 지나가게 되면 부스를 지키는 당번인 친구에게 휴식 시간이나 커피, 대화할 사람이 필요하지는 않은지 잠깐 들러 살펴본다는 불문율을 우리 모두 지켰다. 때로 주차권 기간이나 밤샘 주차 요금을 두고 고객들과 갈등을 빚기도 했지만 그보다는 단골손님과 차창 사이로 30초짜리 다정한 대화를 나누는 일이 몇 달간 더 많았다. 주차장을 다룬 다큐멘터리 〈파킹 랏 무비The Parking Lot Movie〉는 이곳에서 일어나는 갈등과 번아웃의 가능성을 주로 다루고 있지만 나의 경험은 메건 에크먼Meghan Eckman

감독이 스크린에 그려낸 것보다 대체로 나았다.[1]

나는 그저 한 사람의 노동자일 뿐이다. 어쩌면 나에게만 특수했을지 모르는 경험으로부터 일 자체에 대한 결론을 과하게 끌어내지 않으려 조심하고 싶다. 하지만 교수와 주차요원으로서의 경험은 내가 연구를 통해 도달한, 우리가 업무에 부여하는 문화적 이상이 번아웃 증상에 큰 영향을 미친다는 번아웃 모델에 딱 들어맞는다.

1970년대 이후로 저하된 일의 현실이 일에 대해 지나칠 정도로 거대한 이상과 맞물리면서 다수의 노동자가 번아웃 위험에 처했다. 이상과 경험의 간극이 견딜 수 없을 정도로 커졌다. 이 말은, 우리가 번아웃이라는 전염병을 멈추려면 업무 환경을 개선하는 동시에 이상을 낮추어 간극을 좁혀야 한다는 것이다. 7장과 8장에서는 더 인간적인 환경에서 노동하는 이들을 소개하고자 한다. 하지만 우리의 번아웃 문화는 우리의 관념만큼이나 우리 업무가 가진 확고한 사실들이 이루어낸 결과이므로, 우리에게는 일에 대한 다양한 윤리적·영적 기대만큼이나 더 나은 임금, 일정, 지원이 필요할 것이다. 즉, 우리에게는 이런 업무 환경을 만들어가는 동안 우리를 이끌어줄 새로운 이상이 필요하다.

산업혁명 이후 우리가 품은 프로테스탄트 윤리를 통해 우리는 부유한 국가를 건설했으며, 오늘날 번아웃의 위험에 가장 크게 시달리는 것이 이 부유한 국가들이다. 하지만 이 윤리는 순교에 가까운 파괴적인 일의 이상에 가치를 두기도 했다. 번아웃을 극복하려면 우리는 그 이상을 몰아내고 일과 좋은 삶의 조화 방식에 대한 공통의 비전을 새로이 만들어야 한다. 이 비전은 노동 윤리의 낡고 믿을 수 없는 약속을 대체할 것이다. 새로운 비전은 존엄성을 유급 노동 여부와 관계없는 보편적인 것으로 만들 것이다. 생산성보다는 자신과 타인에 대한 연민을 우선시할 것이다. 또 이 비전은 우리가 가장 고차원적 목적을 노동이 아닌 여가에서 찾을 수 있다고 확인해줄 것이다. 우리는 이 비전을 공동체 속에서 실현하고 일을 제자리에 머무르게 하는 공통의 규율을 통해 유지할 것이다. 새로운 사상과 옛 사상을 조합해 만든 이 비전이 번아웃을 극복하는 새로운 문화의 근간이 될 것이다.

다가올 시대에는 자동화와 인공지능이 인간 노동을 동요시킬 것이기에 속히 새로운 비전을 꾸려야 한다. 인간의 고용이 제한된 역할에만 가치를 지니게 된다면 우리가 번아웃으로부터 자유로워질지 몰라도, 여태 확립해온 의미 체계는 더는 의미를 잃어버릴 것이다.

· · ·

좋은 삶의 새로운 모형을 만들기 위해서는 우리가 스스로의 가치를 확인하는 수단으로 노동을 택하게 만드는 고귀한 거짓말보다 더 깊이 자리한 근원을 파헤쳐야 한다. 그렇다면 첫째로 노동이 존엄성의 원천이라는 기본 전제에 먼저 의문을 제기해야 한다. 존엄성이란 교묘한 단어다. 일의 존엄성을 수호해야 한다고 모두가 입을 모으지만, 번아웃의 경우와 마찬가지로 일의 존엄성이 과연 무엇을 의미하는가에 대한 합의는 이루어지지 않았다. 사회학적으로 보면 존엄성이란 사회에서 목소리를 내거나 사회에 소속될 권리를 의미한다.[2] 또 존엄성은 나아가 그저 소속감뿐만이 아니라 타인의 존중을 받아 마땅하다는 자부심을 가질 능력을 의미하기도 한다. 미국에서는 좌파와 우파 정치인을 가리지 않고 노동과 공공복지 정책을 정당화하기 위해 일의 존엄성을 입에 올린다.

정치인들에게는 그럴 만한 합당한 이유가 있다. 일의 존엄성이라는 개념이 스스로 근면하다고 여기는 시민들에게 공명을 일으키기 때문이다. 하지만 미국인들이 '일의 존엄성'이라는 문구를 들을 때 느끼는 좋은 기분의 이면에, 고위 공직자들이 제시하는 정책들은 반대 방향으로 작동한다. 일의 존엄성에 대한 호소가 종종 번아웃을 유발하는 비인간적 업무 환경을 정당화하는 데 쓰이기 때문이다.

미국의 보수주의 정치인과 작가 들은 노동 규제를 완화하고 비노동인구에 대한 보호 복지를 감소시키자고 주장하면서 일의 존엄성을 이야기한다. 일은 존엄하므로 최저임금법 같은 인위적 고용 장벽을 없애야 한다는 것이 그들의 주장이다.[3] 2019년 도널드 트럼프Donald Trump 정부가 성인 실업자는 공공 식량 지원을 받을 수 없도록 관련법의 자격 요건을 강화했을 때 프로그램 전반을 관리·감독한 농무부의 소니 퍼듀Sonny Perdue 장관은 강화된 노동 요건이 "우리 인구의 상당수에 일의 존엄성을 회복"해줄 것이라고 발언했다.[4] 더 진보적인 정치인들 역시 비슷한 주장을 했다. 빌 클린턴Bill Clinton 대통령은 1996년 복지 개혁법을 승인하면서 무조건적인 공공 지원은 '일의 세계로부터' 수혜자들을 '추방'했다고 발언했다.

이어 클린턴은 일이 "우리 삶 대부분에 구조와 의미, 존엄성을 불어넣는다"라고 했다.[5] 노동자들이 일자리를 갖고 자신과 가족을 부양하는 데서 상당한 자부심을 느끼는 것은 물론 사실이다. 하지만 퍼듀와 클린턴의 접근은 임금을 떨어뜨리고 노동자들이 더 나은 여건을 요구할 능력을 감소시킨다. 마치 존엄성 그 자체가 충분한 보상이기라도 한 것처럼 말이다.

일의 존엄성에 대한 시장 친화적 관점은 노동자를 개인으로 소외시키고, 노동자의 존엄성을 사전에 보장하지 않으므로 그들에게 끊임없이 존엄성을 벌어 얻어내야 한다는 압박을 가한다. 이런 관점은 또 일자리를 구하지 못하거나 나이, 질병, 장애로 인해 일할 수 없는 이들에 대한 조롱을 유발한다. 그뿐만 아니라 백인이나 남성 또는 내국인이라는 정체성을 통해 사회적 존중을 획득할 수 없는 노동자들에게 부가적인 압박 역시 가해진다. 또 5장에서 이야기한 부커 T. 워싱턴의 사례에서 보았다시피 사람들은 자신의 존엄성을 끊임없이 의심받을 때 초조해진다.

따라서 그들에게 일은 경제적 생명줄일 뿐만 아니라 사회적 지위가 달린 것이기도 하기에 무슨 수를 써서라도 일에 매달린다. 일을 가치를 증명하는 수단으로 삼는 사회에서 그들은 더 열심히 일하면서 번아웃을 비롯해 일이 주는 육체적·심리적 위험에 노출된다. 이 모든 것이 사장 또는 자본 소유주에게 이익이 된다. 최소한 노동자가 업무를 수행할 능력이 쇠퇴해서 생산성이 저하되기 직전까지는 이득인 것이다. 심지어 그 시점이 온 뒤에도 대체 노동력이 존재하는 한 자기 존엄성을 증명하려 열심인 직원들을 함부로 굴려 치르는 대가는 상대적으로 적다.

미국에서 노동 친화적 정치인들은 대체로 민주당 소속이다. 이들은 일의 존엄성에 대해 다른 접근법을 취한다. 그들에게 존엄성이란 일을 통해 얻는 것이 아니라 일이 노동자의 욕구를 충족할 때 생기는 것이다. 즉, 일의 존엄성은 영속적 상태라기보다는 싸워 얻어낼 가치가 있는 정치적 목표에 가깝다. 이런 관점에서 사람들이 하는 노동은 반드시 적절한 임금과 노동자 보호법으로 존중받아야 한다.

예를 들면, 오하이오주 주지사 셰러드 브라운Sherrod Brown은 일의 존엄성이라는 개념에 바탕을 두고 최저임금 인상에서부터 유급 병가, 교육비 지원에 이르는 방대한 정책들을 제안했다. 2019년 브라운의 일의 존엄성 정책 개요 웹사이트에는 "일의 존엄성이란 열심히 일한 사람들은 자신이 누구든 어떤 일에 종사하든 합당한 대가를 받아야 한다는 의미다"라는 말이 등장한다. "일이 존엄성을 지닐 때 모두가 건강보험과 주거를 누릴 수 있다. (⋯) 일이 존엄성을 지닐 때 우리 나라의 중간층이 탄탄해진다."[6]

노동자가 아니라 노동에 존엄성이 생겨야 한다는 요구는 번아웃을 유발하는 간극을 좁히기 위한 첫 단계다. 후기 산업 시대의 표준 경영 모델마저도 일의 이상과 현실 사이의 간극을 넓히는 가운데 이 요구는 노동자들에게서 자신을 증명하고 이상과 현실을 일치시켜야 한다는 부담을 덜어준다. 정부로부터 적절한 지원을 받은 고용주들은 사람들이 하는 일에 존엄성을 불어넣을 힘을 가진다. 즉, 고용주가 업무 환경이라는 측면에서 간극을 좁힐 책임을 진다는 뜻이다. 그렇다면 문화 전반은 반대편, 즉 이상이라는 측면에서 힘을 실어주어야 한다.

· · ·

일의 존엄성에 대한 브라운 주지사의 접근은 일하는 이들에게 물질적·도덕적 보상이 따른다는 미국의 노동 이데올로기에 뿌리내린 것이다. 그 약속을 이행하겠다는 것이 브라운의 포부다. 하지만 일이 반드시 노동자들에게 걸맞은 존엄성을 지녀야 한다는 그의 표현은 가톨릭 교황들이 130년간 사회 교리를 통해 지지해온 노동에 대한 관점을 반영하기도 한다. 나는 교황들로부터 노동과 존엄성에 대한 도움말을 구하려 하는데, 이들은 산업사회의 자본주의 에토스를 의심할 수 없는 규범으로 받아들이지 않기 때문이다. 그렇기에 그들의 사고는 우리의 사고와 비스듬한 선을 긋는다. 실제로 노동에 관한 교황 칙서는 사람들의 짐작보다 훨씬 급진적이고 노동자 친화적이다. 또 일에 대한 새로운 비전이 우리의 문화를 사로잡는다면 이 비전은 종교를 가진 이들에게 호소해야 할 터인데, 미국의 경우 인구의 대다수가 기독교인이다. 하지만 기독교적 원천이 우리의 일에 대한 이상을 정당화해야 하는 유일한 출처는 아니다. 더욱 많은 사람에게 호소하려면 우리는 다양한 영역에서 일의 이상을 정당화해야 할 것이다. 내가 이 장에서 하고자 하는 일이 바로 그것이다.

1891년 교황 레오 8세는 자본과 노동의 관계를 다룬 〈레룸 노바룸Rerum Novarum〉이라는 제목의 칙서를 발표했다. 이 글은 교황 칙서 최초로 근대적 사회정의를 직접 다룬 가르침이라는 점에서 기념비적인 글이다. 이 글이 주장하는 바는 확연히 마르크시즘의 유령이 떠도는 교회의 모습을 확연히 드러낸다. 교황 레오는 사적 소유에 대한 주장을 확장하며 "거짓 교리"를 떠드는 사회주의자가 "부자에 대한 빈자의 질투심"을 이용한다고 꾸짖는다.[7] 그럼에도 레오 교황은 종종 자본가 계급에 맞서는 노동자의 편을 든다. 고용주의 첫째 의무는 "모든 이가 기독교적 성품으로 인해 고귀해진 한 인간으로서 가지는 존엄성을 존중하는" 것이라고 쓴다.[8] 이런 존엄성이 있으므로 노동자들은 생활임금을 받을 '자연권'을 지닌다.[9] 즉, 일하는 이라면 일의 종류와 관계없이 한 가족을 부양하기에 충분한 임금을 받아 마땅하다는 뜻이다. 나아가 교황 레오는 노동시간과 휴식 시간은 "일의 속성, 시간과 장소의 상황, 그리고 일하는 자의 건강과 힘에 따라 정해져야 한다"라고 주장한다.[10] 그러면서 육체적으로 힘들고 위험하기 때문에 노동시간이 짧아야 하는 특정 노동자의 예시로 광부를 들었다. 레오 교황이 말하고자 하는 바는 일의 존엄성이 아니라 사람의 존엄성이야말로 노동에 있어 가장 고귀한 원칙이며 고용주는 직원에게 그 존엄성에 걸맞은 환경을 제공해야 하고, 이는 병약한 노동자에게 적은 노동시간을 할당하는 것 역시 이에 해당한다는 것이다. 그럼에도 전일제 근무를 할 수 있든 없든 그 누구에게도 생활임금에 미치지 못하는 금액을 지급해서는 안 된다.

교황 레오의 원칙에 따라 구성된 일터는 21세기의 미국인으로서는 상상조차 하기 어렵다. 이런 일터에서 고용주는 자신의 이익만큼이나 직원들의 번성을 중요하게 여긴다. 모두가 서로 다른 필요와 능력을 가지고 있으므로 일터에서의 처우도 다를 것이다. 고질적인 허리 통증으로 근무시간 내내 서 있을 수 없는 간호사는 더 쉬운 업무를 맡거나 업무 시간이 짧은데도 전일제에 해당하는 생활임금만큼의 급여를 받게 된다. 미국인 대부분은 사람들이 각자의 특수한 요구를 충족시키거나 그들의 진정한 가치를 존중하는 방식으로서의 정의를 용인하지 않는다. 예를 들면 오늘날 교사 파업 앞에서 사람들은 분노한다.[11] 이미 10개월만 일하면서 1년치 봉급을 받아가지 않나? 배가 불렀지! 교사들이 더 나은 계약 조건 협상에 성공하는 모습을 보고 나도 노동조합에 가입해야겠어라고 생각하는 사람은 흔하지 않다. 이런 반발은 노동에 관한 미국인의 생각에 배어 있는, 칼뱅주의 신학이 그 원천인 깊은 개인주의에서 비롯하는 것이다. 미국인의 정신으로 보면 각자의 가치를 증명하는 일을 찾고 유지하는 것은 각자의 몫이다. 정의에 대한 쇠퇴한 개념을 신봉하는 이들의 만트라가 바로 "아무도 당신에게 빚지지 않았다"다.

교황 레오, 그리고 후대 교황들 역시 노동 정의를 더 고차원의 기반 위에 놓으려 했다. 〈레룸 노바룸〉 이후 90년이 지난 뒤 역시 공산주의를 우려하면서도 노동자의 권리에 헌신했던 교황 요한 바오로 2세Pope John Paul II는 〈라보렘 엑세르센스Laborem Excercens〉라는 또 하나의 칙서를 통해 일이 존엄성을 가지는 이유는 오로지 인간이 존엄하기 때문이라고 확언했다. "인간의 일의 가치를 결정하는 근간은 이루어지는 일의 종류가 아니라 그 일을 하는 것이 한 인간이라는 점이다."[12] 즉, 일이 우리를 존엄하게 만드는 것이 아니라 우리가 일을 존엄하게 만드는 것이다. 교황 요한 바오로에게 이는 인간이 신의 모습을 본떠 만든 존재이기 때문이다. 다원주의 사회에서 우리는 요한 바오로처럼 사람의 내재적 가치를 신학에 바탕을 두고 생각하지 않아도 된다. 세속의 인권 주장 역시 마찬가지로 통하니까. 경제학자 진 스펄링Gene Sperling 역시 저서 《경제적 존엄성 Economic Dignity》에서 비슷한 주장을 내세운다. 그는 철학자 임마누엘 칸트Immanuel Kant와 마찬가지로 사람들이 경제적 존엄성을 가져 마땅한 것은 그들이 그저 경제적 목적을 위한 수단이 아니라 언제나 '그 자체로 목적'이기 때문이라고 한다.[13]

존엄성을 주장하는 형이상학적 근간이 무엇이든 간에, 우리는 유급 노동 여부와 무관하게 모든 사람의 존엄성을 인정함으로써만 프로테스탄트 윤리를 추동하는 불안감을 없앨 수 있다. 그렇게 하면 일의 위험이 상당히 감소할 것이다. 사회에서 우리가 가지는 가치를 확신한다면 일을 통해 이를 증명해야 한다는 압박을 그토록 크게 느끼지도 않게 될 것이다. 대인 업무에서 겪는 일상적이고 사소한 모욕(공연한 트집을 잡아대는 상사, 표절하는 학생, 주차를 하고 돈을 내지 않으려 드는 운전자)은 개인적 모욕으로 느껴지지 않을 것이다. 그런 것들은 우리의 자기 가치를 억누르지도, 냉소주의를 부추기지도 못하게 된다.

주차장에서 일하는 경험은 주차요원들이 우리의 존엄성을 우리가 하는 일과는 구별된 것으로 생각할 수 있는 훈련이었다. 주차장을 다룬 다큐멘터리에서, 주차요원들은 대학 졸업생이나 졸업생

학부모들이 자꾸만 자신들에게 대학을 졸업해 학위를 받으면 이런 험한 일을 그만둘 수 있다며 필요 없는 조언을 해댄다고 불평한다. 어느 주차요원의 말로는 졸업생이 부스에서 자신을 마주칠 때마다 깔보는 어조로 "인생 잘 풀리기를 빈다"라고 말했다고 한다. 그래서 그 사람에게 이렇게 대꾸하는 상상을 한다. "내 인생에 대해 아무것도 모르면서. 내가 일하는 모습을 본다는 것이 내 인생이 어떤 삶인지 안다는 뜻은 아니야."[14] 운전자들은 이곳의 주차요원 중 대학 학위를 가진 사람도 있다는 사실을 모른다. 또 가족을 부양하고 있다는 사실도 모른다. 그들이 뮤지션이고 예술가라는 사실을 모른다. 물론 이들이 일을 시작하기 전부터 가지고 있던 존엄성에 그런 사실들이 어떠한 영향을 미치는 것은 아니지만, 그들의 직업은 그들을 규정하지 않는다. 주차요원들은 주차 부스가 아닌 다른 곳에서 몰입과 의미를 찾았으므로.

존엄성이 인간에게 내재한 것이라는 개념은 또한 업무 환경이 그 존엄성에 걸맞은 것이 되어야 한다고 주장할 수 있도록 우리를 무장시켜주는 것이기도 하다. 노동자의 능력에 맞춘 업무량, 가족을 부양할 수 있을 정도로 안정적인 임금과 일자리, 의사결정 능력에 대한 신뢰, 그리고 모든 노동자는 똑같이 가치 있다는 사실에 근거를 둔 공정한 대우가 그것이다. 그 하나의 원천으로부터 윤리적으로 더 나은 노동이 쏟아져나와 번아웃을 꺼뜨릴 것이다.

· · ·

나에게 비인간적인 노동을 마주한 인간의 존엄성에 대한 가장 강렬한 비전은 헨리 데이비드 소로Henry David Thoreau의 것이다. 소로는 산업화 시대라는 조건에서는 진정한 삶을 사는 것이 불가능하다고 보았다. 그렇기에 소로는 이로부터 탈출했다. 사실, 월든 숲에 은둔했다고 해서 소로가 사회를 완전히 등진 것은 아니었다. 그가 살던 오두막은 그의 모친이 운영하던 콩코드 중부의 게스트하우스에서 빠른 걸음으로 20분 거리에 있었다. 《월든》 첫 문장에서 소로는 자신이 "1.6킬로미터 이내에 어느 이웃도 없는" 곳에 살았다고 뻐기지만, 사실 그 숲은 사람들로 가득했다. 노동자, 여행자, 추방자, 또한 의도적인 삶을 살아보겠다며 요란을 떠는 유명인을 보러 온 구경꾼들이었다.[15] 또 소로가 분명히 밝혔듯 그는 새와 북미마멋(설치류 마멋 중 북미에 서식하는 종으로, 단독생활을 하는 다람쥐를 닮은 통통한 초식동물—옮긴이) 역시 이웃으로 간주했다. 하지만 1854년 출간한 책에 기록한 '실험'은 이후 부커 T. 워싱턴 그리고 우리의 프로테스탄트 윤리와 하나가 될 일에 대한 산업사회의 지혜에 강력한 도전을 제시하고 있다.

오늘날의 독자들 중에는 여성의 노동에 의존한 소로가 독립성을 뽐내는 것을 비판하는 이들도 있다. 그중에서도 소로가 어머니와 누이들에게 빨래를 맡겼다는 점이 가장 큰 비난을 받고 있다.[16] 참고로 소로는 가족과 집을 찾아온 손님에게 헌신했다. 전기 작가 로라 대소 월스Laura Dasssow Walls가 썼듯, "넉넉하기로 유명한 상차림을 아들이 거절했을 때 신시아는 얼마나 상처를 받았을까!"[17] 한편 헨리 데이비드 소로는 어머니와 마찬가지로 열렬한 노예 폐지 운동가였다. 신시아의 집은 언더그라운드 레일로드(남부의 노예들이 북부로 활동하게 도왔던 비밀 조직—옮긴이)의 거점 중 하나였고, 헨리 역시 노예였던 이들이 캐나다로 안전하게 탈출하게 도왔다.[18] 또한 소로는 전국 신문에 보도된 콩코드에서의 연설을 통해 1859년 존 브라운John Brown의 악명 높은 동시에 실패로 돌아간 노예 무장봉기를 옹호하고 나선 최초의 공인이기도 했다.[19] 소로의 가식을 조롱하기는 쉽지만 그렇다고 해서 그가 품은 도덕적 비전을 무시하는 것은 어리석은 일이리라.

나는 전형적인 방식으로 소로의 팬이 된 것은 아니다. 부모님과 선생님의 온갖 제약에서 벗어나고픈 자유를 꿈꾸던 십대 때 《월든》을 읽은 것도 아니다. 강의 때문에 좌절하기 시작했으나 번아웃을 향하고 있다는 사실을 미처 몰랐던 30대 초반 《월든》을 처음 읽었다. 마침내 이 책을 읽었을 때, 나는 《월든》의 상당 부분이 노동에 관한 내용임을 알고 놀랐다. 소로는 뉴잉글랜드 사람들을 보면서 노동은 그들의 자세를 희한하게 만들고 그들의 몸과 마음을 딱딱하게 굳혔다는 사실을 발견한다. 일을 구하기 위해 작아지고, 일을 하면서 더 작아지지만, 그럼에도 종종 미래에 더 큰 삶을 살겠다는 모순적인 목표를 추구하는 가엾은 노동자들을 동정한다. 이들의 삶은 "불필요한 거친 노동"에 사로잡혀 있어서 "그들은 삶이 가진 최고의 열매를 딸 수 없다. 왜냐하면 과도한 노고에 시달린 그들의 손가락은 그런 일을 하기에는 지나치게 투박하고 떨리기

때문이다".[20]

소로가 살았던 시대는 번아웃은 물론 신경쇠약증조차도 등장하기 수십 년 전이지만, 그럼에도 그는 미국의 정신 나간 노동 윤리가 자멸적인 동시에 도덕적으로 해롭다는 사실을 알고 있었다. 노동의 요구에 맞추어 커졌다 줄어들었다를 반복한 자아에는 결국 금이 갈 수밖에 없다. "노동자는 매일 진정한 통합을 위한 여가를 가지지 못한다. 그에게는 오로지 기계가 될 시간만 있을 뿐이다."[21] 지난 세기에 반복되는 스트레스가 공장 노동자의 감각과 감수성에 미치는 해를 설파한 애덤 스미스와 마찬가지로 소로는 공업 노동의 주된 문제가 노동자에게 습관을 강제하는 힘이라고 믿었다. 소로의 눈에 노동은 사람들을 일과 속에 집어넣고, 시간이 지날수록 일과가 그들을 정의하고 성장의 가능성을 닫아버린다. 그렇게 노동자는 살아 있는 시체가 된다. 농부는 "땅에 묻혀 비료가 된다".[22] 가축 부리는 사람은 그저 말에게 먹이를 주고 말똥을 퍼내기 위해서 산다.[23] 선로 아래 철사를 놓는 아일랜드 노동자는 자신들이 만드는 그것이 된다. "그들 위에 선로가 놓이고, 그들은 모래로 덮이며, 열차는 그 위를 쌩쌩 달린다."[24] 소로가 이야기한 소외 노동에 따르면 사람들은 자신의 일과 동일시되어야 한다는 엄청난 압박에 시달리고, 그러다가 일이 그들의 비인간화를 불러온다. 우리는 아직도 그 압박을 느끼며 산다. 아무리 좋은 직업이라 해도 사람을 기계로 만든다. 의사에게 15분 만에 환자를 검사한 뒤에 진단을 내리되 그동안 내내 타자를 치라고 요구해보라.

소로는 노동자들이 더 나은 삶을 살기를 바랐다. 사람들이 노동을 하며 자신의 삶을 값싸게 팔아치우는 한 설교자나 시인이 '인간의 신성'을 이야기하는 것은 터무니없는 일이라고 그는 생각했다.[25] 실제 신성에 값하는 삶을 살기 위해서는 일이 가하는 부정적인 습관에서 벗어나야 한다. 방법은 더 긍정적인 자기 수양이다. 소로는 자신이 주창한 새로운 극기주의의 살아 있는 모범이 되고자 했다. 숲에 들어가서 산 것은 고통스러운 노동을 벗어버리고 새로운 습관을 가지기 시작한 이후의 충만한 삶이 어떤 모습인지 보여주고자 하는 시도였다.

따라서 소로는 가차 없는 검약을 실행했다. 불필요한 소유물은 없애고(그는 끊임없이 먼지를 털어내야 했던 석회석 세 조각을 내버린 일을 자랑한다), 직접 오두막을 짓고, '정직하고 기분 좋은 방식으로 10~12달러를 벌 수 있는' 가장 쉬운 방법을 찾았다.[26] 그러다가 그는 콩을 경작해 돈을 버는 일에 정착했는데, 그러면 한 해에 고작 6주를 일하고 떨어지는 순이익이 9달러 정도 되었다. 이에 더해 콩밭에 김을 매는 행위는 소로를 미학적 기쁨과 정신적 희열의 상태로 데려갔다. "곡괭이가 돌에 부딪치는 소리를 내면 그 메아리가 숲과 하늘에 퍼지면서 순간적이고 무궁무진한 작물을 수확하는 나의 노동의 반주가 된다. 내가 곡괭이질을 하는 것은 더 이상 콩이 아니요, 콩을 수확하는 것 역시 더 이상 내가 아니었다."[27] 그는 플로우를 연상시키는 상태에 진입하지만, 오늘날 몰입을 설파하는 구루들의 가르침과는 정반대로, 이 상태는 그가 더 오래 일하게 만들지도, 업무에 더욱 집중하게 만들지도 않는다. 이 상태는 기쁨이지만, 이 기쁨은 그가 벌어야 하는 돈만큼으로 제한된 것이다. 아무리 좋은 일이라도 너무 많이 하면 나쁜 일이 된다. 소로는 자신이 콩밭에서의 "즐거움"을 더 늘려갔다면 "아마 방탕해졌을" 것이라고 농담한다.

· · ·

경영이며 웰니스 웹사이트가 제시하는 번아웃을 방지하거나 치유하는 법에 대한 일반적인 조언들은 우리 모두 읽은 바 있다. 잠자는 시간을 늘려라. 거절하는 법을 배워라. 작업을 급한 것과 중요한 것 순서로 정리해라. 명상해라. 이런 것들은 모두 근본적으로는 미신이다. 번아웃의 진정한 원인과는 단절된 개인적이고 상징적인 행동일 뿐이다. 번아웃에는 우리의 개인적인 구성 방법론보다는 일터와 문화적 이상이 훨씬 크게 작용한다. 그렇다고 해서 개인이 번아웃 앞에서 무력한 것만은 아니다. 우리 역시 이상과 현실을 나란히 하기 위해 할 수 있는 역할이 있다. 그 일들은 자기 의존을 설파한 개인주의자 소로가 알려줄 수 있을 것이다.

　때로 소로의 말은 일주일에 두 시간 일하지만 17세에 은퇴할 만큼 돈을 벌었다고 떠들어대는 21세기 라이프 해커의 말처럼 들리기도 한다. 그렇기에 어떤 독자들은 그의 글을 읽고 불편한 마음을 느끼는 것이리라. 당신이 아직도 조용한 절망 속에서 살아가는 한편 그는 열렬한 일벌의 고뇌를 벗어던졌으므로. 노동하는 가족을 향해 커피를 끊고 완전 채식 생활로 전환한다면 돈도 건강도 증대되는 것은 물론 양심 역시도 깨끗해질 것이라고 했던 그의 말은 부당하리만치 상대를 재단하는 것으로 들린다.²⁹ 하지만 소로의 우쭐함을 상쇄시키는 것이 있다면 우리는 모두 일이 우리에게 가하는 편협한 우려들보다 더 많은 것을 할 수 있다는 그의 진실한 믿음이다. 이는 미국의 독립에 관한 이상에 있어서는 급진적 믿음이다. 우리는 무한한 잠재력을 품은 존재이기에 각자의 삶의 행로를 결정할 수 있다. 소로는 껄껄 웃어대는 캐나다의 어느 벌목꾼처럼 초라하기 그지없는 노동자에게서도 이런 잠재력을 보는데, 그의 침착함을 보고는 "삶의 가장 낮은 자리에서도 천재성을 지닌 사람, (…) 월든 호수처럼 시커먼 흙탕물이면서도 그만큼이나 깊은 사람이 있을 수 있다"라고 생각한다.³⁰

《월든》에서 내가 제일 좋아하는 우화는 사람들이 일을 등지고 잠재된 능력을 자유롭게 펼쳐 보일 때 일어나는 낙관주의를 보여준다. 소로는 "힘든 하루 일을 마치고 (…) 자리에 앉아 자신 안의 지적인 인간을 창조recreate하는" 존 파머John Farmer를 소개한다.³¹ 그의 상황만으로도 이미 타인의 이득을 위한 기능물로서 보낸 하루를 끝낸 뒤 온전한 자아를 재조립하려는 오늘날의 소진된 노동자를 떠올리게 한다. 소로가 사용한 '창조'라는 단어 속에는 놀라운 모호성이 들어 있다. 이 말은 창조re-create인가 휴식rec-reate인가? 존 파머에게는 둘 다 필요할 것이다. 자리에 앉은 그의 정신은 일을 향해 있지만, 시간이 지나면서 플루트 음악 소리가 그의 사고를 침범한다. 무시하려고 하지만 음악은 자꾸만 주의를 사로잡는다. 평범한 일상 속 작은 초월의 전조, 아름다움은 당신이 이를 무시하지 못하도록 하리라는 생각이 나는 마음에 든다. 음악은 "그가 일을 하는 또 다른 대기권에서 실려와 그의 귓속으로 돌아오며, 그의 안에 잠들어 있는 특정한 능력에게 일하라고 권한다". 오래 지나지 않아 음악은 존 파머를 둘러싼 상황 너머로 그를 데려간다.

한 목소리가 그에게 말했다. "영광스러운 존재가 될 수 있는데 왜 여기 머물러서 초라하고 고된 삶을 살고 있는가? 똑같은 별들이 여기 아닌 다른 땅 위에서도 빛을 내고 있는데." 하지만 이 상황을 어떻게 벗어나 실제 그곳으로 옮겨갈 수 있을까? 그의 머릿속에 떠오르는 것은 새로운 내핍을 연습하는 것, 그의 정신이 몸속으로 하강해 몸을 구제하는 것, 자신을 더욱더 존중하는 것뿐이었다.[32]

존 파머에게 일어난 이 세 가지 행위는 따지고 보면 별개의 일들이 아니다. 소비와 노동을 줄여 내핍을 행하는 이유는 당신이 일이 허용하는 것보다 한층 더 위대한 것들을 할 운명임을 어느 정도 깨달았기 때문이다. 당신은 음악과 목소리를 이미 들었고, 이제 스스로를 다시금 완전한 존재로 만들어줄 도덕적·영적 프로그램을 수행할 준비가 되었다. 당신은 번아웃보다 나은 존재이므로 조처를 할 수 있다. 가장 먼저 이미 당신이 지니고 있는 존엄성을 존중하는 것으로 시작한다.

소로는 마음껏 "매 순간 무척이나 까탈스러운 내 천재성의 변덕을 따라갈" 수 있도록 일상 노동을 제한했다.[33] 이 천재성이란 영적 현실, 개인적인 **수호신**genius loci으로, 개인의 것인 동시에 자연 그리고 더 높은 인간의 이상과 연결된 것이다. 당신의 천재성은 자기 초월을 향해, "우리가 잠든 삶보다 더 높은 삶"을 향해 당신을 이끈다. 문제는 그것이 우리를 경시하는 공장의 시계와 호루라기(또는 휴대전화 알림)의 '기계의 쿡쿡 찌르기'와 경합한다는 것이다.[34]

소로가 천재성을 위해 노동을 제한함으로써 더 많은 시간만 얻은 것은 아니었다. 시간과의 관계 전반이 변화했다. 일상 노동은 지상에서 당신이 살아가는 얼마 안 되는 시간을 소진시키는 한편, 천재성을 따르는 것은 시간을 초월해 영원으로 나아갈 수 있게 한다. 소로는 자신이 만약 아침마다 그가 콩밭의 김을 맸더라면 낭비했을 시간을 느긋이 즐기며 문간에서 "꿈에 몰입한다"라고 자랑했다. 이 시간들은 "내 삶에서 끌어낸 시간이 아니라 내가 평소에 얻던 것보다 훨씬 많고 이를 넘어서는" 것들이다.[35] 그 시간은 일해서 번 시간이 아니라 선물이다.

각자가 가진 천재성에 맞는 노동을 한다면 심지어 일하면서도 시간을 초월할 수 있다. 《월든》에 실린 마지막 우화에는 나무 지팡이에 부조를 새기며 '완벽을 추구하기로 마음먹은 코우루의 한 예술가'가 등장한다. 소로는 "그는 시간과 어떠한 타협도 하지 않기에, 시간은 그를 방해하지 않았다"라고 쓴다. "그가 품은 단일한 목적과 결심, 그리고 그의 고양된 경건함 덕분에 그는 스스로도 모르게 영원한 젊음을 얻었다." 그가 일하는 동안 친구들은 자라고 죽는다. 왕국이 무너지고 잊힌다. 심지어 별들도 자리를 떠난다. 하지만 예술가는 진정으로 새로운 무언가, '지팡이를 만드는 새로운 체계, 완전하고 조화로운 세계'를 만들어낸다. 일을 끝낸 뒤, 그는 "여태 흘러간 시간은 모두 허상이었으며, 브라마 신의 두뇌에서 섬광 하나가 떨어져 나와 인간 두뇌의 부싯깃에 불을 붙이는 데 필요한 시간일 뿐이었다"라는 사실을 깨닫는다.[36]

우리가 업무 시간을 이런 방식으로 경험하는 일은 잘 없다. 코우루의 예술가가 순간적으로 영원에 진입한 일은 칙센트미하이의 이론에 등장하는 플로우 상태를 연상시킨다. 이는 모든 순간에서 이익을 창출해야 한다는 명령이 지배하는 총체적 노동의 부단한 시간과 정반대다. 총체적 노동 체제에서 우리에게 있는 것은 하루 전체가 아니라 예술가 제니 오델Jenny Odell의 표현대로 "종종 시간대 또는 수면 주기로도 제한되지 않는 환금성을 지닌 24시간"에 가깝다.[37] 번아웃에 시달리던 대학교수 시절, 나의 두뇌는 시간의 흐름을 과도하게 지각했다. 언제나 뒤떨어진 것만 같은 기분이었다. 벌써 저녁 9시인데 내일 오전 강의 계획조차 세우지 못했어 같은 생각을 하며 책을 멍하니 응시하면서 맥주를 들이켜곤 했다. 벌써 10시인데 강의 준비는 시작도 못 했군. 시간이 주는 불안에서 벗어나는 것과 총체적 노동으로부터 탈출하는 것은 어쩌면 같은 일인지도 모르겠다.

교황 레오 8세가 제시한 모든 노동자에 대한 생활임금, 그리고 천재성을 추구하라는 소로의 비전은 노동시간은 물론 그 시간 동안의 사고와 욕망마저도 상사에게 속한 것이라 믿는 사람들에게는 어처구니없을 만큼 이상주의적으로 보일 터다. 최고경영진이 직원들에게 오전 근무 대신 마음껏 명상해도 좋다는 공문을 발송하는 모습은 상상조차 하기 힘들다.

하지만 소로의 원칙을 실현한다면 번아웃에 인접한 원인 중

다수를 중단시킬 수 있다는 상상은 해볼 수 있다. 너무 많은 일과 너무 적은 자율성은 번아웃을 낳는다. 소로의 프로그램은 자기 결정권을 함양하기 위해 일을 제한한다. 소로의 개인주의적 면모는 그가 공동체의 가치를 평가 절하한다는 것을 의미한다. 하지만 그는 자신의 존엄성을 존중하는 사람들이 천재성을 추구하고 한층 고차원의 노동, 즉 지고한 가치의 감각과 자신을 조화시키는 일을 할 수 있는 환경을 조성하고 싶어 했다.

· · ·

번아웃 문화를 종식하려면 노동환경을 개선하는 한편으로 일에서 구하는 사회적·도덕적·영적 기대를 줄여야 한다. 하지만 임금 인상, 노동자들에게 주는 통제권 증대, 더 협력적인 경영 스타일 도입 등의 업무 환경 개선은 일이 우리 삶을 더욱더 강력하게 지배할 문을 열어주게 되리라는 주장도 존재한다. 급여가 높고, 편안하고, 심지어 즐겁기까지 한 일이라면 온종일 하지 않을까? 그렇기에 업무 환경을 개선하면 결국 업무량과 이상이 둘 다 커질 수 있다.

이상과 환경이 언제나 서로 벌어져 두 개의 장대 모두를 붙든 사람을 양쪽으로 끌어당기는 죽마 한 쌍이라면 노동의 처우가 좋아지는 대신 강도가 높아진다고 해서 실제로 번아웃이 경감되지는 않을 것이다. 업무 환경을 이상에 가까워지게 할 수는 있지만 죽마가 훨씬 높아져서 조금만 비틀거려도 재앙에 가까운 일이 일어날 수 있는 것이다. 의사들이 기업의 의료 체계 안에서 급여는 높더라도 스트레스가 심한 노동을 하는 경우가 바로 그렇다. 이는 일의 여건을 향상하지 말자는 주장이 아니라, 노동자들을 편하게 해주고 돈을 많이 준다고 해도 이 때문에 일이 더 힘들어진다면 번아웃을 방지하기에 충분하지 않다는 주장이다.

그렇다면 우리는 노동강도가 높아지는 사태를 막기 위해서 노동의 환경 개선을 요구하는 동시에 노동의 경감 또한 요구해야 한다. 그것이 정치철학자 캐티 위크스가 2011년 저서 《일의 문제The Problem with Work》에서 우리의 도덕과 상상력에 대한 일의 장악력을 감소하고자 펼치는 주장이다. 위크스는 마르크스주의 페미니즘의 관점에서 글을 쓰지만, 그러면서도 일이 더 큰 정치적 해방의 핵심이라 보는 마르크스주의와 페미니즘의 사상이 주는 지배적 긴장에는 비판적이다. 위크스는 페미니즘이 일이 사회적 위상의 주된 원천이라는 맥락에서 성 평등을 주장하는 것은 여성의 노동량을 증가시킬 뿐이라고 본다.[38]

번아웃의 서광이 비치기 전 20세기 중반보다 여성들의 임금노동이 증가한 것은 분명한 사실이다. 미국에서 노동하는 여성의 비율은 1950년에서 2000년 사이 극적으로 늘어났다.[39] 같은 기간 동안 수많은 부유한 국가의 여성들은 날마다 육아에 쓰는 시간이 늘어났고, 대학 교육을 받은 여성은 교육 수준이 낮은 여성보다 아이와 더 많은 시간을 보냈다. 남성이 육아에 쓰는 시간 역시 비록 여성이 쓰는 시간보다는 여전히 적지만 상당히 늘었다.[40] 후기 산업시대에 성장한 여성들은 자신들이 "전부 가질 수 있다"라는 말을 무수히 들어왔다. 자녀, 경력, 공동체, 우정 전부를. 하지만 특히 모성 역시 그 자체로 하나의 직업으로 받아들여지는 상황에서, 전부 가진다는 것은 평생을 총체적 노동이라는 잔혹한 논리에 종속한다는 뜻이다.[41]

위크스는 일의 문제가 소로가 파악한 문제들과 비슷하다고 본다. 일을 더 많이 한다는 것은 우리를 형성하고 변형시키는 일의 힘에 더 많이 노출된다는 의미다. 일은 "단지 수입과 자본만을 생산하는 것이 아니라 개인, 통치 가능한 주체, 훌륭한 시민, 책임감 있는 식구를 훈육한다"라고 위크스는 이야기한다.[42] 자본주의가 '압도적인 강제성'을 행사해 자본주의에 필요한 근면한 수익원으로 만드는 '괴물 같은 조화'라고 이야기했던 막스 베버의 논점도 이와 맞닿는다.[43]

위크스는 페미니즘이 노동이 아닌 다른 수단으로 여성을 해방하기를 바란다. 페미니즘이 "완벽해진 것이 아니라 극복된 노동의 비전"을 옹호하기를 바란다.[44] 그런 사회가 어떤 모습인지 자신도 알 수 없다고 인정하지만, 이 또한 논점의 일부다. 우리에게는 "오늘날의 이상과 노동환경과 가족생활에 대한 대안을 만들기 위해" 일을 하지 않는 시간이 더 많아야 한다.[45]

요약하자면, 가부장제와 이성애 중심주의의 제약을 해체하려면 적은 노동이 반드시 필요하며, 그 이유는 노동이 이러한 제약들을 영속하기 때문이다. 오늘날 주류 페미니스트들은 주당 노동시간을 줄이면 남성과 여성 모두 육아에 더 많은 시간을 쓸 수 있으리라고 주장한다. 위크스가 볼 때 이런 요구는 그저 한 형태의 노동을 줄여 다른 노동에 쓰라는 요구에 지나지 않는다. 그는 업무 시간이 줄면 사람들이 "우리가 선택한 친밀성과 사회 속 관계를 상상하고, 실험하고, 이에 참여할" 수 있도록 해방될 수 있다고 주장하며 더 큰 그림을 생각하기를 바란다.[46]

만약 더는 일 때문에 육아를 할 시간이 부족하다고 정당화하지 않게 되면, 우리의 삶은 어떤 모습이 될까? 생산성 그리고 (타인의?) 이익에 따라 시간을 꾸리기를 그만둔다면 어떻게 될까? 그러면 어떤 양태의 존재가 가능해질까? 자기 결정권을 정치적 목표로 삼는다면, 사람들이 스스로 상상하는 좋은 삶에 걸맞은 공동체 속 자신을 만들어갈 수 있도록 노동은 반드시 제한되어야 한다.

교황의 가르침, 초월주의, 마르크스주의 페미니즘이 가진 무척이나 다른 관점들은 번아웃 문화의 지적·도덕적 배경을 형성하는 근면한 노동 윤리의 정반대에 있는 몇 가지 쟁점들로 수렴된다. 레오, 소로, 위크스 모두 노동이 오직 조연에 불과한 좋은 삶의 모형을 가리킨다. 그들이 노동 윤리 이후의 사회에 대해 접근하는 각기 다른 원칙들(개인의 존엄성, 더 짧은 노동시간, 생활임금, 자기 결정권)은 200년 이상 산업사회를 지배한 노동 윤리의 대체재를 놓고 더 폭넓은 사회적 합의가 이루어질 가능성을 제시한다. 관점은 서로 다를지라도 이들은 모두 임금노동이 좋은 삶을 방해한다는 데 의견을 같이한다. 노동을 제한하는 데 있어 180도 다른 이유를 제시할 때도 있다. 교황 레오 8세는 그의 관점에서 인간의 번영에 핵심적인 역할을 하는 가부장적 가정을 강화하고자 노동시간을 줄이고 생활임금을 도입하자고 주장했다. 높은 임금이 "아버지가 자식을 위한 음식과 생필품을 제공해야 한다는 그 무엇보다도 신성한 자연의 법칙"을 이룰 수 있기를 바랐다.**47** 위크스 역시 비슷한 정책을 요구했으나(주당 35시간의 노동시간과 보편적 기본소득) 목표는 가부장주의를 넘어설 가능성을 열어두기 위함이었다.**48**

《일의 문제》 마지막 부분에서 위크스의 글은 놀라울 만큼 소로를 닮았다. "우리 모두가 가져야 하는 것은 삶이다. 오로지 외부에서 지시한 조건으로는 삶을 얻을 수 없다." 하지만 다음 문장에서 위크스는 더 개인주의적인 소로의 논조와는 궤를 달리한다. "그럼에도 또한 삶을 얻는 것은 반드시 공동의 노력이어야 한다. 삶만큼 큰 것을 혼자 힘으로 얻을 수는 없다."**49** 그 일은 각 구성원의 존엄성을 존중하고 함께 상상해낸 새로운 삶의 조건을 지닌 공동체 안에서 일어날 수 있으리라.

• • •

나는 〈파킹 랏 무비〉를 여러 번 보았다. 내가 '코너 파킹 랏'에서 일한 것도 아니요, 영화에 짤막하게 출연한 것도 아니지만, 나는 이곳의 직원들이 일에 관련해 공유하는 지혜에 이끌린 것 같다. 나보다 몇 년 전 그 주차장에서 일했던 스콧 마이그스Scott Meiggs의 말은 늘 혼란스러웠다. 마이그스는 주차장이 그곳의 직원들에게는 거쳐가는 장소라고 했다. 다들 각자의 큰 꿈을 품고 있으며, 주차장은 그 꿈을 구상하기 좋은 곳이라는 것이다. 하지만 꿈이 늘 실현되는 것은 아니다. 마이그스는 펑크족의 영향을 받은 늘어지는 말씨로 이렇게 말했다. "그리고 무슨 일을 한들 주차장에서 일하던 시절에 가지고 있다고 생각했던 가능성에 댈 만큼은 아니라는 생각이 들지요. 주차장에서 우리는 발전기고 돌개바람이었어요. 지배자였지요. 우리한테는 완전한 자율성이 있었어요. 우리에게 줄 것이 아무것도 없는 세계에서, 우리는 모든 것을 가지고 있었어요."⁵⁰ 불편한 독백이다. 이 독백에 담긴 이미지는 내가 자아를 짓이겨 뭉개는 대학원에서 몇 년을 보낸 후에 그곳에서 일하면서 쌓아간 자존감을 떠올리게 한다. 그런데 나는 마이그스의 마지막 말을 좀처럼 이해할 수 없었다. 언뜻 들으면 깊이 있는 말 같지만, 자세히 뜯어보면 말이 안 된다. 우리가 어떻게 전부 다 가졌다는 소리인가? 그리고 세상이 우리에게 줄 것도 있지 않나? 내 귀에는 일관성이 없는 소리로 들렸다.

번아웃을 겪고 일을 그만둔 뒤, 주차장에서 일하던 시절을 떠올려보다가 서서히 그 말을 이해하기 시작했다. 우리가 아직 증명되지 않았을 때, 우리는 자신이 무슨 일이든 할 수 있다고 생각할 수 있다. 잠재력이라는 형태로 머릿속에서 다 가질 수 있다. 우리는 위대한 아티스트든 뮤지션이든 학자든 그 무엇이든 될 수 있다. 잠재적으로 말이다. 하지만 꿈을 이루겠다며 실제로 착수할 때는 기대만큼 되지 않을지도 모른다는 위험을 감수하게 된다. 아마 비욘세Beyoncé나 톰 브래디Tom Brady 정도 되는 사람이 아니라면 모든 것을 가지고 있다 상상하다가 현실의 한계를 마주했을 때 어떤 기분인지 알 것이다. 그것은 우리를 번아웃으로 이끄는 간극과 다르지 않다.

실제로, 우리가 여전히 조금만 더 노력하면 모두 가질 수 있다고 믿는 끈질긴 고집 역시 당연히 번아웃을 유발할 수 있다. 우리는 통상 잠재력을 젊음과 연결하곤 한다. 그것이야말로 고용주가 노동자에게서 찾는 자질이자, 너무 심하게 밀어붙이거나, 지지해주지 않고, 마지막에 가서는 실망해버리고 마는 자질이다. 그럼에도 이런 고매한 희망에 매달리는 것은 합당한, 어쩌면 필수적인 일이다. 심지어 중년을 넘긴 나이에도 미래에 무언가 대단한 일을 이룰 수 있을 것이며 전성기는 아직 오지 않았다고 상상하면 기분 좋지 않은가. 그런 희망이 없다면 자기 계발의 근거를 잃고 만다. 그렇기에 우리는 각자의 잠재력을 꿈꾸어야 한다. 소로의 말을 빌리자면, 다른 대기층의 음악에, 더 높은 삶의 비전에 계속해서 귀를 기울여야 한다.

번아웃과 잠재력에 대해 조금 더 생각하다 보니 어쩌면 "우리는 우리에게 내줄 것이 아무것도 없는 세상에서 모든 것을 가졌다"라는, 마치 신탁처럼 들리는 스콧 마이그스의 주장 속에는 어쩌면 더 급진적인 생각이 담겨 있는 것 아닌가 하는 생각이 들었다. 어쩌면 잠재력이란 애초부터 '진짜 삶'에서 이루어지는 것이 아닌지도 모른다. 잠재력이란 그 너머의 세계, 특히 이익을 내는 기업까지 옮겨가야 한다는 체득한 필요와는 분리된 그저 '완전한 자율성'의 감각인지도 모른다. 이제 나는 알론조 서베르보Alonzo Subverbo라는 필명을 가진 어느 블로거가 이 영화를 보고 해석한 대로 마이그슨이 '현재의 경험으로서의 무한한 기쁨'을 이야기하고 있는 것이라고 확신한다.

이는 발전기, 돌개바람, 지배자가 되기를 기대했다는 것이 아니라 당시에 그런 존재였음에 관한 말이다. 잠재력이란 미래의 어느 시점에 그 가치를 실현하는 그 무엇이 아니라, 현재에서 (…) 이는 교육자나 고용주가 엄숙하게 논하는 그런 잠재력과는 무척이나 거리가 멀다. 그것은 미지의 영토로 떠나는 것, 월트 휘트먼Walt Whitman, 로큰롤이다. 그것은 '코너 파킹 랏'이다.[51]

캐티 위크스가 바라는 것 역시 "전부 가진다"라는 말의 의미를 급진적으로 새로이 상상해내는 것이리라. 소로가 그의 첫 책을 무시하고 그저 모멸적인 노동만을 내어준 세상을 떠나 월든 호수로 갔을 때 갖게 된 것이 바로 그 전부가 아니겠는가? 그는 이렇게 쓴다. "내가 가진 최고의 자질은 거의 아무것도 원하지 않는다는 것이었다."[52] 자신의 천재성을 좇아 스스로를 구제할 수 있도록 내핍과 분방한 상상력이 그를 해방해주리라고 생각했다. 모두 다 가지는 방법은 바로 그것이다. 하지만 이는 결코 혼자만의 소유물일 수 없다. 알론조 서베르보는 스콧 마이크스의 말 중 '우리we, us'에 주목해야 한다고 했다.[53] 우리는 전부 가질 수 있다. 우리의 잠재력은 공동의 것이다. 그것은 모두에게 동시에 속한 것이다.

번아웃을 방지하고 치유하려면 일에 대한 이상을 낮추어야 하지만, 그렇다고 모든 이상을 다 같이 낮출 필요는 없다. 오히려 우리에게는 스스로를 위한 더 높은 이상이 필요하다. 보편적 존엄성, 무한한 가능성, 모두 다 가지기, 오늘날 구성된 대로의 세상이 주려는 그 무엇도 거부하는 것이 바로 그것이다. 이런 이상을 가지고 삶

을, 심지어는 공동체를 꾸리는 것은 대담한 조치일지 모른다. 그럼
에도 그런 노력을 하는 사람들이 있다. 이 사람들이 삶을 살아가는
방식을 알아보자.

7장 / 베네딕트회 수도사들이 일이라는 악마를 길들이는 방법

1990년대 중반 뉴멕시코 북부의 외딴 협곡에 위치한 크라이스트 인 더 데저트 수도원Monastery of Christ in the Desert의 베네딕트회 수사들은 매일 아침 게이트웨이 컴퓨터 여남은 대가 놓인 토방土房에서 인터넷을 만들었다. 웹페이지를 설계하는 데 쓰는 화이트보드 위 벽에는 십자가가 걸려 있었다. 그들은 베네딕트회 수도사들이 1,000년 이상 해온 일을 디지털 버전으로 하고 있었다. 필경사였던 것이다.

수사들은 이 웹디자인 서비스에 닷컴 시대 특유의 상당히 민망한 이름인 scriptorium@christdesert라는 이름을 붙이고 수많은 교구로 이루어진 광대한 가톨릭 시장을 타깃으로 삼았다. 심지어 바티칸과 계약 맺기를 꿈꾸기도 했다. 기록실은 중세의 채색 필사본을 닮은 웹페이지들을 만들었다(이들이 모뎀으로 사용했던 단 한 대의 초기 핸드폰으로는 로딩되는 데 영원에 가까운 시간이 걸렸으리라). 디지털 제품을 생산하는 이상 수도사들이 외딴곳에 있다는 것은 일에 아무런 방해가 되지 않았다. 전화요금이 한 달에 1,000달러를 상회하기는 했지만 말이다.[1] 이 프로젝트의 목표는 수익 창출, 그리고 HTML 필경사들의 영적 삶이었다. 1976년부터 은퇴하기 전까지 크라이스트 인 더 데저트 수도원을 이끈 수도원장 필립 로런스 Philip Lawrence는 당시 기자들에게 이렇게 말했다. "우리가 하고 있는 일은 더 창조적이기에 수도사들에게 도움이 됩니다. 창조적인 일은 영혼의 완전히 다른 차원을 끌어내니까요."[2]

기록실은 엄청난 성공을 거두었다. 전국 뉴스에 보도된 덕에 힘을 얻어 오래 지나지 않아 주문이 쏟아져 들어왔고 그중에는 교황청의 주문도 있었다. 1996년 세속에서 시스템 분석가로 일했던 메리 아퀴나스 우드워스 Mary-Aquinas Woodworth 형제는 기록실 덕분에 수도원의 수익이 네 배 증가할 것으로 예측했다.[3] 어느 시점에는 수도원 웹페이지에 트래픽이 너무 많이 몰려 뉴멕시코주 전체의 인터넷 서비스가 다운되기도 했다.[4] 메리 아퀴나스 형제는 미국 주교회에 가톨릭 인터넷 서비스 제공 업체를 만들자는 아이디어를 제안하며 당시 널리 사용되던 다이얼업 접속 서비스 제공 업체인 AOL을 '모델이자 경쟁업체'로 언급하기도 했다.[5] (주교회에서는 이 제안을 통과시켰다.) 기록실의 명성이 높아지자 우드워스 신부는 샌터페이에 지사를 열겠다는 계획을 꾸렸으나 만약 뉴멕시코주 내에 적당한 곳이 없다면 뉴욕이나 로스앤젤레스 같은 대도시를 알아볼 의지도 있었다. 그는 최대 200명의 직원을 고용할 마음을 품었다.[6]

하지만 1998년 기록실은 폐업했다. 수사들이 주문량을 처리하기 위해 18시간 근무를 할 수 없었기 때문이다. 기도하고, 공부하고, 함께 식사하는 동안에는 고객 이메일에 응대할 수도 없었다. 필립 수도원장이 나에게 이메일로 알려준 대로라면 프로젝트를 종료한 것은 기록실 운영에 필요한 노동을 정당화할 수 없어서였다. 수사들에게 업무에 필요한 훈련을 시키는 데는 긴 시간이 걸렸으나, 수도원장 입장에서는 수사가 웹페이지 디자인을 시작하자마자 신학 공부를 하러 보내야 하니 기술을 완전히 활용할 수 없었다. 마리 그라냐Mari Graña는 이 수도원의 역사를 기록한《사막의 형제들 Brothers of the Desert》에서 이렇게 쓴다. "웹페이지 디자인 서비스 주문이 너무 많이 밀려드는 바람에, 처음에는 업무로 인해 명상적 삶이 방해받지 않을 수 있는 완벽한 답으로 보였던 그 일이 곧 수도사들의 삶을 장악하고 말았다."[7]

말할 것도 없이, scriptorium@christdesert만큼 전도유망한 회사가 사업을 접는 일은 세상 어디에도 없으리라. 여느 회사라면 기존 직원들이 다 처리할 수 없을 만큼 주문량이 많으면 노동자를 더 고용했을 것이다. 또 자본주의 정신에 사로잡혀 직원들이 추가 근무를 하게 만들었을 것이다. 하지만 수도사들은 애초 그들이 수도원에 들어온 이유에 위배되지 않고 그런 일을 할 수가 없었다. 그래서 사업을 접은 것이다.

· · ·

나는 미국에서 번아웃 문화와 최대한 거리가 먼 노동 모델을 찾고자 크라이스트 인 더 데저트 수도원의 수사들을 찾았다. 중세에 만들어진 기반암에 닿을 때까지 오늘날 산업화된 사회에서 추정하는 노동의 밑바닥을 파헤치고 싶었다. 1,500년 전부터 베네딕트회 수도사들의 삶에서 노동은 필수적이었다. 오라 엣 라보라Ora et labora, 즉 '기도와 일'은 6세기에 만들어진 베네딕트 규칙서에 따라 살아가는 로마가톨릭교회 수사와 수녀 들의 모토다. 하지만 베네딕트 규칙서에 따르면 수도원에서 제일가는 우선순위는 기도다. 나는 크라이스트 인 더 데저트 수도원 웹사이트를 통해 이곳의 수사들은 주 6일, 오전 9시부터 정오 직후까지 일한다는 사실을 알았다. 하루에 단 몇 시간만 일하는, 디지털 기록실처럼 큰 잠재력을 품은 프로젝트를 포기하는 그런 공동체의 삶은 어떤 것일까?

그래서 사막을 향했다. 어느 가을, 나는 산타페에서 렌터카를 빌린 뒤 고속도로를 벗어나 리오 차마 강의 굴곡을 그대로 닮아 있는, 구덩이가 숭숭 뚫린 구불구불한 자갈길을 따라 21킬로미터를 터덜터덜 달렸다. 수도원은 소나무가 드문드문 자라고 있는 황토빛 메사(미국 남서부 특유의 지형으로, 꼭대기는 평평하고 등성이가 벼랑으로 된 언덕—옮긴이) 기슭에 있었다. 구름 한 점 없는 하늘 아래 널따란 협곡을 가로질러 샛노란 미루나무 잎이 바람에 쓸려 은은한 빛을 냈다. 이렇게 아름다운 곳은 처음이었다.

그럼에도 나는 여전히 의혹을 품고 있었고, 그곳에서 무엇을 마주하게 될지 모른다는 불확실성이 스멀스멀 밀려왔다. 이번 여행을 준비하며 나는 3세기경 성가시고 부산한 도시를 떠나 이집트의 황야로 향했다는 최초의 수도사인 '사막의 신부들'이 남겼다는 말들을 찾아 읽었다. 이들은 악마에 대한 말들을 남겼는데 그중 '백주의 악마'는 아세디아, 즉 그들을 기도에 집중하지 못하게 만드는 비생산적인 마음의 동요를 뜻했다. 4세기의 은둔자 성 안토니오St. Antony는 사막으로 갔으나 세상의 일들을 모두 포기하지 못한다면 벌거벗은 몸에 고기를 걸치고 돌아다니는 사람을 들개가 찢어발기는 것처럼 악마들이 영혼을 파괴할 것이라고 말했다. 별이 총총한 이 고요한 협곡에서 어떤 악마가 나를 찾아오려나? 방문 이틀째 되는 날, 나는 안경을 쓰고 머리에는 테두리 없는 검은색 펀물 모자를 쓴 또래 수사에게 사막의 신부들의 말 때문에 걱정이 된다고 털어놓았다. 그가 그것은 과장이라며 나를 안심시켜줄 줄 알았지만, 그런 일은 없었다. 수사는 아이러니라고는 한 점도 섞이지 않은 말투로 이렇게 대답했다. "세상에는 수많은 악마가 있습니다. 저희가 이곳에 있는 것은 그 때문이지요."

며칠간 수도사들과 함께 일하고 기도하면서 나는 끊이지 않으며 강박적인 미국의 노동 윤리가 그 악마들 중 하나이며, 나, 그리고 내가 아는 거의 모든 사람을 홀린 악마라는 사실을 알게 되었다. 우리는 그 악마의 힘에 완전히 종속된 사회에서 살아간다. 이 악마는 일의 조건이 하락할 때조차도 일에 대한 이상을 부풀린다. 우리는 타인의 가치를 직업으로 평가하며 일하지 못하는 이를 낮추어 본다. 없어서는 안 되는 존재임을 증명하려고 안달이 나 휴가마저도 포기한다. 요제프 피퍼는 총체적 노동을 "역사적인 악마의 힘"이라고 표현했다.[9] 이 악마가 번아웃 문화를 추동하고 있다.

이곳의 수도사들 역시 악마와 맞서 싸운다. 필립 수도원장은 매주 발행하는 뉴스 레터에 "영적 삶은 영적 전투다"라고 썼다. 간

혹 일상의 유혹들이 솟아올라 "타인과의 갈등, 인터넷에 쏟는 과도한 시간은 시간을 들여 기도하는 것보다 공동체에서 하는 일을 더 중요하게 만든다". 또 "때로는 (사색적 삶을 위한) 노력을 아예 그만두는 것이 더 쉽게 느껴진다".[10] 필립 수도원장의 글을 보니 사막으로 간 예수를 사탄이 유혹하던 복음서 속 이야기가 떠올랐다. 사탄은 예수에게 세 가지 실물을 약속한다. 빵, 재산, 권능이다.[11] 노동 윤리 역시도 임금 인상과 생산성에서부터 타인의 존경에 이르는 실물을 제시한다. 하지만 유혹자의 제안에는 반드시 대가가 따르는 법이다. 수도사들의 경우 일을 통해 얻는 이득은 영적 이상 그리고 하느님과의 관계와 경합한다. 속세의 삶에서는 상사에게 종속되는 것, 신체나 정서의 침식, 그리고 할 일이 영영 끝나지 않을 것만 같은 기분이 그 대가다. 노동 윤리가 주는 상을 받기 위해서는 반드시 번아웃을 감수해야 한다. 여기에 더해지는 또 하나의 유혹은 번아웃이라는 일이 당신에게는 일어나지 않으리라는 잘못된 믿음이다.

그럼에도 필립 수도원장을 비롯한 수사들은 노동시간을 제한하고 고차원의 가치를 좇음으로써 노동 윤리라는 악마를 길들인다. 수도사들이 그저 '세상'이라고 부르는 곳에 살고 있는 우리도 수도사의 전략을 따를 필요가 있다. 좋은 삶을 살기 위해 우리 모두 수도원에 들어가야 하는 것은 아니다. 하지만 노동을 제한하고 이를 도덕적·영적 안녕보다 하위로 둔다는 수도사들의 원칙을 따른다면 악마가 다가오지 못하게 막고, 노동과 인간적 존엄성의 보조를 맞추고, 번아웃 문화를 종식할 수 있을지 모른다.

．．．

방문 사흘째 되는 날, 추운 월요일 새벽 3시 30분, 꾸준하게 뎅뎅 울리는 수도원의 종소리에 잠을 깬다. 부츠를 신고 코트를 걸치고 손전등을 챙긴 뒤 지면 가까운 데 벽돌로 지은 방문객 숙소를 나와 협곡 위 예배당까지 400미터를 터벅터벅 걸어 올라간다. 예배당으로 들어가 방문객용으로 위해 마련된 구석 자리에 앉는다. 4시가 되기 직전 이번에는 조금 더 급박하게 또다시 종이 울리더니 단정한 검은 카속이나 절개 부분이 더 큰 해빗(카속과 해빗 모두 수사 의복의 일종이다―옮긴이) 차림을 한 30명이 조금 넘는 수도사들이 하품을 하고 코를 훌쩍이며 나타나서는 두 무리로 나뉘어 제단 양쪽에 서로 마주보게 배치된 성가대석에 각각 자리를 잡는다.

스프링 제본한 성무일도서를 펼친 뒤 수도원에서 매일 하는 7번의 합동 기도인 성무일도의 첫 번째 기도를 시작한다. 수도사들과 방문객들이 약 75분간 그레고리오 성가 시편창을 노래한다. 15분간 쉰 뒤 다시 시편창이 한 시간 동안 이어진다. 방문객들은 중세음악의 반주에 맞추어 웅얼거리며 따라한다. 수도사들을 포함해 그 누구도 목소리를 높이지 않고 은은하게 어우러지는 소리를 자아낸다.

그러다가 한 형제가 성서대 앞에 나와 매일 월요일 새벽마다 인용하는 구절인 《데살로니가후서》에 실린 바울의 편지를 읊는다. "일하지 않는 자, 먹지도 말라."[12] 한 주를 시작하는 혹독한 꾸지람이다. 그는 읽기를 마치고 다시 자기 자리로 돌아간다. 우리는 시편

암송을 이어가다가 미사를 본다. 오전 7시경 미사가 끝나자 수도사들은 두 무리로 나뉘어 자리를 뜬다. 한가운데 제단을 향해 고개를 깊숙이 숙이고, 그 뒤에는 성체를 보관하는 성막 앞에 무릎을 꿇은 뒤, 서로를 향해 고개 숙인 다음 후드를 쓰고 예배당을 떠난다.

오전 8시 45분 또다시 종이 울리자 수도사들은 이번에는 작업복인 청바지 위에 후드 달린 짧은 튜닉을 덧입고 예배당으로 돌아온다. 개중 가장 젊은 20대 초반 수도사들은 트레이닝복 바지에 운동화 차림이었다. 그들은 앞으로 세 시간 동안 십자가에 매달려 계실 예수 그리스도의 희생을 잊지 않으리라 기도한다. 세 시간이란 그들이 요리, 청소, 정원 돌보기, 양치기, 기념품점 관리, 해외에서 온 여러 형제들의 이민국 서류 작업, 그리고 판매수익으로 수도원의 운영 자금을 만들 맥주, 비누, 나무 묵주, 가죽 벨트, 축하카드 같은 제품을 생산하는 시간이다.

오후 12시 40분 종이 울리면 하루의 노동은 끝이다. 그것이 다다. 그것으로 수도사들은 바울과의 협의 내용을 준수한 것이다. 이들은 청소를 하고, 또 한 번의 짧은 기도를 한 다음 한 수도사가 미국 가톨릭교회의 역사를 다룬 책을 읽는 사이 침묵 속에서 식사를 한다. 오후에는 휴식을 하거나 묵언기도를 하고, 가벼운 식사를 하고, 저녁에는 짧은 회의를 가진다. 전체가 라틴어로 된 하루의 마지막 기도는 성수를 뿌리는 의식을 끝으로 저녁 8시에 끝이 난다. 이때부터 대침묵이 시작되어 수도사들은 각자의 방으로 돌아가 입을 열지 않는다. 그들은 다음 날 아침에야 다시금 일을 시작한다.

나는 세속에서 변호사로 살아가며 단련된 자신 있는 말투를 지닌 시므온Simeon 형제에게 12시 40분 종이 울렸는데 아직 일이 끝나지 않은 것 같은 느낌이 들면 어떻게 하느냐고 물었다. "내버려두지요." 시므온 형제가 대답했다.

· · ·

내버려둔다는 것은 세속의 삶에서는 거의 실천하기 힘든 영적 규율이다. 하지만 수도원에서 일에 대한 몹시도 인간적인 접근을 가능하게 하는 것이 바로 이 규율이다. 협곡 깊은 곳에서 살아가는 베네딕트회 수도사들은 자신들의 시간과 주의를 엄격하게 감시한다. 이는 욕망이 제자리를 지키게 만들기도 하지만, 또한 노동이 정한 선을 넘어가지 않게 만들기도 한다. 그들은 자신들에게 훨씬 더 중요한 일을 해나갈 수 있도록 마치지 못한 노동은 내버려둔다.

　일을 기도보다 후순위로 두는 수도사들의 방식은 총체적 노동을 타파하는 방법은 여가에 있다는 요제프 피퍼의 주장과 일맥상통한다. 그리고 피퍼에게 여가의 지고한 형태는 바로 예배다. "하느님을 예배로써 경배하는 일은 오로지 그 자체를 위해서 행해져야 한다. 전체로서의 세계를 확인하는 가장 숭고한 형태야말로 여가의 근원이다."[13] 예배의 쓸모는 오로지 그뿐이다. 오늘날 우리가 오로지 '생산적인' 것에만 가치를 두는 것과는 현저히 대조되는 말이다. 유대인 신학자 에이브러햄 조슈아 헤셀Abraham Joshua Heschel 역시 1951년에 펴낸《안식일The Sabbath》에서 이와 같은 관점을 보여준다. 헤셀의 눈에 매주 하루의 휴식은 '기술 문명' 그리고 노동을 통한 자연의 정복과는 어울리지 않는 것이다. "안식일은 평일을 위해 존재하는 것이 아니다. 평일이 안식일을 위해 존재하는 것이다. 안식일은 생활의 막간이 아니라 클라이맥스다."[14] 여가를 최우선으로 두는 주장은 속세의 문헌으로도 옮겨온다. 정치철학자 줄리 L. 로즈Julie L. Rose는 자유 시간은 인간의 권리이며 자유주의 사회가 시민에게 약속하는 자기 결정권에 필수적인 자원이라고 주장한다. 모든 사람이 같은 휴식 시간을 가지지 않으면 다양한 시민, 오락, 가족 활동이 이루어질 수 없으므로, 다양한 직종이 존재하는 사회에서는 일주일에 하루는 대부분의 노동을 금지하는 법이 마땅히 자리 잡아야 한다는 것이다.[15] 하지만 우리가 이를 어떻게 정의하든 간에 여기서 중요한 것은 노동을 엄격히 제한할 수 있는 어떤 더 높은 가치를 허용해야 한다는 점이다. 무언가가 신성한 것이어야 일이 세속의 것이 될 수 있기에.

이런 제한을 스스로 준수하기는 어려우므로 우리는 일을 잊어버리고 일을 둘러싼 제약을 강화할 수 있게 도와줄 공동체가 필요하다. 성 베네딕트St. Benedict는 "하느님의 일보다 우선할 일은 아무것도 없다"라고 썼고, 여기서 하느님의 일이란 성무일도를 뜻한다.[16] 기도에 지각하는 수사는 "남들이 보는 앞에서 속죄해야 한다".[17] 내가 크라이스트 인 더 데저트 수도원에 있는 동안, 기도가 이미 시작된 뒤에 수사 한 명이 뒤늦게 도착한 경우가 두세 번 있었다. 그때마다 지각한 수사는 곧장 예배당 한가운데 제단으로 가서는 콘크리트 바닥에 무릎을 꿇고 고개를 수그리고 있다가 상급 수도사가 똑똑 소리로 신호를 준 뒤에야 일어나서 성가대석 자기

자리로 갔다. 이런 속죄는 고작 몇 초에 불과했지만 무언가(짧은 대화, 하던 일에 대한 최종 확인, 화장실 다녀오기)를 하느님의 일보다 중시한 것에 대한 분명한 처벌이었다.

수도사는 일에 있어서도 기도에 있어서도 서두르지 않는다. 말 그대로 '베네딕트회의 일'이라는 뜻인 프랑스어 표현 엉 트라바이 드 베네딕탱un travail de bénédictin은 장기간 이어지는 프로젝트로서, 참을성 있고 알맞으며 꾸준한 노력이 있어야만 수행할 수 있는 프로젝트를 가리킨다. 즉, 성경 한 권에 달하는 채식 삽화를 그린다거나, 1,000년에 걸친 역사를 쓰는 일, 1년 내내 밤마다 매 시간 별의 위치를 기록하는 것처럼 급하게 할 수 없는 일을 가리킨다. 분기별 수익 보고서로 살펴보았을 때 그럴싸하지 않은 일이다. 청구 가능 시간을 극대화하지 못하는 일이다. 시간외수당을 받지 못하는 일이다. 그럼에도 그것은 우리가 장시간의 고강도 노동을 하게 만들고, '더 나은' 직장을 찾느라 몇 년에 한 번꼴로 삶의 기반을 뒤엎게 만드는 불안감 없이 일할 수 있는 방법이다. 일요일 미사가 끝난 뒤, 허리가 굽어지고 안경 너머로 보이는 눈빛이 형형한 어느 원로 수도사와 직접 만든 쿠키와 인스턴트커피를 나누며 이야기를 나누었다. 그는 자신이 하는 일은 수도원 도서관의 모든 도서를 총망라한 목록을 만드는 일이라고, 이 일은 14년 전 할당받은 것이라고 했다. 그는 그 일을 시작했고, 하루하루, 한 권 한 권씩 꾸준히 목록을 만들고 있다. 끝나려면 아직 멀었다.

베네딕트회 수도사들은 때로 기도와 일, 즉 오라 엣 라보라를 하나의 활동으로 통합하고자 한다고들 한다. 그런데 어떤 의미에서 그들이 하는 기도는 이른 시각 시작해 빡빡한 일정을 따르는 일종의 일을 닮았다. 하지만 수도원에서 하는 기도는 세속의 노동과는 비슷한 점보다 다른 점이 더 많다. 급여가 없고, 승진이 없으며, 생산 할당량이 없다. 기도가 끝마치지 못한 채 수도사들의 머리 위에 드리워지는 일은 없다. 오늘의 기도를 미루고 내일 두 배로 더 열심히 기도하겠다고 맹세할 수도 없다. 기도를 타인의 눈앞에서 자신의 가치를 증명하는 수단으로 쓸 수도 없다. 수도사들은 로봇이 자신의 자리를 대체할까 봐 두려워하지 않는다. 중세 수도사들은 기도할 시간을 늘릴 수 있도록 농업 노동을 개량하고자 물레방아를 도입한 얼리 어답터였다.[18] 크라이스트 인 더 데저트 수도원의 수사들은 태양열 전지와 위성통신에 의지한다. 베네딕트회 수도사들은 효율성을 중시한다. 그저 기도에 있어서만은 효율을 따지지 않을 뿐이다. 15세기 수사들은 기도를 간소화하려는 그 어떤 노력도 하지 않았다.

사실, 크라이스트 인 더 데저트 수도원의 수사들은 하느님의 일을 할 때는 전심전력을 다해 효율성에 저항한다. 평범한 가톨릭 교구에서 하는 것보다 훨씬 느리게 기도문을 읊기 때문이다. 처음으로 몇 번의 기도에 참여했을 때 나는 기도의 느린 속도 때문에 점점 초조해졌다. 또 다른 악마가 나를 쿡쿡 찔러댔다. 예배당 양편의 수사들은 시편을 한 절씩 번갈아 주고받으며 교창식交唱式으로 노래했다. 절과 절 사이의 휴지는 나에게는 너무 길게 느껴졌다. 소중하기 그지없는 1,000분의 1초씩이 낭비되고 있었다. 수사들은 더 빨리 기도할 수 있는데도 그러고 싶어 하지 않는다. 그들에게는 그보다 더 중요한 일이 없기 때문이다.

. . .

월요일 아침, 기도가 끝난 뒤였다. 방문객을 관리하는 수사(방문객 총괄 담당자)의 사무실로 출근했지만, 방문객인 우리는 할 일이 하나도 없었다. 그래서 노동 윤리라는 악마의 꼬드김에 빠져 할 일을 찾았다. 누군가는 수도원 맞이방 창문들이 더럽다며 유리창 세척제를 찾았고, 다른 이들은 창틀을 닦고 안뜰에 군데군데 떨어진 쓰레기를 주웠다. 50대쯤 되어 보이는 키 큰 남자 하나는 잡초가 무성한 자갈길을 정리하고 싶다고 했다. 나 역시 쓸모 있는 일을 하고 싶었기에 그를 따라갔다. 한 시간 동안 회전초를 뽑아내고 길 가장자리에 돌멩이를 한 줄로 늘어놓아 표시까지 한 뒤 해놓은 일을 보며 감탄했다.

　방문객 숙소로 돌아갔더니 중년 여성 두 명이 부엌을 정돈하고 있었다. 나는 물을 한 잔 마신 다음 그들을 두고 돌아 나왔다. 그동안 젊은 수사들이 파란 니트릴 장갑을 끼고 방문객 숙소 빈방이며 화장실을 들락거리며 새로 올 방문객을 맞이할 정비를 하고 있었다. 한 수사는 눈에 잘 띄지 않는 귀마개를 착용하고 있었다. 수사들은 일을 마친 뒤 방문객 객실 앞에 놓인 의자에 편하게 앉아 베트남어로 대화를 나누었다. 여느 육체노동자들과 다르지 않게 홀가분하게 쉬는 모습이었다. 그들은 종이 울리기도 전에 수도원으로 돌아갔다.

시므온 형제는 전 세계에서 온 신참 수사들의 멘토링을 하다 보면 다양한 문화권의 노동 윤리를 알게 된다고 했다. 미국인이야 말로 일에 가장 집착한다고 했다. 하지만 국적과 무관하게 젊은 수사들의 경우 수도원의 일정, 그리고 기도가 최우선이라는 점에 적응하는 데 시간이 걸린단다. 젊은 형제들은 일에 있어 불안해하는 경우가 종종 있다고 했다. 노동시간이 끝났을 때 하던 일을 그 자리에서 멈추고, 다음 날 다시 한다는 사실을 받아들이기 힘들어한다는 것이다. 그들은 스스로를 증명하고자 한다. 세상, 그들이 등 돌린 그 세상을 위한 기도로 이루어진 삶을 살아간다는 것이 어떤 의미인지 아직 알지 못하기 때문이다. 시므온 형제는 말했다. "삶을 포기했는데 아무런 결과물이 보이지 않으니, 당연히 일하고 싶은 것입니다."

· · ·

수도사들은 측정 가능한 결과를 내고자 하는 욕망에 이끌려서는 안 되지만 그럼에도 스스로를 부양할 필요는 있다. 그들 역시 세상과 연관을 맺을 수밖에 없다. 돈이 있는 곳은 결국 세상이기 때문이다. 방문객 숙소는 수도원의 주 수입원이다(팬데믹이 시작되자 방문객 숙소는 운영을 중단했다). 또 기부금도 받는다. 지난 수십 년간 수도원은 수익성과 소명의 보전 사이에서 적절한 균형을 찾고자 여러 사업을 시도했다. 샌터페이에 중고품 할인점과 기념품점을 열었는데 두 곳은 각각 몇 년씩 유지되었다. 양봉에도 도전했지만 수

익을 낼 만큼의 꿀을 생산하지는 못했다. 그들의 성가를 담은 CD
를 발매하려 소니 마스터워크스와 음반 계약을 맺기도 했고, 러닝
채널Learning Channel에서 방영하는 리얼리티 쇼를 주최하기도 했다.
돌출 행동을 담당한 한 명을 포함해 총 다섯 명의 출연자가 40일간
수사처럼 살아보는 쇼였다.

수도원의 가장 야심찬 프로젝트가 바로 기록실이었다. 기록
실의 잠재력은 전무후무했다. 보기 드문 기술적 능력과 넓은 시야
를 갖춘 메리 아퀴나스 형제가 기록실을 이끌었다. 1998년 그는 정
보 기술 일을 하는 수사들에게는 '새로운 종류의 영성'이 필요하다
고 말한 바 있다. "이는 극도로 부담스러운 일이고, 강한 집중이 필
요합니다. 한 가지 문제에 적응하는 데 8~10시간이 걸리는 경우도
종종 있습니다." 그는 베네딕트회 수도사들의 노동이 뿌리를 두고
있는 농업과 정보화 시대의 노동을 대조했다. "어떻게 보면 현대에
와서 일이라는 것은 훨씬 더 완벽한 시야를 의미합니다."[19]

성 베네딕트 또한 수도원 공동체에는 시장성이 있는 기술을
갖춘 이들이 있으리라는 것을 인정했다. 살아남을 수 있다면, 살아
남아야 한다. 하지만 성 베네딕트는 수사들을 향해 준엄한 경고를
남겼다. 장인이 "자신이 지닌 뛰어난 기예에 취해 스스로 수도원에
무엇을 수여한다고 여긴"다면 그가 겸손한 마음으로 그 일을 할 수
있을 때까지 일을 그만두도록 명령해야 한다고 했다.[20] 이 규칙은
세속의 눈으로 보았을 때는 말이 되지 않는다. 세상에서 재능은 희
귀한 상품 취급을 받는다. 코딩 전문가든 외과의사든 골키퍼든, 숙
련된 노동자라면 기업들은 그를 차지하기 위해 경쟁하고, 차지한

뒤에는 최대한 긴 시간 노동하게 만든다. 기업이 생각하는 가장 많은 수익을 내는 방법이 그것이기 때문이다. 그런데 수도원에서는 숙련은 공동체의 건강을 해치고 그 자신의 영적인 성숙을 늦출 수 있다. 장인이 작품에 온 힘을 투자한다면 그의 재능은 계발되고 생산성은 증대될 것이다. 하지만 이런 투자에는 인간의 근원적인 죄인 교만이라는 위험이 따라온다. 스스로 주의하지 않는다면 또는 다른 형제들이 그의 행동에 주의를 기울이지 않는다면, 작품으로 그가 얻는 기쁨이 그 작업이 행해지는 목적을 넘어설지 모른다.

필립 수도원장은 나에게 이메일로 "오늘날까지도 우리의 과제는 수사라는 제1의 정체성을 갖춘 장인이나 예술가를 양성하는 일"이라고 했다. 직물을 짜는 일과 가구를 만드는 일에 재능 있던 수사 두 사람이 각자 세속에서 작품을 만들고자 수도원을 떠났다는 것이다. "우리의 과제는 한 사람의 수사를 길러내는 일인데, 때로 다른 활동들이 더 중요해지고, 그렇게 위대한 예술가를 만들어내는 사이 수사를 잃게 됩니다."

메리 아퀴나스 형제 역시 기록실이 문을 닫은 1998년 수도원을 떠났다. 그가 새로이 창립한 회사 넥스트 스크라이브NextScribe의 웹사이트에 따르면, 그는 "컴퓨터가 지원하는 영성 계발이라는 영역에서 찾은 그의 새로운 소명을 놓고 대주교가 (…) 더는 은둔하는 수도승의 소명이 아니라고 판단하자" 속세로 돌아왔다고 한다.[21]

• • •

헨리 데이비드 소로는 금욕주의가 끝이 없고 필사적이며 너무나 외로운 노동으로부터 우리를 자유롭게 해줄 것이라고 생각했다. 없어서는 안 되는 것만을 가려내고, 나머지는 전부 던져버린 뒤, 식료품 창고에 필수품을 채울 수 있을 만큼만 일해라. 그러면 더 높은 가치를 추구할 수 있다. 소로는 이웃들이 이런 삶의 방식을 이행할 능력이 있으리라고 굳게 믿으면서도 이는 각자 홀로 해내야 하는 일이라고 여겼다. 사회적 관습은 짐을 늘릴 뿐이며, 자신만의 천재성을 따르는 것이 우리의 할 일이다. 그 누구도 우리를 이끌어줄 수 없다.

정치철학자 캐티 위크스는 노동 윤리를 극복하는 데 정반대의 접근법을 취했다. 위크스에게 노동 이후의 사회란 본질적으로 공동의 노력이다. 그럼에도 위크스는 이를 얻어내기 위한 수단으로서의 금욕주의에는 의구심을 갖는다. 적게 일하고자 적게 욕망한다는 것은 우리의 욕망은 우리의 노동과 비례해야 한다는, 적어도 성 바울St. Paul까지는 거슬러 올라가는 노동 윤리의 법칙을 뒤집어놓은 것에 지나지 않는다고 본다.[22] 노동 윤리를 넘어서기 위해서는 점점 더 적은 노동의 대가로 점점 더 많은 것을 요구해야 한다는 것이 위크스의 견해다.

위크스의 유토피아적인 시각이 더 좋아 보인다 해도 우리가 당장 살아가야 하는 곳은 대부분의 사람에게는 일이 물질적 필요와 욕망을 충족시키는 유일한 수단인 체계 속이다. 현재, 그리고 노동 이후의 풍요 사이의 기간에 우리는 어떻게 일하고 무엇을 욕망해야 하는가? 베네딕트회 수도사들은 삶의 중심에 일을 두지 않으면 공동체와 금욕주의 사이에는 그 어떤 대립도 일어나지 않음을 보여주었다. 사실 인간의 존엄성을 존중한다고 약속하는 공동체가 있어야만 총체적 노동과 번아웃을 넘어선 삶을 빚어내기 위해 필요한 금욕주의를 견딜 수 있을 것이다. 이런 공동체는 입회하는 순간부터 죽는 날까지 모든 필요를 채워주는 것뿐만 아니라 일에 상한선을 정해주기까지 한다.

초기의 번아웃 연구팀 중 하나는 가톨릭 교단이나 몬테소리 스쿨 같은 '이념적 공동체'에서는 공통된 이념이 일상적 일과에 구조와 의미를 부여하고 구성원의 관계를 동등하게 만들며 노동자에게 스트레스를 야기하는 갈등과 모호함을 감소시키기 때문에 번아웃의 수준이 낮게 나타나는 것으로 상정했다.[23] 하지만 지금까지 살펴보았듯 베네딕트회 수도사라는 소명은 번아웃을 겪지 않고 일의 이상과 현실 사이 간극을 메울 수 있는 초능력이 아니다. 이상과 현실을 조정하는 것은 공통된 소명이 있기에 가능한 특정한 삶의 방식이다. 베네딕트회 공동체는 이미 번아웃을 유발하는 가장 흔한 제도적 '불일치'들을 저지하는 실천들로 구성되어 있기 때문이다. 이 불일치란 바로 과잉 노동, 인정 또는 자율성 부족, 불공정, 공동체 와해, 가치 충돌이다. 수도원의 가장 중요한 의미는 함께 살아간다는 데 있다. 공동체는 최우선으로 보호받는다. 수도사들은 규칙에 전념하기에 그들의 가치는 조화를 이룬다. 물론 애초부터 복종의 서약을 하는 가톨릭 신도들이 상당한 자율성을 내려놓는 것은 사실이지만, 그것이 보통의 사무직 노동자들 이상인 것은 아니다. 또 이들은 노동에 상한선을 설정한다. 크라이스트 인 더 데저트 수도원에서 노동은 성 베네딕트의 가르침대로 순환제로 할당된다.[24] 수사는 나이가 들수록 더 가벼운 업무를 맡는다. 기도 시간은 노동시간이 늘어나지 못하도록 억제한다. 그들은 성스럽고자 노력하지만 일할 때 성인군자가 될 필요는 없다.

크라이스트 인 더 데저트 수도원을 떠나 돌아오는 길, 나는 상쾌한 기분으로 자갈 깔린 도로를 달렸다. 여태까지 내가 살아오던 방식, 평소처럼 일하고, 자고, 먹고, 시간을 낭비하는 일과 말고도 다른 방식이 있다는 사실을 알게 되어 짜릿했다. 수도원을 방문한 뒤 내 삶이 근본적으로 바뀐 것은 아니다. 하지만 나는 변화가 가능함을 알게 되었다. 수도원의 형제들 하나하나는 나와 마찬가지로 이 세상을 살아가다가, 어느 순간 세상에 등을 돌리고 깊숙이 은둔해 베네딕트 규칙서대로 살겠노라는, 삶을 명상에 바치겠노라는 급진적 결정을 내린 이들이었다. 수도사처럼 살 수 있는 사람은 거의 없다. 결정적으로 베네딕트회 수도사들은 부양할 자녀가 없기에 육아라는 의무에서 자유롭다(물론 그들은 공동체 속 노쇠하고 병약한 구성원들을 돌본다). 그럼에도 수사들의 삶은 비록 우리가 대대적으로 실천하지는 못할지라도 대안적인 이상(도저히 일이 끼어들 여유가 없을 만큼 너무나 드높은 이상)이 존재한다는 것을 보여준다. 그래서 나는 베네딕트회 수도사 중 세상과 조금 더 많이 소통하는 이들을 찾았다. 같은 가치를 담고 있으나, 세속의 사람들에게 조금 더 접근하기 쉬운 삶의 방식을 지닌 이들 말이다. 그들을 찾은 것은 미네소타주 중부의 대초원에서였다.

．　．　．

미네소타주 세인트조지프의 성 베네딕트 수도원 소속 세실리아 프로코쉬Cecelia Prokosch 자매로부터 이야기를 들었다. 1950년대 후반에 자신이 베네딕트회에 입회하던 시절의 수녀들은 오라 엣 라보라 엣 라보라 엣 라보라의 삶을 살아간다는 농담이 떠올랐다는 것이었다. 그 시절 세실리아 자매는 수도원 전체, 그리고 인접한 여자 대학인 성 베네딕트대학교의 배식 업무를 도맡아 해냈다. "일이 너무 많아서 기도를 못 할 때도 많았습니다." 수도원의 얼룩 하나 없는 부엌 식탁에 마주 앉은 채로 그가 말해주었다. "일터에서 살다시피 했지요." 당시 세실리아 자매는 대학 기숙사에서 잠을 잤고, 오전 7시 30분이나 8시부터 밤늦게까지 일을 해야 했으므로 새벽 기도를 건너뛰었다. 14년간 그런 일정으로 살아왔고 그 와중에 강의를 하거나 MBA 과정을 공부하기도 했다. "기진맥진했어요. 하지만 그때는 저도 젊고 힘이 넘쳤지요."

내가 세실리아 자매를 만난 시점에 그는 15년째 수도원의 접객 담당자로 지내고 있었고, 이곳의 구성원들을 인터뷰하고자 하는 나의 이메일을 받은 사람도 그였다. 일정이 여유로워졌다는 것은 이제 그가 수도원 생활의 사색적인 측면, 즉 성무일도, 렉시오 디비나lectio divina(영적 독서), 그리고 묵상에 더 집중할 수 있다는 의미였다. 이제는 세실리아 자매가 공동 기도를 놓치는 일이 거의 없다.

미네소타주 중부는 베네딕트회의 땅이다. 20세기 중반, 이 지역에 있는 대형 수도원 두 곳에는 남성 수사가 400명, 수녀가 1,000명 이상 소속되어 있었다. 여성이 소속되어 있던 곳이 성 베네딕트 수도원이고, 남성이 소속되어 있던 곳은 옥수수밭이 펼쳐진 평원 위 9킬로미터 떨어진 컬리지빌의 성 요한 수도원이었다. 수녀들은 미네소타주 50개 이상의 학교에서 가르쳤으며, 수사들은 교구 사제직을 맡거나 대학교, 고등학교, 출판사, 라디오 방송국, 그리고 내가 컬리지빌을 방문한 주에 잠을 잔 침대를 만든 목공소 같은 다양한 사업을 담당했다.

베네딕트회 수도사들은 19세기에 이 지역에 정착한 독일 이민자들을 교육하고 선교하고자 미네소타주 중부로 이주했다. 이는 수도사들로 하여금 성 베네딕트의 규율과 타협하게 만드는 노동 집중적 사역이었다. 오늘날 이곳 수도원들의 인구는 한때에 비하면 극히 적으며, 그중에서도 현재까지 교구 내에서 가르치거나 복무하는 구성원은 더욱 적으나, 여전히 공동체 내에서 할 일들이 있다. 수녀들은 19세기의 독일 이민자들 후손들, 그리고 최근의 소말리아 이민자들 사이의 문화적·종교적 이해를 촉진하고자 노력해 왔다.[25] 세상과 적극적으로 관계 맺고자 하는 정신은 여전히 남아 있는 것이다.

오늘날까지도 이곳의 수도사들은 절충안을 실천하고 있다. 하루 일곱 번이 아니라 세 번씩 모여 공동 기도를 한다. 매끼를 침묵 속에서 먹지도 않는다. 성 베네딕트는 〈생일 축하합니다〉 노래를 부르는 것에 대해서는 어떠한 규칙도 만들지 않았지만, 내가 점심을 먹으러 수도원 식당을 찾았을 때 수녀들은 그날 팔순 생일을 맞은 누군가를 위해 생일 축하 노래를 부르고 있었다. 성 요한 수도원의 한 수사는 자신이 있는 공동체에서는 기도에 늦는다고 해서 남들이 보는 앞에서 속죄하지 않고, 수도원장이 이따금 정시에 오라고 주의를 주는 것이 전부라고 했다. 수사와 수녀 들은 성인이 된이래로 쭉 베네딕트 규칙서에 등장하는 이상적인 수도원의 삶과일의 현실 사이 끊임없는 협상을 벌이며 살아왔다. 이들 중 그 협상을 홀로 해내야 하는 이는 없었다. 수도원은 각 구성원이 균형을 찾을 수 있게 하는 전체적인 문화에 해당했다.

수도사가 타협하는 규칙 중 가장 주요한 것은 공공 기도에 관한 원칙이다. 성 베네딕트는 성무일도보다 중요한 것은 아무것도 없다는 말로 기도의 중요성을 엄격히 다룬다.[26] 이 규칙이 시므온 형제가 노동시간이 끝났을 때 수사들이 일을 '내버려두어야' 한다고 명령하는 이유이기도 하다. 하지만 미네소타주에서 나와 대화를 나눈 수도사들은 다들 그날 할 노동 때문에 하루의 기도를 모두하지 못하던 시절이 있었다고 했다. "조정해야지요." 곧게 뻗은 흰머리의 루신다 마렉Lucinda Mareck 자매는 힘주어 말한다. 입회한 뒤60년간 루신다 자매는 고등학교, 피정의 집, 대학교 내 사제실에서일했고, 예비 수도사 담당자, 직업 관리자, 공동체 내 주거 코디네이터 직위를 맡았으며, 세인트폴과 미니애폴리스 교구에서 애도와이혼 상담을 했으며, 무엇보다도 부목사로서 가톨릭 교구를 운영했다. 이런 세월 동안 공동체의 정오 기도에 참석하는 것 자체가 아예 불가능한 나날도 많았다. 적극적 목회의 '추월차선'에서 50년을 보낸 뒤 루신다 자매는 제빵사가 되어 오랜 꿈을 이루었다. 이제는 밤이나 주말에 일하지 않는다. 세실리아 자매와 마찬가지로 요즈음에는 루신다 자매가 기도에 빠지는 일이 거의 없다.

· · ·

세인트폴 수도원 교회는 공동체 노동의 장소로서의 수도원을 충격적인 시각적 은유로 보여준다. 모더니즘 건축가 마르셀 브로이어Marcel Breuer의 주요 건축물 중 하나인 브루탈리즘 양식의 거대한 교회는 한쪽 벽 전체가 벌집 모양의 스테인드글라스 전면 창으로 이루어져 있다. 교회는 수사들이 일하러 가기 전에 소집하는 장소이자 정오와 저녁에 돌아오는 장소인 벌집이다.

컬리지빌에 있는 수사라면 누구나 거쳐가야 하는 일터 중 하나가 수도원을 둘러싼 대지에 세워진 성 요한대학교다. 20세기 중반에는 교직원 대부분이 수도원의 구성원들로 이루어져 있었다. 오늘날에는 열 명 남짓에 불과하다. 나는 수도원의 가장 젊은 수사 중 하나인 신학 교수 니컬러스 베커Nickolas Becker 형제를 만났다. 그의 사무실은 100년 이상 이 공동체의 거처 노릇을 했던 거대한 빅토리아 양식 건물인 쿼드랭글에 있었다. 니컬러스 형제는 덩치가 컸고, 우리가 만난 그해 여름 오후에는 빳빳한 흰색 옥스퍼드 셔츠에 감색 바지를 입고 있었다. 잘 정돈된 책상 위에는 아이폰, 성서 해설서, 그리고 포모도로 시계가 놓여 있었다. 한 번에 25분씩 일에 집중하려는 사람들이 쓰는 토마토 모양 타이머 말이다.

니컬러스 형제는 품이 많이 드는 직업과 병행하면서 공동체의 삶에 전적으로 참여하는 것이 쉽지 않다고 털어놓았다. 그는 명상적인 삶을 선호하는데, 어쩌다 보니 적극적 역할을 맡게 되었다는 점이 어려웠단다. 그것이 수사라는 위치가 가진 이상과 현실 사이의 간극이다. 이 긴장을 해소하지 못한다면 번아웃을 겪을 위험을 감수하게 될 것이다. 니컬러스 형제는 풀타임으로 도덕신학 강의를 맡아 가르치고 있을 뿐만 아니라 2학년생들과 기숙사에서 함께 산다. 그는 맡은 일을 전부 끝마칠 수 있도록 스티븐 코비Stephen Covey의 《성공하는 사람들의 일곱 가지 습관》같은 책들에 등장하는 생산성 테크닉을 도입한다. "저는 의식적으로 규율과 일정을 지키는 습관을 만들려고 노력합니다." 듣고 보니 그야말로 수도사다운 일이었다. 그럼에도 불구하고 포모도로 테크닉에 적응하기까지는 시간이 걸렸다고 한다.

니컬러스 형제는 강의를 맡은 첫 학기에 겪은 업무량이 마치 "대형 트럭에 치이는 것" 같았다고 표현했다. 그 학기 성적 평가를 모두 마치고 난 뒤 그는 아이오와주에 있는 트라피스트회 수도원으로 피정을 떠났다. 트라피스트회는 더 명상적인 곳, 일에 '더 건강하게' 접근하는 곳이라는 생각이 들었다. 그곳에 머무는 동안 개인 기도와 영적 독서가 얼마나 중요한 것인지 새로이 깨닫기도 했다. 이제 그에게 한두 시간 동안의 기도(니컬러스 형제의 표현대로라면 "나만의 기도")는 가능한 한 참석하는 공동 기도, 매일의 미사, 공동체와 함께하는 식사와 마찬가지로 학기 중에도 그의 인생에서 '타협할 수 없는' 항목이 되었다. "일에 짓눌리지도 않고, 수도사의 삶이라는 비전을 포기하지도 않을 것입니다." 그의 말이었다.

나는 미네소타주에서 만난 베네딕트회 수도사들 각각에게 업무, 기도, 공동체 생활에 있어 번아웃이라는 표현을 쓰느냐고 물어보았다. 대부분은 대답하기 전 부자연스러울 정도로 한참을 머뭇거렸다. 그러더니 모두가 그렇지 않다고, 높은 업무 강도에도 불구하고 수도원 공동체 내에는 번아웃이라는 문제가 없다고 했다. 번아웃을 경험한 적 있다고 답한 단 한 명의 수사 역시 그것은 성 요한 수도원에 오기 전의 일이었다고 했다. 또한 수사와 수녀들 모두 기독교 신학에서 희생적인 사랑을 강조함에도 세속의 서비스 업종에서 흔한 순교에 가까운 노동 윤리를 옹호하지 않았다.

번아웃을 경험했다고 답한 수사는 수도사의 삶을 시작한 초기에 그런 경험을 했다고 한다. 대머리에 안경을 쓴 모습이 언뜻 프랑스 철학자 미셸 푸코Michel Foucault를 닮은 영문학 교수 루크 맨큐소Luke Mancuso 형제는 성 요한 수도원에 들어오기 전에 고향 루이지애나주의 한 수도원에서 지냈다고 했다. 1983년 사제 서품을 받은 뒤 그는 병원 목사로 일하며 소규모 공동체에 필요한 급여를 벌었다. 그는 3년 동안 주 6일간 호출을 받았다. 수도사들은 매일 정해진 시간에 기도를 한다. 수도원의 종은 모두의 귀에 들리는 시계 역할을 한다. 하지만 병원 목사였던 루크 형제는 '금방이라도 업무가 끼어들 것 같은 위협'과 마주했다. 업무 호출이 언제 올지 알 수 없었기에 늘 대비하고 있어야 했다.

벽에는 영화 포스터와 월트 휘트먼의 초상들이 붙어 있고 컴퓨터를 통해 영국의 슈게이징 밴드인 슬로우다이브의 음악이 흘러

나오는 그의 연구실에서 루크 형제가 소진, 유리, 비효능 같은 표현으로 묘사한 것은 전형적인 번아웃 경험이었다. 병원 업무는 그를 '소진시켰다'. 그 일은 그와 전혀 어울리지 않았다. 당시 그는 트라피스트회 수사이자 작가로서, 재기 발랄함과 사회의 변두리에 존재하는 사람들에 대한 연대감을 잃지 않고 학자의 길과 정치적 참여를 결합한 토머스 머튼Thomas Merton 같은 사람이 되고 싶었다. 루크 형제가 품은 이런 욕망과 실제 매일의 일 사이의 긴장감은 그를 '무너뜨렸다'. 그럼에도 그는 공동체에 대한 의무 때문에 버틸 수 있을 때까지 병원 목사 일을 계속했다. 그는 의무가 수도사로서의 삶을 살면서 "맞서 싸워야 했던 악마들"이라고 했다. 이 악마는 그가 자신의 일에서 무엇이 잘못된 것인지를 너무 늦어버릴 때까지 알아차리지 못하게 만들었다.

루크 형제는 성 요한 수도원으로 전원한 뒤 대학원에 진학해 박사 학위를 받고 대학교수가 되었다. 그는 여전히 바쁘지만("저는 아세디아와 정반대의 상황을 겪고 있습니다"라고 이야기했다) 이제는 상시 대기 상태가 아니다. 온종일 강의하느라 저녁 기도에 빠지는 일도 종종 있지만 혼자 자주 기도한다. 저녁에 방에서 혼자 보내는 두세 시간이 그에게 활력을 준다.

· · ·

베네딕트회 수도사들이 타협하지 않는 한 가지 영역은 서로의 존엄성이다. 그들은 어떤 일을 하든 공동체에 속할 권리가 있다. 미네소타주의 두 수도원 모두 연로한 구성원이 늘어가고 있기에 몇몇 구성원은 급여를 받는 일을 해야 하는 필요성을 통감하고 있다. 성 요한 수도원의 수사들은 일부 구성원들이 다른 구성원보다 더 많은 돈을 벌어온다는 사실을 인지하고 있다. 그럼에도 베네딕트 규칙서에 나오는 장인에 대한 구절대로, 더 많이 버는 이들은 반드시 "전적인 겸손함을 가지고 기예를 수행해야 한다".[27] 한 예로 루크 형제는 자신이 수도원에서 벌이가 가장 많은 구성원 중 하나라는 사실을 알지만, 그럼에도 이렇게 말했다. "특정 수도사가 하는 노동의 양이나 질로 그의 존엄성이나 가치를 판단해서는 안 됩니다. (…) 우리는 모두 무한한 가치를 가지고 있다고 생각해야 합니다." 나는 베네딕트회 수도사들을 인터뷰할 때마다 비슷한 말을 수없이 들었다. 심지어 수도사가 실직한다 한들 공동체 안에서 그의 존엄성은 여전하다고 루크 형제는 덧붙였다. "그가 스스로를 다시금 발명하는 동안 우리는 그와 더불어 살고 그를 부양해야 합니다."

소속감이야말로 수도원이 '핵심' 인력들은 존엄성을 지니나 임시직과 계약직 노동자는 눈에 보이지 않고 교체 가능한 취급을 받는 균열된 세속의 일터와 가장 대조되는 점일 것이다. 루크 형제는 주류 경제에서 횡행하는 불안정성과 소모성과는 반대되는 영원한 맹세와 종신교수직을 누리고 있다. 이 차이는 약속에서 오는 것이다. 사회학자 앨리슨 퓨는 후기 산업사회, 직업 안정성이 최소화된 신자유주의 시대에는 고용주와 노동자 사이에 '일방통행적 자율 시행 제도'가 존재한다고 주장한다. 즉, 노동자들은 고용주가 화답하지 않으리라는 사실을 알면서도 업무에 고도로 헌신한다는 것이다.[28] 이는 번아웃을 유발하도록 설계된 체계다. 업무 수행 능력에 있어 기대치는 높으나 그렇다고 해서 업무 환경이 이상적일지, 나아가 직업을 유지할 수 있을지는 아무런 보장도 없기 때문이다.

베네딕트회의 체계는 하느님 앞에서 한 맹세에 바탕을 둔다. 베네딕트회 수도사는 영원히 특정 공동체에 결속되는 '삶의 안정성'을 서약하고, 루크 형제의 경우처럼 이 맹세가 다른 곳으로 이관되는 경우는 극히 드물다. 베네딕트 규칙서에 따르면 수도원장은 "개인 소유라는 악덕을 완전히 뿌리 뽑을 수 있도록" 수도원 구성원들이 필요한 모든 것을 제공한다.[29] 이런 헌신이 있기에 니컬러스 형제는 하루에 두 시간의 개인 기도를 포함하는 수도사로서의 삶에 있어 높은 이상을 지닐 수 있게 되는 것이다. 니컬러스 형제가 설령 대학에서 종신교수직을 얻지 못한다 해도 그에게는 집이 있다. 그는 다른 업무를 할당받을 것이다. "하지만", 니컬러스 형제는 덧붙였다. "저에게는 돈과 아내와 가족이 없습니다." 그는 공동체와 결혼했기 때문이다.

이 글을 쓰는 지금, 베네딕트회에서 이루어지는 모든 구성원에 대한 영속적인 지원에 대해 세속에서 가장 비슷한 예는 아직 꿈에 지나지 않는다. 보편적 기본소득이 주어진다면 노동 여부와 무관하게 사회 차원에서 구성원들에 대한 돌봄의 약속이 이루어질 것이다. 이 기준 소득은 모든 작업의 위험성을 낮출 것이며, 나쁜 직장을 버리는 것도, 급여가 높지 않지만 오로지 애정이 있가에 가능한 업무를 하는 것도 더 쉬워질 것이다. 이런 안정성에 개인의 존엄성에 대한 한층 강한 존중(그 자체로 기본소득에 대한 굳건한 명분이 된다)이 결합된다면 우리는 우리를 번아웃으로 내모는 돈과 직위에 대한 불안감을 종식하는 긴긴 여정을 시작할 수 있을 것이다.

• • •

오늘날 성 요한 수도원의 벌집은 수사들이 교육, 건설, 지역 공동체 사역을 위해 분주한 벌처럼 이 지역을 돌아다니던 50년 전에 비해 사뭇 조용해졌다. 이곳 구성원들의 연령 중간값은 70세가 넘으며, 성 베네딕트 수도원의 자매들과 마찬가지로 이들 역시 나이가 들면서 점점 더 명상적 공동체가 되어간다. 그럼에도 베네딕트회 수도사들이 전적으로 은퇴하는 일은 없다고 수사 중 한 명이 나에게 알려주었다. 세실리아 자매가 접객 담당자가 되고, 루신다 자매가 제빵사가 된 것처럼 다른 직업을 가지게 될 뿐이다. 나는 지금까지 베네딕트회 수도사들은 업무를 제한함으로써 일이 더 인간적이 될 수 있게 만든다고 주장했는데, 내가 만난 수도사 중 다수가 80대에도 활발하게 일을 하고 있다는 사실은 어쩌면 제한의 부재로 보일 수도 있으리라. 하지만 나는 이 사실은 수도원의 형제자매들이 평생 존엄성을 유지한다는 사실을 역설적으로 보여주는 것이라고 생각한다. 일이 그들을 소진(이 용어에 담긴 두 가지 모두의 의미로)시키지 않기 때문에 그들은 죽는 날까지 줄곧 공동체에 기여할 수 있다. 나이 든 베네딕트회 수도사들이 하는 일은 그들의 능력에 적합한 것으로 베네딕트 규칙서대로 상급자와의 상의 끝에 결정된다.[30] 이들의 노동은 또한 업무 일정은 "일하는 이의 건강과 체력에 맞추어야 한다"라는 교황 레오 8세의 명령을 반영하고 있다.³¹ 미네소타주 베네딕트회 수도원에서는 가장 병약한 구성원에게도 할 일이 있다. 걱정을 품고 수도원으로 찾아오는 이들을 위해 기도를 해주는 일이다. 내가 만난 한 자매는 88세였는데 수도원 웹사이트를 통해 접수되는 기도 요청을 관리하는 일을 하고 있었다. 미네소타주 남부에 위치한 메이요 클리닉 환자들을 위한 기도들도 종종 접수되었다. 이 자매는 요청 글에 답글을 달아 기도를 요청한 이들이 원하는 바를 조금 더 상세히 파악한 다음, 은퇴한 뒤 인근 수녀원에서 생활 보조를 받고 있는 수녀들에게 이 요청들을 전달한다. 공동체는 여전히 수녀들에게 의지하고 있다.

성 요한 수도원의 기념품점을 담당하는 이는 90세의 수사였다. 기념품점에 들어가자 그는 나에게 존 헨리 뉴먼St. John Henry Newman의 글에서 인용한 구절이 담긴 종이 한 장을 건넸다. "그분이 우리를 온종일 먹여 살리게 하소서, 그림자가 길어지고, 저녁이 오고, 부산한 세상이 잠잠해지고, 삶의 열병이 끝나고, 우리의 일이 끝날 때까지! 그 뒤에야 그분은 마침내 자비로이 우리에게 안전한 쉴 곳과 신성한 휴식을, 평화를 선사할 것입니다!"³² 은퇴에 대한 묵상으로서 적절하기 이를 데 없는 말이었다. 수사는 쾌활하게 손님들과 이야기를 나누었다. 손님 중에는 대학 시절에 만나 결혼한 부부도 있었다. 또 다른 수사인 르네 맥그로Rene McGraw 형제는 얼마 전 84세의 나이로 철학 교수직에서 은퇴한 뒤 수도원장으로부터 새로운 일을 할당받기를 기다리고 있었다. 그는 그 어떤 일이라도 "소변기 청소든 바닥 쓸기든" 받아들일 준비가 되어 있다고 했다.

미국인들은 은퇴를 받아들이기 힘들어하는데, 그 이유 중 하나는 수많은 사람이 번아웃으로 내몰리는 와중에도 일을 중심으로 자신의 정체성, 공동체, 목적의식 대부분을 확립하기 때문이다. 그들은 은퇴를 간절히 기다리지만 직업인으로서의 생활이 끝난 뒤에 어떻게 살아갈지 혼란스러워한다. 2000년 이후로 미국에서는 성인 노동인구의 전체 비율이 감소하는 상황에서도 65세 이후의 노동인구가 꾸준히 증가하고 있다.[33] 고령 노동인구 중 약 40퍼센트는 은퇴한 이후 다시 일을 시작했다.[34] 헨리 데이비드 소로는 '인생에서 자유의 가치가 가장 떨어지는 시기에 의문스러운 자유를 누리고자 인생의 가장 좋은 시간을 돈을 벌며 보내는' 사람들에게 조소를 보냈다.[35] 그런데 미국인은 대부분 그조차도 하지 못하는 실정이다.

베네딕트회 수도사 중 일부는 은퇴 이후의 삶을 생각하며 초조해한다. 예를 들면 생물학 교수인 잔 마리 러스트Jeanne Marie Lust 자매는 1973년 성 베네딕트대학교를 졸업한 뒤부터 공동체의 일원이었다. 잔 자매는 일을 좋아하고 여름에는 골프 치는 것을 좋아한다. 우리가 대화를 나누었을 때 잔 자매는 티셔츠와 카프리 팬츠 위에 옥스퍼드 셔츠를 걸쳐 입고 있었다. 짧은 흰머리에 안경을 낀 그의 얼굴에는 주름이라고는 없다시피 했다. 그는 은퇴한 이후 어떻게 살아야 할지 도저히 알 수가 없다. "다른 하고 싶은 일이 없거든요." 잔 자매는 스스로가 '성스러운 유형'은 아니라고 여기기에, 고령의 구성원들이 종종 하는 일인 영적 지도에는 매력을 느끼지 못한다. 어쩌면 공동체를 위해 채소 수경 재배를 하는 법을 배울 수 있을지도 모르겠다고 말한다.

통계적으로 보았을 때 잔 자매는 은퇴 후 세실리아 자매, 루신다 자매 또는 기념품점의 수사와 마찬가지로 행복한 노년을 보낼 가능성이 크다. 한 연구에 따르면 독일의 베네딕트회 수녀들의 삶의 만족도는 일반적인 기혼 또는 미혼의 독일 여성들보다 현저히 높았다. 사실, 일반적인 독일인은 중년에 삶의 만족도가 급락하는 것으로 나타났지만 베네딕트회 수녀들의 경우는 그렇지 않았다. 나이가 들수록 더욱 행복해졌다.[36]

· · ·

나는 타인의 존엄성을 믿으며 살아가는 것(따라서 타인의 인간적인 요구를 충족시키는 것과 일의 균형을 잡는 것)이 수사와 수녀 들이 느끼는 행복감과 관련이 있으리라 생각한다. 어떤 종교를 가졌든 타인의, 그리고 우리 자신의 존엄성을 인지해야 생산성을 향한 욕망이 악마가 되지 않게 막을 수 있으리라. 분기별 수익 목표는 그 목표를 맞추기 위해 건강을 희생해가며 노동을 하는 사람만큼 가치 있는 것이 아니다. 고객 만족도로 얻는 명성은 주문을 처리하고 불만을 감당하는 그 사람만큼 가치 있는 것이 아니다. 잘 완수한 일에 대한 자부심도, 고용주를 위해 일하느라 생긴 불안감이나 번아웃도, 인간으로서 당신이 가지는 존엄성만큼 가치 있는 것이 아니다.

크라이스트 인 더 데저트 수도원의 수사들이 기도가 끝날 때마다 성가대석을 떠나는 모습이 떠오른다. 수사들은 제단을 향해 고개를 숙이고, 또 맞은편 형제를 향해 고개를 숙인다. 그들은 이

행동을 하루 일곱 번 반복한다. 당신이 끊임없이 노동으로 자신의 가치를 증명하도록 요구하는 문화와 비교하면 그것이야말로 수도 사들이 하는 가장 급진적인 일인지도 모르겠다.

8장 / 번아웃에 맞서는 다양한 경험들

미네소타주 컬리지빌에 머물던 어느 날 오후, 리처드 브레스나한 Richard Bresnahan의 도자기 공방에 들렀다. 문이 열려 있었고, 나는 몇 분간 유약을 바르지 않은 붉은색과 회색의 주전자며 컵이 자리한 선반들을 경탄의 눈으로 구경했고, 그동안 브레스나한은 내가 들어온 줄도 모르고 얕은 그릇을 만들 진흙을 치대고 있었다. 그의 조수들은 몇 달 뒤 호숫가에 있는 거대한 가마를 가동할 준비를 하느라 길 건너편에서 선반을 유압 세척하고 통나무를 쪼개는 따위의 일을 하고 있었다. 그들은 2년에 단 한 번 가마에 불을 붙인다. 1만 5,000개에 달하는 작품들을 빽빽하게 채워 넣은 다음 22코드(목재의 체적 단위 중 하나로 1코드는 가로 4피트, 세로 4피트, 깊이 4피트의 입방체를 채우는 양이다―옮긴이)의 장작을 태운다.[1]

하지만 매일 오후 3시, 도자기 공방 사람들은 일을 중단하고, 지나가다 들린 사람들은 사방 3피트의 이로리 테이블에 앉는다. 테이블 한가운데에는 버너와 철제 주전자가 있다. 조수 한 명이 주전자 속에 이는 거품을 보며 물 온도를 가늠해 녹차를 끊임없이 우려냈다. 우리는 차를 마시고 잡담을 나눈 다음 조수 중 누군가가 자기 집 뜰에서 길렀다는, 내가 태어나서 먹어본 것 중 가장 달콤한 방울토마토를 나누어 먹었다. 노스다코타주의 한 도예가가 남편과 함께 예고 없이 공방에 찾아오자 우리는 의자를 옮겨 두 사람의 자리를 만들어주었다.

이 테이블은 인간의 삶이 번창하기 위해서는 일을 제한하고 사람들에게 서로의 존엄성을 존중할 기회를 주기 위해 공동체와 정기적인 여가가 필요하다는 원칙을 알려주는 작은 기념비다. 이 테이블은 오늘날 우리 대부분이 추구하는 것보다 더 인간적인 일의 이상을 상징한다.

우리는 번아웃 문화를 지금 당장 멈추어야 한다. 이 멈춤이 어떤 의미인지 이해하고자 노력하는 과정에서 나는 문화적 변두리에 있는 사람들, 독특하거나 현재 우리의 기준으로는 '성공하지 못한' 삶을 사는 사람들에게 끌렸다. 성공의 기준 역시 변화해야 하는 문화의 일부다. 또 총체적 노동을 끝내지 않고서는 번아웃 문화를 근절할 수 없다. 지난 50년간 일한 것과 똑같은 방식으로 일하면서 별안간 결과가 나아지기를 기대할 수도 없다. 그렇기에 내가 1장에서 이야기한, 번아웃에 대한 우리의 담론이 이토록 빈약하고 소극적인 것이다. 우리는 번아웃을 겪기 싫다고 말하지만 우리의 번아웃을 유발하는 일을 둘러싸고 여태까지 구축해온 의미 체계(수익 창출 체계는 물론이고)를 포기하고 싶지도 않다.

일이 아닌 다른 무엇을 둘러싸고 구축된 좋은 삶의 예시들은 분명 어려워 보일 것이다. 그럼에도 사람들은 시도해본다. 그들은 더 나은 일터를 만든다. 퇴근 후 취미에 몰두한다. 장애로 인해 유급 노동을 하기 어려운 사람들은 예술 프로젝트를 한다. 이런 여러 예시 속에서 우리는 일이 아닌 곳에서 사람들이 존엄성, 도덕적 가치, 목적을 찾아내게 만드는 공동체 구조와 개인적 규율들을 알아 내야 한다. 그들의 이상은 직업의 현실과 어떻게 맞물리는가? 다시 말해, 번아웃을 막는 대항문화의 특징은 무엇인가?

• • •

미네소타주에 다녀온 지 몇 달이 지난 비 오는 봄날 아침, 주거, 식품, 건강 프로그램을 통해 빈곤 반대 사업을 하는 댈러스의 비영리 회사인 시티스퀘어CitySquare의 월례 직원회의를 참관했다. 나를 초대해준 장본인이자 시티스퀘어의 대민 담당 이사인 자리 브래들리Jarie Bradley는 회의가 파티처럼 느껴질 것이라고 했다. 회의는 사우스 댈러스의 고속도로에 인접해 있고 벽돌로 된 수수한 침례교회 건물에서 열렸다. 안에 들어가니 복도 테이블에 커피, 주스, 브랙퍼스트 타코가 차려져 있었다. 푸른 벽, 푸른 카펫, 푸른 커버를 씌운 쌓을 수 있는 철제 의자들이 있는 교회 안, 스피커에서는 가스펠 음악이 흘러나왔다. 이곳에 모인 총 160명쯤 되는 시티스퀘어 직원은 대부분 여성이었다. 인종 구성은 다양했으며 절반 가까운 수가 아프리카계 미국인이었다.

오렌지색 시티스퀘어 티셔츠 위에 재킷을 걸치고 짙은 암적색으로 머리를 염색한 브래들리는 사람들이 조금씩 들어오는 내내 회의 장소를 어슬렁거리면서 만나는 사람마다 포옹하고 다녔다. 그는 주거 부서 신입사원인 세 여성을 소개하면서 회의의 포문을 열었다. "새로 들어온 빈곤 파이터들을 향해 다 함께 박수!" 우리는 환호를 보냈다.

그다음 의제는 다른 이들이 하는 일을 인정하는 열린 포럼인 '인정합시다'였다. 아마 이 부분이 회의의 파티 같은 부분인 것 같았다. 브래들리는 동료를 인정하고 싶어 하는 빈곤 파이터들에게 차례차례 마이크를 넘겼다. 식품 프로그램 담당자를 인정합시다. 이번에 회계감사를 멋지게 완료한 이웃 지원 서비스 팀을 인정합시다. 동료를 칭찬하겠다며 20명이 넘는 사람들이 자리에서 일어났다. 그러자 누군가가 "이분들도 인정합시다!" 외쳤고 모두 또다시 환호를 보냈다.

칭찬이 폭포처럼 쏟아졌다. 회의 장소를 예약해준 안드레아를 인정합시다. 이사회의 시간에 찾아온 가족에게 주거와 학교를 지원할 수 있도록 노력한 모두를 인정합시다. '특수부대인 파견 팀'을 인정합시다. 그리고 마지막으로, 회계감사를 위한 방을 수리해준 분들을 인정합시다.

마이크가 다시 브래들리에게 돌아오자 그는 회계감사 내내 '시티스퀘어 방식'을 보여준 모두에게 감사했다. 긍정적인 검토 의견을 받았을 뿐만 아니라 시에서 고용한 회계감사원은 업무를 마치자마자 시티스퀘어에 지원했다는 것이다.

내가 시티스퀘어에 관심을 가지게 된 것은 어느 콘퍼런스에서 브래들리를 만난 뒤였다. 브래들리는 고용주가 하는 일과 그 일의 동기가 되어주는 공감 능력에 대한 이야기를 했었다. 시티스퀘어는 중요한 질문에 대한 해답이 될 수 있을 것 같았다. 평범한 일터가 어떻게 그 문화의 중심에 인간 존엄성을 두고, 이로써 번아웃을 무찌를 수 있을까?

빈곤 파이터들은 늘 번아웃을 감수한다. "우리는 이 일이 지독하게 힘들다는 것을 알아요. 또 우리는 공동체를 돌보는 와중에 서로를 돌보아야 한다는 사실도 알고요." 쇼핑몰의 샌드위치 가게에 마주 앉아 커피와 BLT 샌드위치를 먹으면서 브래들리는 말했다. 직원회의의 '인정합시다' 시간에서 분명히 드러난, 타인에게 감사하고자 하는 시티스퀘어의 헌신은 일터에서 좌절과 번아웃으로 이어지는 흔한 결핍 한 가지를 해소해준다.

더 확고하게, 시티스퀘어는 시간제 직원과 정규 직원 모두 이용할 수 있는 직원 지원 프로그램에서 기존에 연 3회 지원하던 심리 상담을 연 6회로 늘렸다. 이런 정책들은 스트레스와 번아웃이 인적 서비스 업무의 현실이라는 사실을 인지하고 있음을 보여준다. 시티스퀘어 사장 존 시버트John Siburt는 인터뷰에서 그의 조직에는 "번아웃을 둘러싼 수치심이 없다"라고 말해주었다. "수많은 사람을 이토록 깊이, 이토록 강하게 보살피는 상황에서 번아웃은 인간의 평범한 반응이라는 것을 모두가 이해하고 있습니다." 시티스퀘어는 최근 몇 년간 유급휴가를 늘리기도 했다. 유급 휴일과 연말의 2주 휴가를 계산하면 직원들은 연간 최고 42일의 휴일을 누릴 수 있다. 이는 미국 연방법이 의무화하는 휴일보다 42일 많다. 시티스퀘어의 기존 직원은 쓸 수 있는 휴가는 전부 쓰라는 조언을 상급자들로부터 받았다고 말해주었다.

번아웃을 방지하는 데 휴가보다 더 효과적인 것은 공감 능력을 잃지 않고 조직 내 사람들의 역할을 관리하는 것이라고 브래들리는 말한다. 종종 이는 사람들에게 "불편한 진실을 이야기하되, 사랑을 담아 오로지 상대방이 더 잘되기를, 가장 잘 맞는 장소에 있기를 바라는 마음으로" 말한다는 의미다. 브래들리는 어떤 사람의 업무가 '이상적이지 않을 때는' 상사에게 그 사람이 가진 최선의 장점을 떠올리라고 한다고 했다. 애초 이 사람을 채용한 이유는 무엇이었나? 또 상사가 그 사람의 상황이었다면 어떤 일을 했을까? 이런 대화의 결과로 직원이 휴가를 받거나 내부 전출을 하게 되기도 한다.

브래들리는 한 직원의 일을 예로 들었다. 사례연구원의 감독관이었는데 사람들을 관리하는 데 피로감을 느꼈다. 하지만 그는 지원금을 관리하는 업무로 전환한 뒤 잘 지내기 시작했다. 또 다른 직원은 휴가와 코칭을 받고 역할을 바꾼 이후 업무 능력이 극적으로 상승했다. 장기 근속한 직원에게 대체 업무가 없는 경우에도 곧바로 해고하지는 않는다. 시티스퀘어는 이런 직원들에게 목표를 생각하고 외부에서 일자리를 구할 수 있도록 몇 개월간의 유연 근무 기간을 준다.

내가 브래들리를 만나기 몇 달 전, 브래들리 역시도 번아웃을 경험했고 시티스퀘어에서 예전처럼 잘 지내기 위해 역할 전환이 필요했다. 이곳에서 10년을 근무한 그는 두 사람 몫의 업무를 하고 있었다. 인사 관리에 공동체 직업 개발 프로그램까지 하고 있었다. 자신이 지닌 사명을 돕는 이 일을 그는 사랑했다. 또 '온 마음을 사로잡는' 일인 점도 좋았다.

하지만 이는 동시에 문제이기도 했다. 브래들리는 쉬는 시간도 없이, 누구에게도 도움을 부탁하지 않고 내내 일만 했다. 그러면서 '조금 더 할 수 있어, 계속 노력하자' 스스로에게 되뇌었다. "그러다가 깨달았습니다. 할 수 없다는 사실을요." 혈압이 상승하기 시작했다. 시티스퀘어 대표들과 상담한 뒤 그는 지쳤다는 사실을 마침내 인정하고 한 달간 휴가를 받았다. 돌아온 뒤에는 오로지 인사 업무에만 집중했다.

시티스퀘어에 재직하는 동안 브래들리는 인사 관리는 단지 규칙을 정하고 사람들에게 그 규칙을 따르게 하는 절차가 아니라 타인과의 만남으로 이루어진 일이라는 관점에서 접근했다. "관계는 위험을 완화해요." 브래들리의 말이었다. 관계를 우선한다는 것은 인사 관리에서는 늘 경계가 흐릿하다는 의미이기도 하다. "상대방이 원한다면 직원과 함께 울 수도 있고, 함께 기도할 수도 있지 않나요?" 그는 이렇게 반문했다.

시티스퀘어는 종교적 뿌리를 지닌 기관이다. 이 기관의 역사 대부분 시티스퀘어는 교회의 부속기관으로 센트럴 댈러스 미니스트리스라는 이름으로 불렸다. 과거에 오랜 시간 회장으로 재임했으며 현재는 명예 CEO인 래리 제임스Larry James 역시 성직자다. 내가 참관한 직원회의는 기도로 끝을 맺었다. 믿음을 반기는 것 역시 사람들이 일을 하면서 자신의 그 어떤 측면도 '구획화'하지 않기 위한 욕망에서 비롯된 것이라고 브래들리는 말했다. "우리는 우리를 인간으로 만드는 모든 것을 기꺼이 받아들이고자 합니다." 전임 사례 조사원 말리 말렌펀트Marley Malenfant는 자신이 경험한 시티스퀘어의 종교적 정체성은 직원들의 그 어떤 요소에도 열려 있었다고 했다. 그는 이곳이 "있는 그대로의 모습으로" 받아들이는 환경이라고 표현했다.

이곳에 재직한 적 있던 직원들은 상사들이 업무 외의 삶에도 관심을 가져주는 점이 좋았다고 했다. 앞서 3장에서 이야기했던, 냉소주의로 힘들어하던 사회복지사 리즈 커프먼은 자신이 시티스퀘어에서 일하던 시절 처음으로 주택을 마련했을 때 부서장으로부터 집들이 축하 선물 바구니를 받았다고 했다. 시티스퀘어 대표들은 직원들이 모든 측면에서 충만한 삶을 살기를 바랐다고 했다. 말렌펀트는 월요일 오후 팀 회의에서는 늘 그 주의 업무뿐만 아니라 좋거나 나쁜 개인적인 근황 이야기도 돌아가며 나누었다고 했다. 상사들은 그 순간에 마음에서 우러나오는 태도로 경청했다고 했다. "그 점이 정말 존경스럽습니다. 여러 면에서 치유받는 느낌이었어요." 이런 접근은 효과가 있는 듯하다. 내가 브래들리와 대화를 나누던 시점에 시티스퀘어의 이직률은 12퍼센트로 업계 평균보다 낮았다.

· · ·

시티스퀘어 직원회의에서 '칭찬해주세요' 시간이 끝나자 존 시버트가 자리에서 일어나 발언하기 시작했다. 그날 아침 베이지색 스포트 코트를 입고 있었던 덩치 큰 남성 시버트는 래리 제임스에 관한 이야기를 했다. 제임스는 텍사스 시골 출신이었다는 이야기, 그가 봉사 대상들과 맺은 관계 이야기, 시버트에게 그는 또 하나의 아버지 같았다는 이야기. 아들의 리틀 리그 야구 경기에서 코치로 뛸 수 있도록 제임스가 출장을 연기해주었던 이야기를 할 때는 목멘 소리를 냈다. 그는 시티스퀘어 직원들이 모두 서로를 대하는 태도에 집중해야 한다고 말했다. 그 모범 사례가 제임스였다. "사람들에 대한 그들의 사랑이 제 안에서도, 여러분 안에서도 살아 숨 쉬고 있습니다." 시버트가 말했다.

하지만 시버트가 업무 평가에서 직원들의 '긍정성' 평가를 옹호한다는 취지의 말을 하기 시작할 때 나는 그의 목소리에서 약간의 위협조를 감지했다. 혹시 불평하던 직원이라도 있었던 것일까? 시버트는 시티스퀘어의 사내 문화에 있어 긍정성은 필수라고 목소리를 높였다. "동료 직원들에게 부정적인 태도를 보이면 우리는 망하고, (제임스의) 사명 역시 그와 함께 죽어버릴 것입니다." (나중에 시버트는 그가 긍정성 이야기를 꺼낸 것은 그것이 이 기관의 핵심 가치이기 때문이었으며, 업무 스트레스가 "주의를 기울이지 않는다면 긍정성을 부식시킬 수" 있다고 했다.) 그는 직원들에게 "여러분이 얼마나 인정받고 사랑받는 존재인지를 알았으면 좋겠다. 여러분이 가진 단점

과 약점 모두 보여주는 것이 무척 기쁘다"라는 말로 발언을 마무리
했다.

"시버트는 회의 때마다 울어요." 한 직원이 나중에 나에게 해준
이야기다. 시버트에게 마이크를 다시 건네받은 브래들리 역시 눈
물을 훔치고 있었다.

내 눈에 시버트의 이야기는 영감을 주는 지도자의 이상 위에
세운 기관에서는 어김없이 발생하는 깊은 갈등을 풀기 위한 시도
로 보였다. 제임스는 막스 베버가 말한 카리스마적인 리더십의 모
범 사례다. 카리스마적 리더십이란 관료주의적인 규칙과 절차가
아니라, 사람들이 매력적인 한 명의 인물과 맺는 관계에서 흘러나
오는 권위다.[2] 제임스는 저서 《하우스 룰스House Rules》에서 지도자
는 "기관에 들어오고 나가는 모든 사람을 사랑하고 존중하지 않고,
또 그럴 수 없는 사람들을" 용인해서는 안 된다고 이야기했다. "우
리가 하는 사업에서 우정은 근간을 차지하는 가치다. 그것이 없다
면 분명 실패하고 말 것이다."[3] 또 그는 지도자는 활력이 넘치는 공
동체를 키워내기 위해 '혼란'을 수용해야 한다고 했다.[4] 사람들이
카리스마적인 지도자의 권위를 높이 평가하는 한 회사는 번창할
수 있다.

과거에 시티스퀘어에서 장기 근속했던 직원들은 제임스, 그리
고 서로와 맺었던 관계 덕분에 정서적으로 고된 일을 견딜 수 있었
다고 했다. 센트럴 댈러스 미니스트리스와 결연을 한 교회의 담임
목사였으며 1997년에서 2005년 사이 이곳의 부책임장이기도 했던
빌리 레인Billy Lane은 자신이 한 일이 "일처럼 느껴지지 않았다. 삶처

럼 느껴졌다"라고 했다. 레인은 제임스가 매주 '모임'을 소집했고, 그때마다 직원이나 봉사자는 '서로를 보살필' 뿐만 아니라 일에 대한 감정을 토로할 수 있었다고 했다. 주간 모임은 '털어내는' 시간이고, 이때 제임스를 포함해 상대가 일으키는 문제들을 토로할 수도 있었다고 한다.

레인이 시티스퀘어에서 경험한 상호 존중을 이야기했을 때, 나는 크리스티나 마슬라흐와 마이클 라이터가 만든 번아웃의 여섯 가지 주요 영역을 떠올렸다. 레인이 도맡은 업무량이 많았던 것 같지만, 그럼에도 불구하고 이는 강한 공동체 감각과 공통의 가치가 이를 뒷받침하고 있었으며, 모임 같은 의식을 통해 실행되었다. 더 크고, 따라서 더욱 관료주의적인 단체에서는 이런 공동체가 유지되기 어렵다.

존 시버트가 직원회의에서 이야기한 직원 평가 절차만큼이나 관료주의적인 권위의 예시를 떠올리기는 어렵다. 내가 보기에는 시버트가 그 절차를 제임스의 카리스마에 연결지으려 애쓰고 있었던 것 같다. 어째서 직원들이 체계를 신뢰해야 하는가라는 암묵적인 질문에 대한 그의 답은 이곳의 문화를 확립한 사랑받는 인물은 비록 이곳의 매일의 운영에 더는 긴밀하게 관여하고 있지 않음에도, 그의 사명만은 여전히 오늘날의 빈곤 파이터들과 공유되고 있는지를 확인할 수 있기 때문이라는 것이었다.

빌리 레인의 아내인 재닛 모리슨 레인Janet Morrison-Lane은 17년간 시티스퀘어에서 일했다. 구직 면접을 보던 중 제임스가 묻지도 따지지도 않고 재닛을 식료품 저장실에 데려다준 그 순간부터, 그는 재닛에게 번아웃을 겪지 않고 일하기 위해 결정적으로 중요한 그 무엇을 선사했기 때문이다. 바로 자율성이었다. 시버트와 마찬가지로 재닛에게도 제임스는 아버지 같은 존재라고 했다. 재닛은 제임스가 1994년 센트럴 댈러스 미니스트리를 인수한 뒤 처음으로 채용한 직원 중 한 명이었다.

재닛은 이 기관 내의 교육 프로그램을 주도했다. 한동안 이곳에서 전일 일하는 직원은 그와 제임스 두 사람이 전부였다. 재닛의 설명에 따르면, 이후 비영리기관의 재정을 지원하는 정부 부처가 더 많은 회계 측정 기준을 요구하기 시작했다. 그 응답으로 시티스퀘어는 성장했으며, 재닛의 눈으로 보았을 때 이곳의 문화 역시 변화했다. "래리는 누군가를 고용하는 누군가를 고용하는 누군가를 고용하고 있어요." 규모는 더 크고 친밀감은 덜한 기관을 표현하는 말이었다. 공동체를 유지하고 핵심 가치를 모두가 공유하기는 점점 어려워졌다.

카리스마적인 리더십이 직원들에게 도움이 되는가 부담을 주는가에 대한 학자들의 의견은 분분하다.[5] 카리스마적인 리더는 영감을 주지만, 끊임없이 영감을 얻는 사람은 소진된다. 특히 그 기관이 열악한 업무 환경을 눈속임하는 수단으로 영감을 활용하고 있다면 말이다. 근거들을 따져보았을 때는 일반적으로 카리스마적인 리더십이 번아웃을 방지한다는 것으로 여겨진다.[6] 어느 연구에 따르면 카리스마적이거나 '초월적' 리더십을 가진 상사가 있을 때 직원들은 평균적으로 번아웃을 경험하는 비율이 낮지만, 그것은 직원들이 상상력, 정서적 민감성, 호기심과 연관된 성격적 특질인

'경험에 대한 개방성' 점수가 보통에서 높음에 해당할 때만 가능하다.[7] 그러니까 내가 시티스퀘어에서 본 것과 같은 카리스마적 리더십은 번아웃을 방지하는 데 도움이 될 수 있지만 모두에게 그런 것은 아니었다.

재닛 모리슨 레인은 관료주의며 수많은 직원회의 때문에 지칠 대로 지쳤다고 했다. 시티스퀘어를 잘 아는 그에게는 점점 더 많은 업무가 주어졌다. "그런데 승진은 없었지요. 그럼에도 업무 평가는 필요했고요." 그뿐만 아니라 재닛의 동료 한 명이 그가 담당하던 아동 두 명과 함께 살해당했다. 결정적인 것은 재닛이 이끌던 교육 프로그램이 종료된 뒤 그가 자신의 전문 분야가 아닌 홈리스 문제를 담당하게 된 것이었다.

결국 재닛은 일에서 정서적인 애착을 거두고 그저 9시부터 5시까지 하는 업무로 임하기 시작했다. 제임스는 자신이 새로운 역할에 불만이 많아지고 수반되는 서류 작업이 늘어나는 와중에도 자신의 자율성을 존중했다고 한다. "이 역할이 저와 맞지 않다는 것을 제임스 역시 알고 있었겠지만, 그렇다고 저에게 '해고하겠다'라고는 안 했어요. 저 스스로 그 사실을 깨닫게 놔두었지요." 재닛은 2012년 시티스퀘어를 떠나 댈러스 인근 난민 거주 지역인 비커리 메도우Vickery Meadow의 청년 교육에 초점을 맞추는 한 비영리단체로 옮겨갔다. 단 네 명뿐인 직원 중 한 명이다.

그 어떤 형태의 권위에도 위험성은 존재한다. 관료주의는 이상주의자를 좌절시킨다. 빈곤과 싸우려고, 가르치려고, 치유하려고 출근했지만 서류를 작성하는 신세가 된다. 관료주의는 번아웃에 전형적인 냉소주의인 비인간화를 내포하고 있다. 반면 카리스마적 리더에는 불안정함이 내재되어 있다. 사람들의 존경을 받던 리더에게 초점을 맞춘 권위 체계는 리더가 떠나고 나면 어떻게 유지할 수 있겠는가?[8] 또 카리스마 중심의 단체는 일관적이지 못한 인간의 감정에 의존한다. 160명의 직원이 있는 단체를 관리하면서 사랑까지 담는 것은 접시돌리기나 마찬가지다. 또 끊임없는 감정 관리가 필요하다.

마지막으로, 시티스퀘어의 관계에 기반을 둔 문화는 이미 단체의 가치와 일치하는 가치를 지닌 사람들을 채용하는 것에 의지한다. 자리 브래들리는 말한다. "우리가 모든 사람의 마음에 쏙 들 수는 없어요. 시티스퀘어 사람들은 약간 미쳤지만, 올바른 방식으로 미쳤다고들 우리끼리 말하지요."

나는 시티스퀘어가 비록 어쩔 수 없이 관료주의로 변해가고는 있으나 운영의 핵심에 직원들의 인간성을 두고 있다는 점에 깊은 감명을 받았다. 내가 번아웃 스펙트럼에 빠져들던 그 시기에 브래들리 같은 사람들이 나의 일을 살펴보고 나의 안녕을 확인했더라면 얼마나 좋았을까? 시티스퀘어 직원회의처럼 서로를 인정하는 시간이 나에게도 도움이 되었을 것이다. 하지만 또 다른 한편으로는 레인 부부가 이야기한 감정적 밀도가 나에게는 부담스럽지 않았을까 하는 생각도 든다. 거리 두기를 중요하게 생각하는 사람은 이곳에서 힘들어했을 것이다. 무엇보다도 나는 인간적인 관료주의가 일의 위험성을 줄여줄 수 있다면, 사명을 동기로 삼는 일터가 사랑과 인간의 힘이라는 동력에 의존하지 않아도 되지 않나 하는 생각이 든다.

. . .

실제 역할극을 하는 게임 동호회를 다룬 2006년 다큐멘터리 〈다콘
Darkon〉에 등장하는 몇몇 플레이어는 자신들이 판매직이나 생산직
노동에서 거의 의미를 느끼지 못한다고 말한다. 하지만 그들은 다
음 모험을 계획하고, 정교한 중세 의상을 제작하거나, 엘프어Elvish
를 배우면서 평일을 견딘다고 한다. 그러다가 주말이 오면 그들은
동등한 이들로 이루어진 집단 속에서 존엄성과 자율성을 갖춘 영
웅이 된다. "직장에서는 상사가 주인이지만, 다콘에서는 제가 주인
이에요."[9] 베키 서몬드Beckie Thurmond라는 플레이어의 말이다.

번아웃 문화에 균열을 내려면 우리는 시티스퀘어처럼 직원의
존엄성을 우선순위로 두어야 한다. 또 여가도 우선시해야 한다. 다
시 한 번 말하지만, 일보다는 주말을 보내기 위해. 그럼에도 우리
는 요제프 피퍼가 말한 여가란 그저 상쾌한 기분으로 업무로 돌아
갈 수 있게 해주는 '휴식'에 불과한 것이 아니라는 사실을 가슴에
새겨야 한다. "여가에서 중요한 것, 타당한 점은 기능물이 망가지
지 않고 흠 없이 기능하게 만드는 것이 아니라, 기능물이 여전히
인간이게 만드는 것이다."[10] 취미는 잘 활용하면 일을 균형 잡힌 시
각으로 바라볼 수 있게 해주는 것은 물론 우리를 완전한 존재로 유
지해준다.

취미를 일보다 우선시하는 사람 중 한 사람이 사이클 선수 폴

맥케이Paul McKay다. 맥케이는 자갈길을 320킬로미터 달리는 경기를
준비하는 기간에는 격주 금요일마다 한밤중에 연습하기 위해 잠에
서 깰 때 아내와 세 아이가 깨지 않도록 소파에서 잔다. 잠에서 깬
그는 바이크에 올라 스틸워터에 있는 그의 집에서 오클라호마시티
까지 112킬로미터를 달려 새벽 4시에 친구와 만난다. 두 사람은 그
때부터 12~14시간에 걸쳐 256킬로미터를 왕복한다. 맥케이는 기
진맥진해진 채 가족을 만나 저녁 식사를 한 다음 함께 집으로 돌아
온다.

이런 야간 사이클링을 하고 나면 녹초가 되어버릴 것만 같은
데, 맥케이에게는 이 경험이 무엇보다 짜릿한, 명상에 가까운 일이
라고 했다. "달빛에 물든 밤, 끝내주는 기분으로 2차선 고속도로 한
복판을 달리며 길에 비친 자기 그림자를 바라볼 수 있는 사람이 또
누가 있을까요?" 전화로 대화를 나누던 중 그가 한 말이다. 이런 기
분이 드는 일을 찾았다면, 그 일을 중심으로 삶 전반을 구성해도 되
지 않을까?

맥케이는 자신은 일로써 정의되는 존재가 아니라고 했다. 그
는 몇 년간 타이어 제조 공장에서 야간 근무를 했는데, 그러면 출근
전 오후에 두 시간 동안 사이클을 탈 수 있었기 때문이다. 아무도
집에 없었으므로 누가 자신을 그리워하지 않는다고 생각했다. "어
떤 사람들의 심장과 영혼에는 일이 자리 잡고 있었겠지만, 저의 경
우에는 그 자리에 사이클링이 있었어요." 오후 라이딩을 통해 얻은
엔도르핀 덕분에 그는 힘들고 위험한 노동을 견디어낼 수 있었다.
공장에서 동료들이 사고로 죽기도 했다. 그 역시 한 손가락을 잃었

다. "사이클링은 저에게 방법을 주었어요." 직업 이상의 무언가가 될 수 있는 방법이라는 뜻이었다. "나 자신의 가치를 불어넣어주었고 기대할 일을 만들어주었지요."

내가 만난 또 다른 취미인도 자신의 존재를 자신이 하는 일과 통합시키기를 거부했다. 주요 항공사 기술자로 일하는 켄 저니Ken Jurney에게는 직업보다 자동차가 더 중요했다. 그에게 번아웃 이야기를 꺼내자마자 저니는 곧바로 1970년대 십대 시절 길에서 레이싱을 즐겼던 일을 떠올렸다. "그 시절에 번아웃(여기에서는 연료 소진이라는 의미다—옮긴이)을 참 많이 겪어보았지요!" 그의 첫 차는 셰비 노바였다. 나중에는 해병대에 복무하며 받은 전투수당을 모아 1964년식 코벳을 사서 몇 년에 걸쳐 복원했다. 그다음에는 희귀한 1969년식 노바를 사서 엔진을 개조했다. 그는 이 차량들을 구석구석 알고 있다. 대화를 나누는 동안에도 저니는 고전적인 볼티모어 억양이 섞인 말투로 코벳에 들어가는 피스톤의 발사 순서에 대해 떠들어댔다.

저니는 일주일 내내 12시간씩 일한 뒤 일주일 쉰다. 그의 말대로라면 그는 비행기를 아주 잘 알며, 믿을 수 있는 팀과 함께 일하기 때문에 그렇게 힘들게 일할 필요가 없다고 했다. 휴무일에는 아예 잊어버려도 되는 직업을 택했다. 비행기가 집까지 따라오는 것은 아니니까. 우리가 대화하던 때에 그는 차량이 겨울을 날 수 있게 대비하는 중이었다. 한편으로는 동전 수집에 상당한 시간을 쏟았고, 또 해군에서 익힌 기술을 잊지 않도록 거의 매달 소총 사격 연습장에 가서 "몇백 발 쏘고 온다"라고 했다.

저니의 취미 역시 공동체 속에서 이루어진다. 펜실베이니아주 칼라일에서 열린 코벳 쇼에서 저니를 처음 만났을 때 그는 부스와 부스 사이를 돌아다니며 수많은 행사장에서 만나 이미 안면이 생긴 판매원들과 대화를 나누고 있었다. 그는 또래 사람 중 일만 하고 취미는 없는 사람들이 도무지 이해가 안 된다고 이야기했다. "은퇴한 뒤 취미도 없으면 도대체 무엇을 할 생각인 것이지요?"

학자로서의 경력이 무너지고 있던 당시 나는 일요일 밤마다 비어 리그 아이스하키를 시작했다. 또 1년짜리 그림 그리기 수업을 들었다. 이런 활동들은 나에게 기대할 무언가를 만들어주는 한편으로 새로운 공동체에 속할 수 있게 해주었다. 일주일에 단 이틀, 이런 활동들 덕분에 괴로움을 잊을 수 있었다. 하지만 취미가 나의 번아웃을 막아주지는 못했다. 취미 활동을 시작했을 때는 이미 너무 늦었던 것일지도 모르겠다.

취미가 그 자체로 좋은 삶으로 가는 길인 것은 아니다. 우리는 일에 사로잡히지 않기 위해 취미를 가지지만, 때로 취미 역시 건강하지 못한 집착을 불러일으킨다. 폴 맥케이는 나에게 2년 전 말을 탈 때는 자신이 사라진다는 사실을 깨달았다고 했다. 자녀들의 어린 시절 그는 완전히 그 자리에 존재하지 않았다. "일을 하고 사이클을 타고 아이까지 있으면 모든 것이 흐릿해집니다. 그저 '다 정해진 대로 되겠지' 생각할 뿐 '아빠는 사이클링을 하고 있어. 방해하지 말아야지' 생각하고 있는 아이의 존재를 잊어버리고 맙니다." 야간 노동 때문에 그는 자신이 함께하는 저녁 식사나 아이들 재워주기 같은 일상을 비롯해 가족과 하지 못하는 일들이 무엇인지를 '보지 못했다'. 이제 그는 아이들과 함께하는 일상이 "금세 사라지는 찰나라는 것. 보물 같은 것. 온 몸을 감싸고 싶지만 손에서 빠져나가는 선물 같은 것"이라고, 또 아이들이 독립하면 "언제든 다시 사이클에 오를 수 있다"라고 이야기한다. 요즘 맥케이는 바닥재를 만드는 회사에서 낮에 일한다. 더 안전하고 스트레스 받을 일이 없다고 한다. 짬이 나면 사이클을 타지만 한 번에 80킬로미터 이상은 타지 않는다.

• • •

"저는 일주일을 시간으로 측정합니다." 에리카 메나Erica Mena의 말이었다. 스스로를 논바이너리nonbinary라는 정체성으로 규정하는 메나는 핀란드의 작은 마을에 사는 30대 후반의 푸에르토리코 출신 예술가이자 시인이다. "하루에 두 시간, 그렇게 일주일이면 무엇이든 할 수 있는 시간이 일주일에 14시간 생기지요. 요리, 산책, 예술 작업 같은 것들이요."

메나는 만성피로증후군을 겪고 있어서 활동할 수 있는 시간이 제한적이다. 그뿐만 아니라 경계성 인격 장애 그리고 머릿속에서 이미지를 그려내는 것을 불가능하게 하는 아판타시아 증후군을 진단받았다. 아침이면 메나는 한 시간 동안 책을 읽고, 고양이 밥을 챙겨 주고, 아침을 먹은 다음에 스스로를 평가한다. "나의 기분은 어떻지? 산책을 할 에너지가 있는 기분인가? 작업실에 갈 에너지가 있는 기분인가?"

일을 할 수 있는 날이면 그는 재택 작업실(침대에서 몇 발짝 떨어진 곳에 놓인 책상 하나)에 가거나 마을 건너편에 있는 레터프레스 작업실로 간다. 한 시간짜리 플레이리스트를 틀어놓고 작업에 착수한다. 종이 제작, 책 표지 재단, 활자 조판, 잉크 섞기, 아니면 책의 각 부분을 접착제나 바느질로 이어붙이는 작업이다. 메나는 최근 다른 두 명의 푸에르토리코 출신 예술가와 협력해 허리케인 마리아를 소재로 한 책인 《그링고 데스 컬러링 북Gringo Death Coloring Book》이라는 프로젝트를 했다고 한다. 영상통화로 대화하는 동안 메나는 바닥에 책 한 권을 꺼내놓고 보여주었다. 펼쳐서 똑바로 세우니 별 모양이 되는 책이었다.

"저는 이 작업에 완전히 사로잡혔어요. 저에게는 명상을 닮은 작업이었기 때문에, 어느 순간 넋을 잃고 저의 몸이 보내는 신호를 잃어버린 채 작업의 리듬에 빠져들고 말았습니다." 플레이리스트가 필요한 것은 그 때문이다. 음악이 멈추면 메나도 멈춘다. 그다음에는 작업을 계속할 수 있는 기분인지 스스로를 점검한다. 에너지가 없으면 그날 해야 할 잡다한 일들을 하거나 쉰다. 이는 자기 공감의 문제다. 메나와 내가 대화를 나눈 날은 일하는 날이 아니었다. "어떨 때는 살아남는 것 말고는 아무 일도 못 할 때가 있지만 괜찮아요." 메나는 말했다. "그것만으로도 가치 있으니까요."

메나의 작업 습관은 뉴멕시코주에 있는 크라이스트 인 더 데저트 수도원의 수사들을 연상시켰다. 메나의 일정은 수사들만큼이나 엄격히 제한되어 있다. 메나의 경우에는 공동 기도가 아니라 건강 때문이다. 플레이리스트의 끝은 아무리 좋은 일을 하고 있다 해도 다른 중요한 것들이 있으니 이제 일을 멈추라고 부르는 성당의 종소리와 마찬가지다. 그것이 노동에 제한을 두는 또 하나의 의식이다.

시티스퀘어는 한 조직이 직원들의 완연한 인간성을 돌보고자 하는 목적을 가질 때 어떤 모습이 되는가를 보여주었다. 폴 맥케이와 켄 저니 같은 취미인들은 다른 활동을 지탱하기 위한 수단으로서의 직업이 가능하다는 것을 보여주었다. 메나처럼 노동연령에 속하지만 장애로 인해 유급 노동을 할 수 없는 예술가들의 경험은 존엄성, 자유, 그리고 의미를 찾을 수 있는 더 포용적인 모형이 나아갈 길을 제시해준다. 예술을 본보기로 든 것은 예술 역시 유급 노동과 마찬가지로 무언가를 생산하지만, 한편으로는 돈과 상관없는 이유로 수행하는 노고이기도 해서다. 또 예술작품은 다른 예술가들과의 공동체, 그리고 이를 지탱하는 개인적인 규율에 의지하는 것이기도 하다. 그렇다면 장애가 있는 메나 같은 예술가는 우리가 직업과 연관시키는 도덕적 선의 대다수를 다른 수단을 통해 얻을 수 있을 것이다.

메나가 언제나 하루에 한 시간 일했던 것은 아니다. 그는 10년 이상 야심찬 학자로 지내며 이력서에 한 줄을 더하고 종신교수 임용 절차를 밟는 한편으로 학생들을 지도하고 문예지를 발간하고 작은 출판사까지 운영했다. 메나가 학자의 길을 선택한 것은 학술 노동은 자유로워 보였기 때문이다. 노동량이 많지만 9시부터 5시까지 하는 일은 아니었고, 대부분은 어차피 해야 할 일이었다.

브라운대학교에서 교편을 잡고 있던 메나는 2016년 10월 병에 걸렸다. 처음에는 감기라고 생각했지만, 결국 그다음 해 4월까지 병상에서 일어나지 못했다. 어느 정도 신체가 회복되고 컨디션을 되찾은 메나는 그해 가을 전일제로 강의하기 시작했다. 하지만 당시의 파트너와 조교의 도움으로도 도저히 제대로 일을 해낼 수 없었다. 결국 메나는 정신과 응급실에 가게 되었고 이후로는 정신과 외래 진료를 받았다.[11] 1년이 지나고는 핀란드로 떠났다.

"고된 일의 대가로 결국 자유를 찾은 것이지요." 메나가 말했다. 하지만 병에 걸린 뒤 장애학 분야의 논문을 읽기 시작한 메나는 자유라는 개념이 거짓이라는 사실을 알게 되었다. 통상적인 일자리가 없는 메나는 현재 학계에 있던 시절의 저축금, 그리고 프리랜서로 글을 쓰고 편집하고 작품을 팔아 번 돈으로 살아간다. 나는 메나에게 행복하고 기능적인 사회민주주의 국가라고 각광받는 핀란드에 사는 지금 더 자유롭다고 느끼는지 질문했다. 그러자 그는 "장애를 가지게 되고 사회 전반을 등진 지금은 자본주의로부터 빠져나온 덕분에 더 자유롭다는 기분이 듭니다."라고 대답했다. 작가 요안나 헤드바Johanna Hedva 역시도 이와 비슷하게 장애와 자본주의를 연결지으며 질병을 '자본주의적 구조'로 일컫는다. 헤드바의 말을 빌리자면 "'건강한' 사람이란 충분히 일할 수 있을 만큼 건강한 사람이라는 뜻이다. '아픈' 사람이란 그러지 못하는 사람이다". 그 결과 자본주의 사회에서 질병은 인간으로 존재한다는 것의 평범한 한 측면이 아니라 일탈이다.[12] 그렇다면 만성질환을 앓는다는 것은 규범을 영속적으로 해친다는 것, 사회적 존중을 받을 자격을 잃는다는 것이다.

하지만 메나는 자본주의 그리고 미국의 총체적 노동 문화에서 빠져나온 덕분에 자신의 윤리적 이상과 더욱 일치하는 삶을 살 수 있었다고 말한다. "저는 훨씬 더 나은 사람이 되었어요." 메나는 장애가 자신에게 신체 그리고 감정과 함께 존재한다는, "그저 필연적으로 그것들과 함께한다는 선물"을 준다고 말한다. 이런 전환 덕분에 아침에 일어나 에너지가 없다고 해서 죄책감을 느끼지 않고, 작업실에 가는 대신 숲속으로 산책하러 간다.

산책이란 본질적으로 비생산적인 시간 사용에 가깝다. 산책은 명상적이다. 금전적 가치는 조금도 창출하지 않는다. 산책은 여가 활동이다. 메나는 나무들 사이를 서서히 걸으며 길에서 주운 것들을 가져온 가방에 담는다. 동물의 뼈, 낙엽, 자작나무 껍질 같은 것이다. 이런 사물들은 새로운 프로젝트에 쓰일 것이다. 메나는 틈만 나면 자신의 에너지를 확인하고, 그러다 보면 조금 더 멀리까지 걸어갈 수 있을 때도 있다. 하지만 그때그때 가능한 시간이나 거리만으로도 충분하다.

. . .

일과 장애에 관한 내 친구 퍼트리셔 노딘Patricia Nordeen의 이야기 역시 에리카 메나의 이야기와 비슷하다. 메나처럼 퍼트리셔도 유연한 일정 덕분에 그가 가장 좋아하는 읽기, 생각하기, 쓰기 같은 일을 할 수 있다는 이유로 학술계에 몸담았다. 퍼트리셔는 예일대학교에서 정치철학 박사 학위를 받고 시카고대학교에 출강하며 연구자로서 승승장구하고 있었으나 30대 중반에 학계를 완전히 떠나게 되었다.

퍼트리셔가 가지게 된 장애는 체내 콜라겐 생성 능력을 확장하는 유전성 희귀 질환인 엘러스-단로스 증후군에서 비롯되었다. 퍼트리셔의 말대로 콜라겐은 관절, 피부, 각막까지 신체의 모든 부분에 필요하다. 강력한 콜라겐이 한데 묶어주지 않는 신체 부위들은 제자리에서 떨어져나가게 된다. 퍼트리셔는 빈번한 탈골을 겪었다. 두개골에는 철판을 삽입했고 목뼈 맨 끝에서부터 어깨뼈에 이르는 척추는 신경이 눌리지 않도록 수술로 전부 접합한 상태였다. 왼쪽 반신의 마비 증상으로 3년의 세월이 흘러갔다. 알레르기도 무척 많은데 진통제 성분인 오피오이드 알레르기도 있어서 대부분 고통에 시달리며 시간을 보낸다. 메나와 마찬가지도 퍼트리셔도 침대에서 보내는 시간이 많다.

하지만 메나가 일 너머에서 자유를 찾으려 했다면, 퍼트리셔의 도전은 성인기 대부분 그의 자기 이해를 비준하는 역할을 해준 학술 기관 바깥에서 정체성을 찾는 것이었다. 지금 퍼트리셔는 대학 시절을 보낸 미시건시티로 돌아가 어머니와 단둘이 살고 있다. 이곳에 대한 그의 가장 중요한 기억은 파티를 즐겼던 것이 아니라 스코틀랜드의 철학자 데이비드 흄David Hume의 글을 읽었던 도서관이었다.

장애의 언어에 퍼트리셔는 좌절감을 느꼈다. "'장애인', 장애를 나타내는 모든 표현은 정체성을 전부 흡수해버려요. 장애란 모든 직업, 모든 것을 포괄하는 너무나 거대한 단어이지요. 능력을 잃은

dis-abled 상태 말입니다." 퍼트리셔는 장애를 가리키는 구식 용어인 '무효invalid' 역시 비슷하게 바라본다. "유효하지 않음in-valid." 이런 표현들은 정체성에 집중하기 위해 일을 하지 않는다면 당신은 아무것도 아니라는 주장을 강화한다.

영상을 통한 인터뷰를 하자는 내 제안에 퍼트리셔는 기꺼이 응했다. 그에게 이 인터뷰는 학술에 기여할 수 있고 흔하지 않은 기회라고 했다. 한때 그의 지적인 삶을 정의했던 핵심 활동은 이제 그에게는 불가능하다. "명확하게 생각하는 것이 어렵습니다. 어떤 생각이 나면, 그 생각을 붙들고 표현하려 하는 순간 갑작스럽게 통증이 시작되는 바람에 방해받고 말지요." 퍼트리셔는 손가락으로 눈앞의 허공에 선을 하나 그리면서 이렇게 말했다. 고통은 생각을 지운다. 물리적으로는 책을 쓸 수 있겠지만(예를 들면, 각종 분야의 전문의를 만난 풍부한 경험을 담은, 환자로 사는 삶을 다룬 책) 출판할 수는 없다. 그의 설명대로라면 사회보장국에서는 장애 수당을 받는 사람들의 소득을 규제하고 있기 때문이다.

퍼트리셔는 학계를 떠난 뒤에 예술을 중심으로 새로운 정체성을 구축했다. 오래전부터 뜨개질을 즐겼지만 그림을 그린 적은 없었다. 그런데 한 친구의 초대로 온라인 예술 모임에 가입하게 되었고, 처음 그림을 그려 선보였을 때 다들 용기를 주었다고 했다. 비례 같은 기술적 규칙을 배우는 것은 문제풀이나 퍼즐처럼 느껴졌다. 인스타그램에서 예술 저널 모임을 알게 된 그는 충분히 '잘 그렸는지' 걱정하지 않고 소셜 미디어에 그림을 올리기 시작했다. 그렇게 다른 아마추어 예술가들이 올린 포스트에 참여하면서 그는 공동체를 얻었다.

"아리스토텔레스의 말을 어떻게 해석하는가에 따라, 우리는 '사회적' 또는 '정치적' 존재입니다." 퍼트리셔의 말이다. 예술을 나누면서 퍼트리셔는 "더는 외롭지 않았다. 내가 그린 그림을 올리고 전송 버튼을 누르는 것만으로도 마치 내가 사회의 일원이라 승인받는 기분을 느낀다"라고 했다. 우리가 대화를 나눈 2020년 4월 퍼트리셔는 인스타그램에서 만난 친구와 '팬데믹 시대의 펜팔'이라는 프로젝트를 하는 중이었다. 두 사람은 하루에 한 페이지씩 100일간 스케치북을 채우며 완성된 그림을 온라인에 올리고 완성된 스케치북을 서로에게 보냈다. 하루는 퍼트리셔가 자신과 친구를 상징하는 두 명의 빅토리아시대 여성이 우스운 표정을 지은 사진들이며 취소 도장으로 콜라주를 제작했다. 다음 날에는 꽃이 핀 목련 나무를 그린 뒤 박사후연구원으로 재직하러 버지니아주로 갔을 때 처음으로 목련을 보았던 이야기를 짧게 썼다. 이 프로젝트는 "실제로는 서로를 위로하기 위한 것이지만, 스스로를 위로하는 것이기도 하다"라고 퍼트리셔는 설명했다. "이 프로젝트는 인정받고 인정하기 위한 것입니다."

또 이 프로젝트는 수사들의 기도라든지 리처드 브레스나한의 티타임처럼 퍼트리셔가 스스로 선택한 규율이기도 하다. 누군가에게 하루에 한 장 그림을 그려주기로 약속했다면, "약속을 지켜야 한다". 퍼트리셔와 같은 연령대 사람들에게는 일이 대인 관계에서 책임을 부과하고 도덕적 구조를 만드는 역할을 한다. 하지만 여기에는 이상에서 벗어나는 순간 번아웃을 유발하는 환경에 노출된다는 대가가 따른다. 우리가 사회적 차원에서 일을 우리 삶의 핵심에 두기를 그만둔다 해도 우리에게는 여전히 자기 계발을 도울 수 있는 도덕적 구조(일정, 목표, 책임)가 필요하다.

퍼트리셔는 자신이 점점 더 나아지고 있다는 증거인 45권의 스케치북을 가리켰다. "이 정도면 배움을 좋아하는 사람에게는 만족스럽겠지요." 퍼트리셔는 침대를 벗어나 집 안에 캔버스를 놓고 그림을 그릴 수 있는 홈 스튜디오를 꾸리고 싶어 한다. 육체적으로 건강을 되찾을 수 있을지는 비관적이라고 했다. 의사들 말로는 엘러스-단로스 증후군 치료법이 등장할 수도 있겠지만 몇 년은 걸릴 것이라고 했다. 그날이 오기까지 퍼트리셔는 계속 스케치북을 채운다. "호기심을 잃지 않고, 규율을 지키고, 공감과 감사를 잊지 않는 한 이겨낼 수 있어요. 여태까지 그랬던 것처럼요."

· · ·

베네딕트회 수도사들, 시티스퀘어, 취미인들, 장애가 있는 예술가들까지, 지금까지 내가 만난, 의도적이든 아니든 번아웃 이후의 에토스로 살아가는 사람들은 인간의 존엄이 노동과는 아무런 상관이 없다는 신념을 공유한다. 이런 신념으로 가는 길은 여러 가지가 존재한다. 교황 레오 8세는 모든 인간은 신의 상상과 생김새를 닮도록 만들어졌다는 성경의 관념을 통해 그 신념에 도달했다. 반면 에리카 메나는 그가 키우는 고양이를 생각했다. "전 온 세상의 그 어떤 살아 있는 존재보다도 저의 고양이를 사랑해요. 그런데 고양이는 일은 하지 않지요. 말 그대로예요. 고양이는 아무것도 하지 않아요. 그런데도 고양이가 이만한 사랑을 받을 자격이 있다면 인간도 마찬가지 아닐까요? 또 친구들도 사랑받을 자격이 있고, 아이들 역시 일하지 않는데도 사랑받을 자격이 있다면, 저도 마찬가지이지요."

메나는 한 여성의 출판 프로젝트인 〈반자본주의자의 사랑 편지Anti-capitalist Love Notes〉의 인쇄물에서도 영감을 얻는다. 이 인쇄물에는 이렇게 쓰여 있다. "당신은 당신의 생산성보다 훨씬 더 큰 가치가 있다." 동료 작업자의 이 단순한 선언은 미나에게 새로운 사고방식을 열어주었다. "그의 인스타그램에서 이 문구를 보고 마음속에 갈망이 솟아나는 것을 느꼈어요." 그 뒤에 메나는 스스로에게 물었다. "이 말을 믿으려면 나에게 어떤 변화가 필요할까?"

모든 사람은 금전 가치를 생산하는가의 여부와 무관하게 존엄성을 타고났다는 개념에 영향을 받은 작가이자 화가인 수나우라 테일러Sunaura Taylor는 '일하지 않을 권리'를 주장했다. 팔다리 움직임을 심각하게 제한하는 관절굽음증을 앓는 테일러는 장애인 역시 그 누구나와 마찬가지로 미국의 자본주의 이상에 종속되어 있으며 그렇기에 그 이상을 실현하지 못한다는 죄책감에 민감하다고 말한다. 에리카 메나 그리고 퍼트리셔 노딘과는 달리 테일러는 단 한 번도 평범한 일자리를 가진 적 없었다.

하지만 그의 글에 따르면 그는 "내가 타고난 가치를 믿으며 성장할 수 있는 특별한 행운"을 가졌다. 이 믿음 덕분에 그는 죄책감을 느끼지 않을 수 있었다. "일하지 않을 권리는 노동자로서의 생산성으로, 취업 가능성이나 급여로 가치를 결정당하지 않을 권리다." 이는 메나가 〈반자본주의자의 사랑 편지〉 인쇄물을 보고 느낀 바로 그 생각이다. 또 부커 T. 워싱턴이 옹호했던 철저히 미국적인 노동 윤리를 뒤집은 것이기도 하다. 워싱턴의 가르침은 사회적으로 인정받지 못하는 사람들은 성실한 노동을 통해 인정을 받을 수 있다는 것이었다. 반면 테일러는 우리가 모든 사람의 타고난 존엄성을 미리부터 인정한다면 모두가 일을 하든 말든 그 사실을 "자랑스러워할 수 있다"라고 말한다.[13] 사람의 가치와 자유는 완전히 다른 무엇으로부터 비롯될 것이기 때문이다.

테일러가 가진 인간의 선에 대한 비전은 단지 장애인을 일하지 않는다는 모욕과 죄책감으로부터 해방하는 데 그치지 않는다. 그의 비전은 노동에 대한 우리의 이상을 낮추고 일하는 이들에게 더 나은 환경이 필요하다는 사실을 정당화한다. 또 일하지 않을 권리를 행사하는 것을 경제적으로 가능하게 해줄 보편적 기본소득을 정당화할 수도 있다. 우리가 질병과 장애를 삶의 평범한 한 측면으로 본다면 타인에 대한 무급 돌봄 역시도 유급 노동만큼 유효한 평범한 활동인 것으로 정당성을 부여할 수 있다.[14] 노동을 장애의 관점에서 바라봄으로써 우리는 우리가 가진 집단적 취약함과 상호의존을 깨닫고, 번아웃을 타인과 공유하는 것이 아니라 오로지 혼자만의 문제로 바라보는 개인주의를 약화할 수 있다.

테일러의 말대로, 모든 사람은 기껏해야 그저 "일시적으로 비장애인"이다.[15] 우리가 현재 가진 능력과는 무관하게 우리 모두 나이를 먹으면서 장애를 향해 간다. 언제라도 우리는 질병과 장애로 일하지 못하게 될 것이다. 이 사실은 나 같은 비장애인 노동자 역시 스스로를 일할 수 없는 이들과 연대하는 존재로 바라볼 수 있게 해준다.

장애는 인간의 본성이다. 이와 같은 상황에서 존엄성을 발견하고 장애인이 자율적이고 의미로 가득한 삶을 살 수 있도록 사회적 규칙을 바꾸는 것은 모두의 몫이다. 요안나 헤드바는 공통의 약점에 바탕을 둔 급진적인 새로운 정치학을 요구한다. "서로의 취약함과 약점, 불안감을 심각하게 받아들이고, 이를 지지하고, 존중하고, 힘을 불어넣는 것. 서로를 보호하고, 공동체를 만들고 실천하는 것. 급진적 동류의식, 상호의존적 집단성, 돌봄의 정치학."[16]

헤드바의 글은 노동 윤리의 핵심에 놓인 약속이 아니라 다른 약속에 관한 것이다. 우리는 일을 해야 가치 있다고 말하는 대신, 베네딕트회 공동체와 마찬가지로 무조건적으로 서로를 돌본다고 약속할 수 있다. 과거의 약속을 정부와 일터에 심어두었던 것과 마찬가지로 돌봄의 제도를 만들 수 있다. 레오 8세 교황이 요구한 대로 각자의 '건강과 힘'에 일을 맞출 수도 있다.[17] 오늘날 일을 하는 사람이라면 그 누구라도 자신이 하는 일의 현실이 일에 대한 자신의 이상으로부터 멀어진다고 느낄 수 있으리라. 이런 상황에서 모든 노동자는 잠재적인 번아웃 환자다. 이 역시 연대감의 원천이자 현상황을, 일로부터 우리가 기대하는 바를 바꾸는 데 박차를 가하는 동력이 되어야 한다. 사회의 이상이 빚어낸 문제 앞에서 그저 손 놓고 지켜보기만 할 수는 없다. 우리가 사회다. 우리는 이상을 바꿀 수 있다.

그리고 나의 이야기. 한때 꿈꾸던 대학교수라는 직업을 내려놓은 뒤, 아내의 직장을 따라 텍사스로 간 뒤 나의 일하는 정체성을 새로이 끼워 맞추려 애썼다. 일의 이상과 현실 사이 팽팽하던 긴장이 늦추어지는 기분이 들어 안도하기는 했지만, 나의 새집이 된 직사광선이 내리쬐는 콘크리트 도시에서 첫해를 보내는 내내 막막한 기분이었다. 처음 만나는 사람들에게서 직업이 무엇이냐는 질문을 종종 받았다. 그럴 때마다 "작가?"라고 대답했지만, 사기를 치는 기분이었다. 대학원에 가서 새로운 학위를 받는다거나, 요식업계에 종사해볼까 생각하기도 했지만, 전부 그 질문에 대답할 말을 만들기 위해서였을 뿐이었다. 나는 혼자 온종일 집에 머물며 누군가 나에게 프로젝트를 가져다주기를 기다렸다. 〈지옥의 묵시록〉 초반에서 마틴 신이 연기한, 맡은 임무가 없어 사이공의 호텔 방에 혼자 남은 특공대원과 나를 점점 더 동일시하게 되었다.

나는 점점 더 많은 글을 발표하게 되었다. 글쓰기 워크숍에 다녔다. 글쓰기, 말하기, 가르치기를 결합한 새로운 직업을 구상했다. 결국 대학 강의실로 돌아가고 싶다는 결론을 내린 나는 인근에 있는 대학의 1학년 글쓰기 프로그램 담당자에게 이메일을 보냈다. 그러자 담당자는 나에게 당장 만나자고 답장을 보냈다. 몇 주 내로 강사를 구해야 하는 형편이었다.

그 일을 시작한 것이 충만하게 사는 능력을 회복하기 위한 결정적인 한 걸음이었다. 강의 일정은 학기당 수업 한두 개 정도로 가

벼웠음에도 나의 일간, 주간 일정에 어느 정도 구조를 만들어주었
다. 소속 기관도 생겼다. 시간강사로 일하는 나는 균열 일터의 다른
한편에 존재하지만, 종신교수 친구들은 나를 동료로 본다. 더 중요
한 것은 나에게 의지하는 사람이 있다는 것이다. 학생들은 수업 중
회의를 이끌고, 과제물을 채점하고, 단락별 중심 문장을 잘 쓰는 법
을 알려주는 나에게 의지한다. 매일같이 나의 노동은 이렇게 즉각
인정받고, 그렇게 나 또한 인정받는다. 이런 인정에 기대는 것이 위
험천만하다는 것도 알지만 강의실을 나서며 나에게 감사하다고 말
하는 학생들의 목소리를 들으면 기분이 좋다.

이 장을 쓰는 동안 나는 또 한 번 마슬라흐 번아웃 인벤토리 평
가를 했다. 내가 번아웃에서 벗어났다는 사실을 알고 있지만, 이를
과학적으로 확인해보고 싶었다. 이번 검사에서 나는 세 개 차원 모
두에서 4년 전과 비교해 놀라울 만큼의 변화를 보였다. 교수를 그
만둔 직후에는 정서적 소진 항목에서 98퍼센트, 비인간화(즉, 냉소
주의) 항목에서 44퍼센트, 개인적 성취 항목에서는 높은 비효능감
을 나타내는 17퍼센트를 기록했다. 그런데 이번 검사에서는 소진
항목에서 13퍼센트, 비인간화 항목에서는 고작 7퍼센트, 그리고 개
인적 성취에서는 55퍼센트라는 결과가 나왔다.

새로운 점수는 내가 주관적으로 나 자신의 상태를 어떻게 느
끼는지 정확히 보여준다. 나는 소진되어 있지 않다. 아침에 일어나
면 기분이 좋다. 오늘 할 일이 두렵지 않다. 아무리 글을 쓰는 일이
라 해도 꼼짝없이 혼자 앉아 열심히 일하면 지치기 마련이다. 하지
만 전일제 교원의 삶을 그만두기 직전에 느끼던 끊임없는 피로는

이제 없다. 이제 나는 강의에 쓰는 시간이 많지 않다. 내가 쓰고 싶은 글을 쓸 완벽에 가까운 자율성이 있다. 내가 하는 일이 자랑스럽다. 여전히 번아웃에 시달리는 사람이라면 이 책을 쓸 수 없었을 것이다.

나는 강사라는 일에 대한 이상이 낮아진 것 역시 검사 결과에 반영되었다고 생각한다. 검사에서는 내가 얼마나 자주 "학생들과 일한 다음 극도의 기쁨을 느끼는지" 물었다. 극도의 기쁨이라는 것은 해결해야 할 높은 목표처럼 보였다. 강의를 마친 뒤 내가 극도의 기쁨을 느껴야 마땅한가? 나는 한 달에 몇 번이라고 응답했다. 이런 기분을 더 자주 느끼는 것이 건강한 일인지는 잘 모르겠다. 나는 강의에서 희열을 느끼는 대신 정서적 거리를 유지하려고 애쓴다. 강의 때문에 너무 들뜨거나 낙심하지 않으려고 한다. 오히려 이 검사의 질문들은 강의라는 일에 대한 지나치게 큰 이상주의를 담고 있다. 예를 들어보자. "나는 학생들과 있을 때 편안한 분위기를 쉽게 만들어낼 수 있다." 쉽게? 아니. 편안한 분위기란 고된 정서적 노동, 그리고 강의실 안에서 동시다발적으로 일어나는 모든 일에 대해 끊임없이 관심을 가진 결과다.

학생들이 읽어오라고 한 글을 읽고 오지 않거나 내가 학생들의 과제물에 너무 많은 첨삭 의견을 달 때 느끼는 낙담은 여전하지만, 그렇다고 내 삶 전체에 의문을 품게 되지는 않는다. 이유는 간단하다. 이제는 일과 나를 그토록 동일시하고 있지 않기 때문이다. 나는 훨씬 더 짧은 죽마에 올라 걷고 있다. 비틀거리더라도 더 쉽게 균형을 되찾는다. 그러니까 최악의 사태라고 해보았자 내가 시간

강사로서 자질이 부족하다는 기분이 약간 드는 것 정도다. 그 정도는 거뜬하다.

나는 일의 새로운 비전을 실행하기보다는 이를 설파하는 것을 더 잘한다. 소로가 더 큰 자기 존중과 연관시켰던 도덕적 극기에는 소질이 없다. 일정 짜는 것을 잘하지 못하고 생산적이지 못했다는 생각이 들 때 초조해진다. 시므온 형제의 조언대로, 일을 모두 마치지 못했다는 기분이 들어도 '내버려두는' 것이 여전히 어렵다. 그뿐만 아니라 타인으로부터 인정받고 싶은 욕구도 도저히 사라지지 않는다. 몇 달 동안 그림 그리는 연필을 집어 들지도, 하키 스케이트를 신은 적도 없다.

그럼에도 나는 교수직을 그만두기 전 마지막 몇 년보다 훨씬 더 잘 지낸다. 그리고 이 지점에 다다르기까지 새로운 극기도 필요했다. 교수직을 포기하고 프리랜서로 전향하면서 나의 소득은 75퍼센트 줄었는데, 아내가 버는 돈이 없었더라면 불가능한 일이었을 것이다. 전일제 일자리를 가지는 것에서 오는 지위를 희생했고, 특히 종신교수로서 얻는 학자적 영광은 말할 필요도 없다. 나는 에고의 한 부분을 포기해야 했다. 오랫동안 지닌 꿈도 포기해야 했다. 그럼에도 새로운 꿈을 찾았다.

번아웃의 고통을 얼버무리고 싶지 않기에 도저히 인정하고 싶지 않은 말이지만, 마음 한구석에서는 내가 완전한 번아웃을 겪었다는 사실이 다행이라는 생각도 든다. 번아웃은 무언가가 잘못되었다고, 중대한 변화가 필요하다고 알려주는 선명한 신호였기 때문이다. 도저히 견딜 수 없을 정도가 아니었더라면 나는 훨씬 더 오랫동안 교수직을 이어갔을 것이고, 그러면서 더 심각하게 훼손되었을 것이다. 장렬한 붕괴보다는 느리지만 가차 없는 부식이라는 지각하기 어려운 형태로 피해를 입었을 테니까. 그런 관점에서 보자면 번아웃은 선물인지도 모르겠다.

맺는 말
팬데믹 이후 세계에서의 비필수 노동

이 책을 쓰는 동안 코로나 팬데믹이 전 세계를 잠식했다. 얼마 지나지 않아 나는 집에 틀어박혔고, 얼마 되지 않는 업무 일과는 송두리째 뒤집혔으며, 사교 생활은 완전히 사라졌다. 모든 것의 속도가 느려진 것 같았다. 내가 사는 댈러스의 동네에서는 일회용 컵에 담긴 와인이나 맥주를 홀짝이며 온종일 길을 걸어 다니는 사람들이 평소보다 더 많이 눈에 띄었다. 개들의 활동량이 늘었다. 유아차에 실린 아이들 역시 더 산책을 많이 했다. 목요일 정오, 평소라면 일터에 있어야 할 부부들은 공원에서 테니스를 쳤다.

이러한 평온함은 미국인 모두가 느끼는 공포와 불안, 슬픔을 가린 얄팍한 가면이었다. 1년 사이에 바이러스로 인해 수십만 명이 목숨을 잃었다. 사람들의 직업 역시 앗아갔다. 역사상 가장 낮던 실업률이 사실상 하룻밤 사이에 역사상 최고로 치솟았다. 병원, 요양원, 육류 포장 공장, 식료품점 등 최전선에서 일하는 노동자들은 타인의 목숨을 구하고 식량을 제공하는 대가로 어마어마한 감염의 위험에 처했다. '필수'와 '비필수' 노동자 간의 구분이 더 뚜렷해졌는데, 비단 경제적으로뿐만 아니라 윤리적으로 그러했다. TV에서는 필수 노동자들을 '영웅'이라고 떠받들었지만 이런 칭찬은 노동자들이 처한 여건에 대한 빈약한 보상에 불과했다. 출근하고, 급조된 안전 장비를 착용하고, 낮은 임금을 받는 것 외에는 선택지가 많지 않았다.

그럼에도 필수 노동자들은 일터에서 도덕적 영웅주의를 선보였다. 그들은 타인의 목숨을 구하고 그 과정에서 자기 목숨을 잃기도 했다. 사회가 고통받고 나아가 완전히 멈추지 않도록 험한 임무들을 수행했다. 공영 라디오를 통해 송출된 대화 속에서 뉴욕시 버스 운전사 프랭크 데 지저스Frank de Jesus는 동료에게 이렇게 말했다. "온갖 고난과 시련이 있을지라도 우리는 뉴욕시를 위해 할 수 있는 일을 하는 것이 좋아." 동료 운전사인 타이런 햄튼Tyrone Hampton도 말했다. "그렇지. 우리에게는 운전사의 심장이 있는걸. 하지만 이제는 우리의 심장이 시험당하고 있어." 감염 가능성을 마주하고, 다른 운전사들, 즉 '형제들'이 병에 걸려 죽는 모습을 보면서 이들은 자신들의 우정, 그리고 고귀한 소명 의식에 매달려 위안과 힘을 찾는다. "우리는 이겨낼 거야, 친구." 햄튼이 데 지저스에게 말했다. "우리는 이겨낼 수 있을 거야."[1]

한편 수백만 명에 달하는 '비필수' 노동자들은 재택근무를 시작했고, 학교가 휴교하는 바람에 부모는 일을 하는 한편 무급으로 보조 교사 노릇까지 해야 했다. 때로 재택근무 때문에 업무량이 엄청나게 늘어나기도 했는데, 일에 있어 사무실이나 통근 같은 물리적 장벽이 무의미해졌기 때문이다. 온라인 네트워크는 24시간 돌아갔는데, 어느 사설 네트워크 공급자는 2020년 봄 미국 기업의 유저들이 평균 하루 3일간 로그인 시간이 늘었다고 밝혔다.[2] 정리하자면, 수많은 사람이 일자리를 잃었고, 나머지 사람은 지나치게 과로했다.

바이러스는 일터에서 일어나는 성별, 인종을 비롯한 격차를 악화시키기도 했다. 여성들은 남성보다 무척 높은 비율로 일자리를 잃거나 육아휴직을 했고 미국의 여성 노동 참여율이 1988년 이후 최저치를 기록했다.[3] 여성들이 최전선 업무에 종사하는 비율이 극히 높았으며, 수많은 흑인 여성이 얼마 되지 않는 금전적 보상을 가지고 위험도 높은 업무에 맞닥뜨려야 했다.[4] 한편으로는 대부분 히스패닉이나 아시아인으로 이루어진 기록되지 않은 노동자들은 위기 상황에서 가정과 업체에 주어지는 연방 지원금 혜택에서 소외되었다.

코로나 팬데믹은 일을 와해시킴으로써 우리에게 시간을 명령하고 추구할 목표를 주던 일로부터 우리를 자유롭게 해주었다. 그렇다고 해서 우리가 일 대신 베네딕트 수도사들처럼 고매한 목표를 추구하게 된 것은 아니다. 교회, 시나고그, 모스크, 절이 폐쇄되었다. 헬스장이나 요가 스튜디오처럼 의식화된 야심의 장소들 역시 마찬가지로 폐쇄되었다. 팬데믹 초기에 우리는 질병을 중심으로 삶을 구성했다. '필수' 노동이 아니라면 바이러스를 피하는 것을 최우선으로 했다. 손 씻기는 모두가 실행하는 가장 중요한 의식이 되었다. 우리는 문화적으로 텅 빈 괄호 안에 들어간 것이다. 완전히 무너진 것은 아니지만 기능하지도 않았다. 당연히 끔찍한 일이었지만 총체적인 번아웃으로 이루어져 있는 우리의 문화에 예상하지 못하게 생긴 드문 공백이기도 했다.

일부 정치인과 작가 들은 공중보건 따위야 어떻게 되든 자가격리 명령이 속히 종료되기를 요청하며 이 공백이 생기자마자 메워버리고자 하는 소망을 드러내기도 했다. "제가 전하고 싶은 메시지는 일터로 돌아가자는 것입니다." 텍사스주 부지사 댄 패트릭 Dan Patrick이 TV 인터뷰에서 이렇게 말했다. "다시 삶으로 돌아갑시다. 영리하게 행동합시다. 그리고 70세 이상의 우리들은 스스로를 돌보겠지만, 그렇다고 국가를 희생할 수는 없습니다."[5] 젊은이들은 바이러스로 죽는 경우가 거의 없고 국가 경제를 위해서 노인의 죽음은 받아들여야만 한다는 논리인 것 같다. 패트릭의 말은 존재하기 위해서는 무엇보다 일을 해야 한다는 미국 문화의 공리를 발가벗긴다. 생산적으로 쓰지 않는다면 건강이 다 무슨 소용인가? 하지만 패트릭의 말은 과도한 반발처럼 들린다. 이토록 잔혹하고 부조리한 논지를 주장함으로써 그는 그 공리가 얼마나 의심스러운지를 보여주었을 뿐이다. 우리는 사회 차원에서 우리의 일을 우리의 건강에 종속시켰다. 우리는 우리가 그저 일하기 위해 존재하는 것이 아니라는 사실을 증명해냈다.

미국의 도시 대부분이 폐쇄 조치에 들어간 직후 나는 트위터 팔로워들을 대상으로 금기시되는 듯한 질문을 던졌다. "혹시 이 상황을 즐기는 사람 있습니까? 특히 부모라면요? 이 상황에서 삶이 나아진 사람도 있을까요?"[6] 나는 미국, 캐나다, 유럽에서 30명 이상의 노동자가 던진 답변에 깜짝 놀랐다. 그들은 아무래도 "즐긴다"라는 말은 부적절한 것 같다고 합당한 지적을 했지만, 새로운 현실 속에서 긍정적인 점도 발견했다고 했다. 버지니아주의 잡지 편집자이자 아이의 어머니인 케이트린 키퍼Caitrin Keiper는 "나는 숲은 즐기지 않지만 나의 작은 나무들은 사랑해요"라고 말했다. 다른 사람들도 "사랑스럽다" "멋지다" 같은 표현을 사용했다. 그들은 이제 출근하지 않는다. 아이들과 더 많은 시간을 보낸다. 운동을 더 많이 한다. 알고 보니 우리는 애초부터 상사들의 의심스러운 프로젝트에 얽매인 채 직장에 있을 필요가 없었다. 코로나 바이러스는 그저 그 사실을 분명히 보여주었을 뿐이다. 기존의 일과를 없애버렸고 짜증나는 동료들을 줌 화면 속 타일 하나로 줄여버렸다. 또한 널리 퍼진 격리 조치는 업무가 무의미하다고 느끼게 했던 몇 가지 위장으로부터 수많은 노동자를 자유롭게 했다. 우리가 하는 일 중 얼마나 많은 양이 비필수 노동인지를 드러냈다.

세 어린 자녀를 가진 아버지이자 워싱턴 DC 지역의 비영리재단에서 일하는 한 남성은 재택근무를 하는 덕분에 마찬가지로 재택근무를 하는 아내와 집안일을 더 공평하게 분담할 수 있다고 했다. "이제는 하루에 출퇴근에 두 시간 30분을 소요하지 않으니까요. 아내가 요리를 하는 동시에 아이들과 놀아줄 필요도 없지요." 별안간 집에 있게 된 그는 매일 요리를 한다. 부부 둘 다 일정 중에는 아이들을 돌보기 위한 시간을 정해놓았으며, 한번은 이웃들의 집 앞에서 기타를 쳤고, 아이들은 춤추고 노래를 따라 불렀다. 평소라면 이런 엉뚱한 일은 무책임해 보이는 것은 물론 불가능했을지도 모른다.

격리는 전문직 노동자가 마주하는 '탐욕스러운' 일과 사랑하는 이들 사이의 딜레마를 해체했다.[7] 로스앤젤레스에 살면서 결혼해 네 명의 아이가 있는 프리랜서 작가 서머 블록Summer Block은 자가격리 명령이 떨어지기 전에는 일과 가족, 그리고 걸스카우트에서부터 학부모회, 버니 샌더스Bernie Sanders 선거운동까지 수없이 많은 자원 활동 프로젝트 같은 역할 사이에서 몸을 있는 대로 늘려야 했다. "그런 것들은 이제 다 취소되었어요." 그가 말했다. 자녀들의 심리 치료와 음악 수업은 온라인으로 전환되어서, 아이를 태워다줄 필요가 없어졌다. "평소에는 아이들과 충분히 시간을 보낸다는 느낌이 결코 들지 않았는데, '아이들을 더 많이 보고 싶다'는 기분이 드디어 사라졌어요." 심지어 이제는 글 쓸 시간도 조금 늘었다.

물론 나와 대화한 사람들도 걱정을 했다. 코로나 바이러스가 없는, 팬데믹이 모두에게 부과한 환경이 아니라 '정상적인' 삶이 훨씬 좋다고 대놓고 말한 사람들도 있었다. "원래는 매일같이 기가 질려버리고는 했어요." 뉴욕시의 도서 편집자 브리아 샌드퍼드Bria Sandford는 이렇게 말했다. 하지만 일상적인 계획에서 탈피하며 여가에 대한 가치를 새로 찾을 수 있었다. "출퇴근이라거나 회사 환경 같은 물리적 스트레스가 사라진 것이 격리 기간의 스트레스를 크게 상쇄해주지요." 그의 말이다. "저는 숲으로 산책하러 가고, 밥도 잘 먹고, 물도 많이 마시고, 몇 년 만에 처음으로 가벼운 운동도 할 수 있게 되었어요." 팬데믹이 끝난 뒤에도 재택근무를 더 많이 하고, "기도하고 걷기 전에는 휴대전화 보지 않기" 원칙을 지키고 싶다고 한다.

　　질문에 답한 노동자들은 격리 기간이 아니었더라면 통근에 썼을 시간을 활용하는 최선의 방법을 찾아낸 것 같았다. 팬데믹 기간에 재택근무자들을 대상으로 치른 설문 조사 결과 그 시간 중 45퍼센트는 다시 업무로 쓰였고, 4분의 1가량은 육아, 집안일에 쓰였고, 나머지 30퍼센트는 여가로 채워졌다.[8] 신뢰가 굳건한 상사가 있다면 이 균형을 일이 아니라 가족과 여가에 조금 더 쏟을 수 있으리라고 상상하기는 어렵지 않다. 질문에 답한 노동자들 모두 전형적인 이들은 아니었다. 대개는 교육 수준이 높으며 원격 근무를 할 수 있는 직종에 몸담고 있었다. 또 함께 사는 가족이 코로나 바이러스에 관련된 경우는 없다고 했다. 그들이 자가 격리의 긍정적인 효과를 경험할 수 있었던 데는 대부분의 노동자는 얻지 못하는 직업 안정성, 적절한 가계 수입, 일정에 대한 자율성 같은 이점이 한몫했다. 하지만 바로 이런 이점들 덕분에 이들의 경험은 번아웃 문화 너머를 향해 손짓할 수 있다. 모든 노동자가 이런 이점을 가질 수 있는 사회를 어떻게 새로이 만들면 좋을까?

　　혁명이 이루어지려면, 일이 일하는 사람들의 존엄성을 충족할 수 있도록 만드는 새로운 정책도 함께 생겨나야 한다. 동시에 이 혁명은 우리가 일보다 더 고매한 것에 가치를 두고 생산성 극대화보다 노동자에 대한 공감을 우선시하는 도덕적 혁명일 필요가 있다. 이 혁명은 격리 기간에 사람들이 타인의 목숨을 걱정하면서 이미 시작되었다. 샌디에이고의 대학 행정 담당자인 에린 비숍Erin Bishop은 재택근무를 시작한 뒤로 집 안이 좁아터진 공간에 일과 아이들이 전부 뒤섞인 '난장판'으로 전락했다고 했다. 그럼에도 그는 고작 몇 주 전이라면 불가능했을 시간을 찾을 수 있었다. "방금 세 살배기 아이와 뒷마당에 담요를 펼치고 누워 구름의 모양에 이름을 붙였어요. 기적 같은 일이었어요."[9]

격리 기간 초기, 뉴욕주지사 앤드루 쿠오모Andrew Cuomo는 뉴욕주, 특히 뉴욕시가 마주한 도전에 관한 인터뷰를 했다. 인터뷰 막바지에서 쿠오모는 모든 뉴욕 시민을 대상으로 도덕적 성명을 말한다. "지금껏 한 번도 생각하지 못한 방식으로 상상력을 확장하고, 자신을 뛰어넘은 곳까지 야심을 펼치십시오. 그것은 당신 혼자만을 위한 것이 아니니까요. 그것은 우리를 위한 것, 집단을 위한 것, 사회를 위한 것입니다. (…) 할 수 있는 한 최대한의 목숨을 구하십시오. 책임감을 가지십시오. 시민의식을 가지십시오. 친절하십시오. 배려하십시오. 타인을 생각하십시오."[10]

쿠오모 개인의 행동은 그가 그 인터뷰에서 정한 기준에 못 미쳤을지 모른다. 위기 상황에 내린 그의 결정 중 다수가 심각한 비판을 불러왔으며, 수많은 보좌관이 그를 성추행으로 고발했다. 하지만 이 말만큼은 영감을 준다.[11] 그는 연대를 요구했다. 연대란 서로의 존엄성을 알아보고 이로써 노동자들이 단결해서 그들의 가치에 걸맞은 노동환경을 얻어내도록 동기를 부여하는 것이다. 팬데믹은 이보다 더 큰 연대를 드러내 보였다. 우리는 오래 지나지 않아 우리가 평소에 알던 것보다 서로와 더 밀접한 연관을 맺고 있다는 사실을 알게 되었다. 이 관계로 인해 우리는 취약해진다. 생물학적으로 말하자면 모든 사람이 코로나 바이러스의 매개체다. 하지만 서로와 맺는 우리의 관계는 그저 생물학적인 것 이상이다. 이 관계는 경제적·사회적·도덕적이다. 팬데믹 기간에 더 나은 할 일을 찾아낸 전문직들 역시 최전선에서 싸우는 타인의 노동에 의존하기 때문에 그럴 수 있었다.

미국에서 팬데믹 초기 단계에 퍼진 위대한 윤리적 만트라는 '확산세를 둔화'시키는 것이었다. 감염 속도를 낮추어 환자들이 동시에 이를 치료할 수 있는 의료 체계의 수용량을 초과하지 않도록 하자는 것이었다. 의사, 간호사, 의료기사는 소진될 때까지 일했으나 확산세의 둔화는 병원 노동자들에게 질병에 맞서 싸울 기회를 줌으로써 그들의 노력이 가장 효율적일 수 있도록 만들었다.

의료 노동자가 지는 부담에 대한 대중의 우려는 미국 사회의 표준과 크게 달라졌다. 코로나 팬데믹이 미국에 퍼지기 훨씬 전부터 미국의 환자들은 국제 기준과 비교해 요구하는 바가 특히나 많았다. 환자들은 의료진이 공감적이기를 바라고, 돌봄 노동자들에게 부가적인 노동을 지우는 비싸고 위험하며 종종 불필요한 치료를 요구했음에도 상대에게 그만큼 공감해주지는 않았다. 예를 들면 편두통 환자의 경우 영국과 비교해 미국의 환자들이 두통으로 응급실을 찾는 비율이 세 배 높았다. 이는 미국인이 가장 부담이 큰 노동자들에게 요구함으로써 의료진이 다른 환자들에게 쓸 시간을 빼앗을 뿐만 아니라 (의료진의 스트레스와 번아웃을 가중함으로써 장기적으로는) 환자를 치료할 능력을 약화할 가능성이 더 크다. 동시에 미국인은 다른 국가 환자들에 비해 정기 건강검진을 받거나 약 처방을 받는 비율이 낮은데, 이는 작은 문제를 조기에 발견하지 못해 상태가 나빠졌을 때 집중 치료를 받느라 의료 전문가의 부담을 가중한다는 뜻이다.[12]

이 문제는 일부 미국의 들쭉날쭉하고도 복잡 미묘한 의료비 지불 체계 때문이다. 하지만 또 한편으로는 미국인이 일반적으로 노동자에게 보이는 태도에서 존중이 결여되어 있기 때문이기도 하다. 이 두 가지 요인은 연결되어 있다. 더 믿음직스러운 의료 체계는 의료 노동자들이 지속 가능한 방식으로 최선의 일을 수행하게 해줄 수 있을 것이다. 또 환자로서 더 공감적인 접근은 우리가 건강을 위해 의지하는 노동을 해주는 이들이 가진 인간적 한계를 인정하는 데서 시작한다. 용기를 내 의학적 도움을 받거나, 타인에게 '짐이 되는' 것을 두려워하는 이들을 비판할 마음은 없다. 그럼에도 세상에는 타인에게 불필요한 노동을 불균형하게 전가하는 '문제 환자'라는 것이 존재한다.[13] 나 역시 '문제 학생'을 만나본 경험이 있고, 어떤 종류의 일이라 해도 분명 문제 고객, 문제 동료처럼 우리의 번아웃에 한 사람 몫 이상으로 기여하는 사람이 있다고 장담한다. 우리는 이런 아웃라이어의 요구가 비합리적이고 나아가 비윤리적인 것으로 만들 수 있는 규범이 필요하다. 번아웃을 무찌르고 타인이 충만한 삶을 살 수 있도록 하려면 우리가 하는 일에 대한 기대뿐만 아니라 타인의 일이 우리에게 해줄 수 있는 바에 대한 기대도 낮추어야 한다. 팬데믹 기간에 우리는 그런 공감을 보여주었다. 그 공감은 우리 안에 있다. 그러면 '정상적인' 때도 할 수 있지 않을까?

연대란 사회적 차원에서의 공감이다. 나의 고통과 기쁨의 타인의 것과 연결되어 있다는 사실을 아는 것이다. 타인에게 보내는 공감이 나에게도 도움이 된다는 의미이기도 하다. 감염병이 사회를 강타하면 모두가 이에 민감해진다. 위험에 처한 사람이 위험에 처하게 만드는 타인은 기하급수적으로 늘어난다. 그리고 자가 격리, 실외 마스크 착용처럼 각자가 하는 자기 보호를 위한 행동은 타인을 보호하는 데도 도움이 된다. 번아웃은 코로나 팬데믹과 같은 방식으로 전염되는 것은 아니지만 바이러스성 질병과 두 가지 중요한 공통점을 가진다. 첫째, 일하는 사람은 누구나 잠재적인 번아웃 환자다. 둘째, 우리는 공유 공간과 사회구조 속에서 사람들과 상호작용하는 과정에서 번아웃을 겪게 된다. 모두가 잠재적 희생자인 동시에 잠재적 매개체일 수 있다는 공통된 입장을 인정한다면 우리는 이 상호작용을 다시금 상상하고 문화를 변화시키며 번아웃이라는 팬데믹을 끝낼 수 있을 것이다.

번아웃에 시달리는 대학교수는 학생을 탓하기 쉽고, 교직원의 업무량을 관리하거나 보상을 주거나 주지 않는 역할을 하는 행정 직원들을 탓하기는 더 쉽다. 그들은 손쉬운 표적이기 때문이다. 이제 와 생각하면, 교수 생활에서 내가 번아웃을 겪었을 때 행정 직원들 역시 마찬가지였을 것 같다. 그들이 나와 나의 동료들에게 마땅하다고 여긴 인정을 해주지 않았던 것은 그럴 수 없어서였을 수도 있다. 내가 학생들이 받아 마땅한 관심을 줄 수 없었던 것처럼. 대학은 병원이나 철물점, 식당과 마찬가지로 관계의 네트워크다. 번아웃은 그 네트워크 속 명시적 규칙과 암묵적 관습의 패턴을 따라 모든 방향으로 뻗어나갈 수 있다. 내가 비참한 심정이었다면 내가 타인을 비참하게 만들 가능성도 크다.

가끔 나는 번아웃과 맞서 싸우고자 하는 대학이라면 가장 먼저 캠퍼스의 모든 사람이 참여하는 급진적으로 솔직한 회의가 있어야 하는 것이 아닌가 상상해본다. 이 회의에서 모두가 대학의 운영 체계가 관련자 모두에게 해가 되고, 이 자기 파괴적 체계에서 이득을 얻는 사람은 아무도 없다는 사실을 인정하는 것이다. 이곳에서 모두가 각자의 두려운 진실을 털어놓게 될 것이다. 학생과 교직원, 직원과 행정 직원 들이 서로에게 번아웃을 유발하고 있는데도 무언가 잘못되고 있다고 차마 인정할 수가 없고, 모두가 어떤 불가능한 이상을 달성하고자 열심히 일해야 한다고 믿었다고 말이다.

나는 대학은 물론 모든 기관에서 그 구성원들이 모두 같은 고충을 겪고 있음을 인정한 뒤에는 완전히 새로운 업무 방식을 만들어갈 수 있다고 믿고 싶다. 모두가 무력한 기분일지라도 힘을 합치면, 이 단체를 이루는 것은 바로 그들이라는 사실을 알게 될 것이다. 그렇기에 이곳을 새로이 만들 수 있다는 것을 말이다.

우리가 노동을 중심으로 만들어놓은 의미의 체계, 업무가 존엄과 인격, 목적의 원천이라는 고귀한 거짓말은 번아웃 문화가 지속되게 했다. 코로나 바이러스 격리 기간은 이런 시스템을 해체하지는 못했으나 우리에게 질문을 던졌다. 일을 하는가의 여부는 우리가 인간으로서 지니는 가치와는 상관이 없다. 수많은 사람이 동시에 실업 상태에 처했지만 그들이 일을 못해서 또는 인간으로서 부족해서가 아니었다. 미국 연방 정부는 실업수당을 크게 인상해 기존 소득과 무관하게 모든 실업수당에 주당 600달러를 추가로 배분했다. 이는 일자리를 잃은 노동자 중 절반 이상이 받는 통상 임금보다 평균 실업수당이 더 높아졌다는 의미였다.[14] 이런 혜택은 생활임금 수준의 보편적 기본소득으로 가는 첫 단추인 것 같다. 스페인에서는 실제로 팬데믹 기간에 일종의 기본소득을 도입했다.[15] 미국에서 일부 보수 정치인들이나 기업 대표들은 실업급여가 너무 높아져 사람들이 아예 일하지 않는 것을 선택할 수도 있다며 기본소득에 반대하는 주장을 펼쳤다.[16] 반대 시위자들이 주정부 청사에 몰려들어 경제를 '재개'하라고 요구했을 때, 기자 새라 제프Sarah Jaffe는 "그런 요구를 할 권리는 없다는 것, 모두가 싫다고 말할 권리를 가져야 한다는 것"이 분명해졌다며, 이를 어쩌면 수나우라 테일러의 말을 연상시키는 '일하지 않을 권리'라고 불러도 좋을 것이라고 했다.[17] 어쩌면 보편적 기본소득은 이 권리에 의미를 불어넣는 유일한 방법일지도 모른다. 또 인간 존엄성을 보편적으로 인정하는 것만이 일을 사람들이 굶거나 모욕당하는 것을 두려워하지 않고 그만둘 수 있다는 자신감을 가지고 수행하는, 진정으로 자유로운 것으로 만들 수 있을지도 모른다.

코로나 바이러스가 발생하지 않았다 한들, 수백 년간 지속되어 온 의미 체계는 어차피 흔들리게 되어 있었다. 자동화라는 완전히 다른 이유 때문이기는 했지만 말이다. 아이러니하게도 팬데믹 상황에서 문득 사회적으로 필수적인 것으로 보였던 직업들인 계산원, 창고 노동자, 트럭 운전사는 바로 가까운 미래에 자동화로 대체될 위험이 가장 큰 직업들이었다. 2022년에 태어난 아이가 중년이 될 무렵이면 인간이 하는 모든 노동이 기계로 대체되어 있을 가능성이 크다. 우리가 알던 노동은 사라질지도 모른다.

이쯤 되니, 짜릿한 전망이 기다리고 있을 것 같다는 생각이 든다. 팬데믹은 우리에게 많은 고통을 안겼지만 새롭고 한층 더 인간적인 미래에 대한 상상력의 공간을 열어주었다. 문제는 극단적 변화의 순간에 우리가 새로운 아이디어에 마음을 닫고 이미 입증된 단점에도 불구하고 기존 상태를 유지하고자 하는 경향이 있다는 것이다. 철학자 조너선 리어Jonathan Lear는 《급진적 희망: 문화적 황폐화에 직면한 윤리Radical Hipe: Ethics in the Face of Cultural Devasstation》에서 사회적 취약성에 대해 널리 공유된 감각은 가장 시야를 확장해야 할 때 우리의 시야를 협소하게 만든다고 썼다. 문화가 위협받을 때 우리는 격리를 끝내고 모두를 일자리로 돌려보내고 싶어 하는 정치인과 마찬가지로 익숙한 생각에 매달린다. 리어는 이렇게 쓴다. "마치 우리의 전망이 올바르다고 고집하지 않는다면 그 전망 자체가 무너지는 것과 마찬가지다."[19]

리어는 기존의 문화적 체계에서 성공을 거둔 사람들이야말로 체계가 무너졌을 때 해법을 찾을 준비가 "가장 덜 갖추어진" 사람들이라고 했다. 만약 "문화의 구성원으로서 승승장구해온 덕분에, 나는 급진적인 새로운 미래라는 도전을 마주할 능력을 덜 갖춘 것이 아닌가" 고민한다.[20] 이런 가능성이야말로 우리가 문화의 주변부, 오늘날 구성된 체계 속에서 애쓰고 성공을 거두지 않는 사람들에게서 영감을 얻어야 하는 이유다. 베네딕트회 수도사들, 그리고 에리카 메나와 퍼트리셔 노딘 같은 장애 예술가들은 각기 다른 정도로 노동 윤리를 넘어섰다. 그들은 고귀한 거짓말을 거부했다. 다른 기반 위에서 인간이 충만하게 살 수 있는 모델을 만들어냈다. 일이 아니라 보편적 존엄성, 자신과 타인에 대한 공감, 그리고 자유롭게 선택한 여가 속에서 찾은 목적의식 위에서 이루어지는 삶이다.

중요한 측면 하나는, 일의 이상을 실현하지 못하게 했던 일의 문제들을 로봇 혁명으로 모두 해결할 수 있다는 점이다. 여러 업계에서 이상적 노동자는 점점 더 기계를 닮아간다. 기계는 자율성이나 사생활이 필요 없다. 이들에게는 존엄성이 없다. 사회에 속하는 것이 아니므로 사회에서 소외되지도 않는다. 왜곡될 도덕적 품성도 없고 영원히 제한된 동작들을 반복할 수 있다. 이들은 초월을 갈망하지도 않고 진정한 인간의 욕구를 충족하고 있는지 걱정하지도 않는다. 그리고 회사에 가장 매력적인 부분은 그들에게 급여는 필요 없다는 것이다.

중요한 것은, 우리가 알던 기존의 노동은 구해낼 가치가 없다는 사실이다. 어쩌면 노동이란 근본적으로 그리 좋지 않은 것이기 때문일지도 모르겠다. 그래서 노동은 전부 로봇에게 맡겨버리고 이 노동의 달콤한 과실만을 맛볼 수 있는 방법을 찾아보는 것이 좋을지도 모른다(그렇게 쉬운 일은 아닐 것이다). 그렇다면 우리에게는 원할 때마다 개를 데리고 산책할 자유가 생길 것이다. 매일 정오에 테니스를 칠 수 있을 것이다. 그림 그리는 법을 배우고, 쉬지 않고 기도하고, 아이들과 함께 잔디 위에 누워 몇 시간이나 하늘을 올려다볼 수 있을 것이다.

번아웃은 기계에게 맡겨두자. 우리에게는 더 나은 할 일이 있으니까.

감사의 말

이 책이 더 나은 모습이 될 수 있도록 지적으로, 편집자로서, 또 정서적으로 도움을 준 수많은 친구, 동료, 멘토에게 고마움을 전하고 싶다. 베스 애드머럴, 애비 아넷, 개릿 바, 댄 클래스비, 제이슨 대너, 바브 페너, 마크 페너, 로빈 필드, 에이미 프로인드, 토니 그라소, 켄드라 그린, 에린 그리어, 찰스 하트필드, 아넬리즈 하인츠, 댄 이싱, 패럴 켈리, 커틀리 나이트, 케이티 크러멕, 빈센트 로이드, 톰 메커먼, 니콜 메어스, 찰스 마시, 척 매튜스, 제니 맥브라이드, 마이클 맥그리거, 노린 오코너, 리건 라이츠머, 크리스 스카보로, 조엘 셔먼, 로스 슬로운, 제시 스탈링, 휘트니 스튜어트, 재니스 톰슨, 브라이언 틸, 샤일리 워런, 벤 라이트, 윌리 영.

비평 파트너가 되어준 엘리자베스 바버, 실 클링글러, 크리스티나 라로코, 로빈 맥도널드, 대니얼 멧칼프셰나일, 마사 울프, 보네타 영에게 감사한다. 지난 몇 년간 나의 글에 보여준 신중하고도 애정 어린 관심 덕분에 이 프로젝트는 물론 나의 글쓰기가 전반적으로 엄청나게 나아졌다. 이 책을 선뜻, 엄청난 지성과 유머를 담아 자주 읽고 이야기해준 앤 그레이 피셔와 윌 마이어스에게 진심으로 감사한다.

수년째 일에 관해 대화를 함께 나누었을 뿐만 아니라 학생 수백 명을 대표해 이 주제에 대해 내가 어떻게 생각하는지 정리할 수 있도록 도와준 토머스 하겐버크와 에밀리 주렉에게 감사한다.

크라이스트 인 더 데저트 수도원, 성 베네딕트 수도원, 성 요한 수도원, 시티스퀘어를 비롯해, 책에 이름이 실리든 실리지 않았든 자신들의 이야기를 나에게 나누어준 모두에게 감사한다.

글쓰기 워크숍을 위해 나를 두 번 초청해준 컬리지빌 인스티튜트, 그리고 이 프로젝트 초기에 지원금을 준 국립 인문학 지원재단과 루이빌 인스티튜트에게 감사한다.

이 프로젝트 초기에 나의 언어와 생각을 제련해준 신문, 잡지, 학술지 편집자들에게 감사한다. 엘리자베스 브루닉, 에반 더카츠, 앨린 캘비언, 마틴 카브카, 라이언 키어니, 로라 마시, B. D. 맥클레이, 존 내기, 팀 라이디, 맷 시트먼, 제이 톨슨, 케리 웨버.

밴드 '더 워 온 드럭스The War on Derugs'에게 감사한다. 이들의 앨범 〈로스트 인 더 드림〉이 책을 집필하는 내내 사운드트랙이 되어주었다.

・・・

이 책을 독자 여러분께 가져다드릴 캘리포니아대학교 출판부에게 감사한다. 특히 번아웃에 대한 나의 글을 보고 책이 될 수 있다고 감지해준 네이오미 슈나이더, 그리고 내가 직접 알지 못하는 곳에서 일해준 서머 패러, 테레사 이아폴라, 벤지 메일링스, 프란시스코 라인킹을 비롯한 출판부 직원들에게 감사한다. 원고를 교정해준 캐서린 오스본, 색인 작업을 해준 섀넌 M. T. 리에게 감사한다. 출판사의 요청으로 이 책의 초고에 귀중한 의견을 준 안나 카타리나 샤프너를 비롯한 연구자들에게 감사한다.

꾸준히 응원해준 가족들에게 감사한다. 어머니 캐럴, 그리고 형제자매인 리사, 니콜, 제프. 그리고 이 책을 집필하는 동안 우리 곁을 떠난 토니, 나나, 그리고 아버지 조지에게 감사한다.

자료를 사용할 수 있도록 허가해준 다음의 매체에게 감사한다. 〈악마를 길들이기〉, 《커먼윌》 2019년 2월 8일자. 〈일과 의미가 분리될 때〉, 《헤지호그 리뷰The Hedgehog Review》 20권 제3호(2018년 가을). 〈번아웃은 밀레니얼의 전유물이 아니다〉, 《뉴 리퍼블릭》 2019년 1월 10일자. 〈코로나 바이러스 이후 더 나은 삶을 상상하기〉, 《뉴 리퍼블릭》 2020년 4월 1일.

이 자리에서 이름을 빠뜨린 모든 이에게도 감사한다. 무엇보다도, 애슐리 반스에게 감사한다. 우리가 함께한 삶에서 번아웃은 지적인 문제에 그치는 것이 아니라 존재론적 문제였다. 그는 매일같이 내가 이 문제를 풀 수 있도록 도왔다. 그가 없었더라면 이 책은 처음부터 불가능했을 것이다.

미주

들어가는 말

1 예를 들면, Monique Valcour, "Beating Burnout", *Harvard Business Review*, November 2016, https://hbr.org/2016/11/beating-burnout.

2 Karlyn Borysenko, "Burnout Is Now An Officially Diagnosable Condition: Here's What You Need To Know About It", Forbes, May 29, 2019, https://www.forbes.com/sites/karlynborysenko/2019/05/29/burnout-is-now-an-officially-diagnosable-condition-heres-what-you-need-to-know-about-it.

3 Christopher Gergen and Gregg Vanourek, "Three Ways to Beat Burnout", *Harvard Business Review*, December 1, 2008, https://hbr.org/2008/12/three-ways-to-beat-burnout.

4 United States Department of Labor Bureau of Labor Statistics, "The Employment Situation: December 2008", January 9, 2009, https://www.bls.gov/news.release/archives/empsit_01092009.pdf.

5 Rebecca Knight, "How to Overcome Burnout and Stay Motivated", *Harvard Business Review*, April 2, 2015, https://hbr.org/2015/04/how-to-overcome-burnout-and-stay-motivated; John Rampton, "8 Ways to Get Over Job Burnout (Without Quitting)", Inc.com, March 31, 2017, https://www.inc.com/john-rampton/8-ways-to-get-over-job-burnout-without-leaving.html; Tabia Robinson, "How to Spot and Stop Burnout Before You Give Up On Freelancing", *The Freelancer*, July 2, 2019, https://contently.

net/2019/07/02/resources/how-to-spot-and-stop-burnout-freelancing.

6   Viviana A. Zelizer, *Pricing the Priceless Child: The Changing Social Value of Children*, reprint edition (Princeton, NJ: Princeton University Press, 1994).

7   K. J. Dell'Antonia, "Some Good News about Parental Burnout: It's Curable", *Quartz*, January 12, 2019, https://qz.com/quartzy/1521267/some-good-news-about-parental-burnout-its-curable; Jessica Grose, "How to Avoid Burnout When You Have Little Ones", *New York Times*, May 29, 2019, https://parenting.nytimes.com/work-money/parental-burnout.

8   육아 번아웃에 관한 주목할 만한 연구로는 다음 두 가지가 있다. Moïra Mikolajczak et al., "Exhausted Parents: Sociodemographic, Child-Related, Parent-Related, Parenting and Family-Functioning Correlates of Parental Burnout", *Journal of Child and Family Studies* 27, No. 2 (February 1, 2018): 602~614, https://doi.org/10.1007/s10826-017-0892-4 그리고 Isabelle Roskam, Marie-Emilie Raes, and Moïra Mikolajczak, "Exhausted Parents: Development and Preliminary Validation of the Parental Burnout Inventory", *Frontiers in Psychology* 8 (February 9, 2017), https://www.frontiersin.org/articles/10.3389/fpsyg.2017.00163/full.

1장 모두가 번아웃에 시달리지만, 그것이 무슨 의미인지는 아무도 모른다

1   Christina Maslach, *Burnout: The Cost of Caring* (Englewood Cliffs, NJ: Prentice-Hall, 1982), 90쪽.

2   같은 책, 65쪽.

3   같은 책, 134~135쪽.

4   Ayala M. Pines and Elliot Aronson, *Career Burnout: Causes and Cures* (New York: Free Press, 1988), ix쪽.

5   Christina Maslach and Michael P. Leiter, *The Truth About Burnout: How Organizations Cause Personal Stress and What to Do About It* (San Francisco: Jossey-Bass, 1997), 18쪽.

6   같은 책, 17~18쪽.

7   Lauren Berlant, *Cruel Optimism* (Durham, NC: Duke University Press, 2011), 1쪽.

8   "The Burden of a Stroke Call: 56% of US Neurointerventionalists Meet Criteria for Burnout", *NeuroNews International*, August 27, 2019, https://neuronewsinternational.com/burnout-stroke-burden.

9   Tait D. Shanafelt et al, "Changes in Burnout and Satisfaction with Work-Life Integration in Physicians and the General US Working Population Between 2011

and 2017", *Mayo Clinic Proceedings* 94, No. 9 (September 2019): 1,681~1,694쪽, https://doi.org/10.1016/j.mayocp.2018.10.023.

10 Ben Wigert and Sangeeta Agrawal, "Employee Burnout, Part 1: The 5 Main Causes", Gallup Workplace, July 12, 2018, https://www.gallup.com/workplace/237059/employee-burnout-part-main-causes.aspx.

11 Deloitte US, "Workplace Burnout Survey", accessed October 8, 2019, https://www2.deloitte.com/us/en/pages/about-deloitte/articles/burnout-survey.html.

12 "Survey Reveals Factors Behind Millennial Burnout", *Yellowbrick Blog*, June 20, 2019, https://www.yellowbrickprogram.com/blog/survey-reveals-factors-behind-millennial-burnout.

13 강조는 저자. Joanne Finnegan, "A Startling 79% of Primary Care Physicians Are Burned Out, New Report Finds", *FierceHealthcare*, August 6, 2019, https://www.fiercehealthcare.com/practices/a-startling-79-primary-care-physicians-are-burned-out-new-report-finds 참고.

14 Richard Fry, "Millennials Are Largest Generation in the US Labor Force", *Pew Research Center*, April 11, 2018, https://www.pewresearch.org/fact-tank/2018/04/11/millennials-largest-generation-us-labor-force.

15 Carolyn S. Dewa et al., "The Relationship between Physician Burnout and Quality of Healthcare in Terms of Safety and Acceptability: A Systematic Review", BMJ Open 7, No. 6 (June 1, 2017): e015141, https://doi.org/10.1136/bmjopen-2016-015141; Carolyn S. Dewa, Karen Nieuwenhuijsen, and Jeffrey S. Hoch, "Deciphering the Relationship Between Health Care Provider Burnout and Quality of Care", *Annals of Internal Medicine*, October 8, 2019, https://doi.org/10.7326/M19-2760.

16 Lisa S. Rotenstein et al., "Prevalence of Burnout Among Physicians: A Systematic Review", *JAMA* 320, No. 11 (September 18, 2018): 1,131~1,150쪽, https://doi.org/10.1001/jama.2018.12777.

17 Shanafelt et al., "Changes in Burnout and Satisfaction with Work-Life Integration in Physicians and the General US Working Population Between 2011 and 2017", 1,690쪽.

18 Colin P. West et al., "Single Item Measures of Emotional Exhaustion and Depersonalization Are Useful for Assessing Burnout in Medical Professionals" *Journal of General Internal Medicine* 24, No. 12 (December 2009): 1,318~1,321쪽, https://doi.org/10.1007/s11606-009-1129-z.

19 Meredith Corporation and Harris Poll, "Burnout Flashpoint", October 3, 2019, http://

online.fliphtml5.com/mseh/cfmp/#p=8.

20 같은 글.

21 Deloitte US, 앞의 글.

22 Anne Helen Petersen, "How Millennials Became the Burnout Generation", *BuzzFeed News*, January 5, 2019, https://www.buzzfeednews.com/article/annehelenpetersen/ millennials-burnout-generation-debt-work.

23 같은 글.

24 같은 글.

25 Anne Helen Petersen, "Here's What 'Millennial Burnout' Is Like For 16 Different People", *BuzzFeed News*, January 9, 2019, https://www.buzzfeednews.com/article/ annehelenpetersen/millennial-burnout-perspectives.

26 Tiana Clark, "This Is What Black Burnout Feels Like", *BuzzFeed News*, January 11, 2019, https://www.buzzfeednews.com/article/tianaclarkpoet/millennial-burnout-black-women-self-care-anxiety-depression.

27 같은 글.

28 같은 글.

29 Linda V. Heinemann and Torsten Heinemann, "Burnout Research: Emergence and Scientific Investigation of a Contested Diagnosis",: *SAGE Open* 7, No. 1 (January 2017): 7쪽, https://doi.org/10.1177/2158244017697154.

30 Pines and Aronson, 앞의 책, xi쪽.

31 Linda V. Heinemann and Torsten Heinemann, "Burnout: From Work-Related Stress to a Cover-Up Diagnosis", in *Burnout, Fatigue, Exhaustion: An Interdisciplinary Perspective on a Modern Affliction*, ed. Sighard Neckel, Anna Katharina Schaffner, and Greta Wagner (Cham, Switzerland: Palgrave Macmilan, 2017), 131, 138쪽.

32 같은 책, 141~143쪽.

33 같은 책, 14쪽.

34 Wolfgang P. Kaschka, Dieter Korczak, and Karl Broich, "Burnout: A Fashionable Diagnosis", *Deutsches Äzteblatt International* 108, No. 46 (November 2011): 781~787 쪽, https://doi.org/10.3238/arztebl.2011.0781.

35 Johannes Bahlmann, Matthias C. Angermeyer, and Georg Schomerus, "'Burnout' statt 'Depression': eine Strategie zur Vermeidung von Stigma?", *Psychiatrische Praxis* 40, No. 2 (March 2013): 78~82쪽, https://doi.org/10.1055/s-0032-1332891.

36 Bernd Kramer, "Burnout Ist Eine Ausweichdiagnose," *Der Spiegel*, November 24, 2011, https://www.spiegel.de/karriere/volkskrankheit-burnout-ist-eine-

ausweichdiagnose-a-799348.html. 영문 번역을 도와준 브라이언 캠벨Brian Campbell 과 캐서린 데이비스Katherine Davies에게 감사드린다.

37 Lance Morrow, "The Burnout of Almost Everyone", *Time*, September 21, 1981, http://content.time.com/time/magazine/article/0,9171,953109,00.html.

38 Richard A. Friedman, "Is Burnout Real?", *New York Times*, June 3, 2019.

39 Karlyn McKell, "5 Tips to Avoid Bridesmaid Burnout (Yes, It's a Thing)", *Thrive Global*, August 28, 2019, https://thriveglobal.com/stories/avoid-brides-maid-burnout-with-these-tips/; News 4-Fox 11 Digital Team, "Local Company Looks to Help with Post-Burning Man Burnout", KRNV, September 2, 2019, https://mynews4.com/news/local/local-company-looks-to-help-with-post-burning-man-burnout; Lauren Entwistle, "Burnout in the Age of Binge-Watch-ing", Greatist, October 11, 2019, https://greatist.com/live/binge-tv-burnout.

2장 번아웃: 첫 2,000년

1 Anna Katharina Schaffner, *Exhaustion: A History* (New York: Columbia University Press, 2016), 117쪽.

2 《전도서》 1장 2~3절.

3 《전도서》 1장 17절.

4 《전도서》 9장 18절.

5 《전도서》 9장 10절.

6 Schaffner, 앞의 책, 17쪽.

7 Aristotle, "Metaphysics", in *The Basic Works of Aristotle*, ed. Richard McKeon, trans. W. D. Ross (New York: Random House, 1941), 981b쪽.

8 Evagrius Ponticus, *The Praktikos; Chapters on Prayer*, trans. John Eudes Bamberger (Spencer, Mass.: Cistercian Publications, 1970), 18~19쪽.

9 St. John Cassian, *The Institutes*, trans. Boniface Ramsey (New York: Newman Press, 2000), 233쪽.

10 Jennifer Radden, "From Melancholic States to Clinical Depression", in *The Nature of Melancholy: From Aristotle to Kristeva*, ed. Jennifer Radden (Oxford: Oxford University Press, 2000), 8쪽.

11 William Shakespeare, "As You Like It" 4막 1장. https://shakespeare.folger.edu/shakespeares-works/as-you-like-it/act-4-scene-1.

12 Schaffner, 앞의 책, 58쪽.

13 Radden, 앞의 글, 17~18쪽.

14 David G. Schuster, *Neurasthenic Nation: America's Search for Health, Happiness, and Comfort, 1869~1920* (New Brunswick, NJ: Rutgers University Press, 2011), 7쪽.

15 Julie Beck, "'Americanitis': The Disease of Living Too Fast", *The Atlantic*, March 11, 2016, https://www.theatlantic.com/health/archive/2016/03/the-history-of-neurasthenia-or-americanitis-health-happiness-and-culture/473253.

16 Michael O'Malley, "That Busyness That Is Not Business: Nervousness and Character at the Turn of the Last Century", *Social Research* 72, No. 2 (2005): 386쪽에서 재인용.

17 "Americanitis", *TIME Magazine*, April 27, 1925, 32쪽.

18 George M. Beard, *American Nervousness: Its Causes and Consequences* (New York: Putnam, 1881), 39~52쪽, http://archive.org/details/americannervous00beargoog.

19 같은 책, 서문.

20 Schaffner, 앞의 책, 95쪽.

21 Beard, 앞의 책, 26쪽.

22 같은 책, 26쪽.

23 Schaffner, 앞의 책, 96쪽.

24 Beard, 앞의 책, 207쪽.

25 같은 책, 126, 186쪽; Beck, 앞의 글.

26 같은 책, 99쪽.

27 Schaffner, 앞의 책 97~98쪽에서 재인용.

28 Greg Daugherty, "The Brief History of 'Americanitis'", *Smithsonian Magazine*, March 25, 2015, https://www.smithsonianmag.com/history/brief-history-americanitis-180954739.

29 Beck, 앞의 글.

30 Schuster, *Neurasthenic Nation*, 46~56쪽.

31 Sears, Roebuck and Company, *Catalogue No. 112.* (Chicago: Sears, Roebuck & Co., 1902), 472쪽, http://archive.org/details/catalogueno11200sear.

32 Schaffner, 앞의 책, 100, 104쪽.

33 Schuster, 앞의 책, 142쪽.

34 Kevin Aho, "Neurasthenia Revisited: On Medically Unexplained Syndromes and the Value of Hermeneutic Medicine", *Journal of Applied Hermeneutics*, April 9, 2018, 4~5쪽, https://doi.org/10.11575/jah.v0i0.53334.

35 Schuster, 앞의 책, 6장.

36 Graham Greene, *A Burnt-Out Case* (New York: Viking, 1961), 52쪽. Originally published 1960 by Heinemann (London).

37 같은 책, 57쪽.

38 같은 책, 133쪽.

39 같은 책, 111쪽.

40 Francis X. Clines, "Village Youths Find Friend in Doctor", *The New York Times*, July 13, 1970, https://www.nytimes.com/1970/07/13/archives/village-youths-find-friend-in-doctor-village-youths-find-a-friend.html.

41 Herbert J. Freudenberger and Geraldine Richelson, *Burn-Out: The High Cost of High Achievement* (Garden City, NY: Anchor Press, 1980), xix쪽.

42 Noel King, "When A Psychologist Succumbed To Stress, He Coined The Term 'Burnout'", *NPR.org*, December 8, 2016, accessed May 23, 2019, https://www.npr.org/2016/12/08/504864961/when-a-psychologist-succumbed-to-stress-he-coined-the-term-burnout.

43 H. B. Bradley, "Community-Based Treatment for Young Adult Offenders", *Crime & Delinquency* 15, No. 3 (July 1969): 366쪽.

44 David W. Maurer, *Language of the Underworld*, ed. Allan W. Futrell and Charles B. Wordell (Lexington: University Press of Kentucky, 1981), 287쪽; Wilmar B. Schaufeli, Michael P. Leiter, and Christina Maslach, "Burnout: 35 Years of Research and Practice", *Career Development International*; Bradford 14, No. 3 (2009): 205쪽, http://dx.doi.org.proxy.libraries.smu.edu/10.1108/13620430910966406.

45 Freudenberger and Geraldine Richelson, 앞의 책, xv쪽.

46 같은 책, xx쪽.

47 Herbert J. Freudenberger, "Staff Burn-Out", *Journal of Social Issues* 30, No. 1 (March 1974): 161쪽, https://doi.org/10.1111/j.1540-4560.1974.tb00706.x.

48 같은 글, 161쪽.

49 같은 글, 160~161쪽.

50 Herbert J. Freudenberger, "The Staff Burn-out Syndrome in Alternative Institutions", *Psychotherapy: Theory, Research & Practice* 12, No. 1 (Spring 1975): 73쪽, https://doi.org/10.1037/h0086411.

51 Freudenberger, 앞의 글, 160쪽.

52 Philip Zimbardo, *The Lucifer Effect: Understanding How Good People Turn Evil* (New York: Random House, 2007), 170~171쪽.

53 Kathleen O'Toole, "The Stanford Prison Experiment: Still Powerful after All These Years", *Stanford News*, January 8, 1997, https://news.stanford.edu/pr/97/970108prisonexp.html.

54 같은 글.

55 Christina Maslach, "'Detached Concern' in Health and Social Service Professions", in *Dehumanization in Institutional Settings*, by Philip Zimbardo and Christina Maslach (Springfield, VA: National Technical Information Service, 1973), 9쪽.

56 같은 글, 11쪽.

57 같은 글, 15쪽.

58 King, 앞의 글.

59 Maslach and Leiter, 앞의 책.

60 Schaufeli, Leiter, and Maslach, 앞의 책, 206~207쪽.

61 Ad Hoc Committee, "The Triple Revolution", *International Socialist Review*, Summer 1964, 85~89쪽.

62 Felicia Kornbluh, "The Goals of the National Welfare Rights Movement: Why We Need Them Thirty Years Later", *Feminist Studies* 24, No. 1 (1998): 71~72쪽, https://doi.org/10.2307/3178619; Johnnie Tillmon, "Welfare Is a Women's Issue" Ms. Magazine, July 1972, 111~116쪽.

63 Nathan Heller, "Who Really Stands to Win from Universal Basic Income?", *The New Yorker*, July 2, 2018, https://www.newyorker.com/magazine/2018/07/09/who-really-stands-to-win-from-universal-basic-income; Noah J. Gordon, "The Conservative Case for a Guaranteed Basic Income", *The Atlantic*, August 6, 2014, https://www.theatlantic.com/politics/archive/2014/08/why-arent-reformicons-pushing-a-guaranteed-basic-income/375600/; James Livingston, *No More Work: Why Full Employment Is a Bad Idea* (Chapel Hill: University of North Carolina Press, 2016), 13~28쪽.

64 Jefferson R. Cowie, *Stayin' Alive: The 1970s and the Last Days of the Working Class* (New York: The New Press, 2010), 11쪽.

65 US Bureau of Labor Statistics, "Average Hourly Earnings of Production and Nonsupervisory Employees, Total Private", FRED, Federal Reserve Bank of St. Louis, accessed November 12, 2020, https://fred.stlouisfed.org/graph/?g=mwsh.

66 Cowie, 앞의 책, 8쪽.

67 US Bureau of Labor Statistics, 앞의 글,

68 Rick Perlstein, "That Seventies Show", *The Nation*, October 20, 2010, https://www.thenation.com/article/seventies-show.

69 Cowie, 앞의 책, 12쪽.

70 Jimmy Carter, "Crisis of Confidence", July 15, 1979, https://www.pbs.org/wgbh/

americanexperience/features/carter-crisis.

71 Willis J. Nordlund, *Silent Skies: The Air Traffic Controllers' Strike* (Westport, CT: Praeger, 1998), 97쪽.

72 William Safire, "Burnout", *The New York Time*, May 23, 1982, sec. Magazine, 10쪽.

73 Schaufeli, Leiter, and Maslach, 앞의 책, 210쪽.

74 World Health Organization, "Burn-Out", ICD-11-Mortality and Morbidity Statistics, 2019, https://icd.who.int/browse11/l-m/en#/http://id.who.int/icd/entity/129180281.

75 Maddy Savage, "Burnout Is Rising in the Land of Work-Life Balance", *BBC Worklife*, July 26, 2019, https://www.bbc.com/worklife/article/20190719-why-is-burnout-rising-in-the-land-of-work-life-balance.

76 Stela Salminen et al., "Narratives of Burnout and Recovery from an Agency Perspective: A Two-Year Longitudinal Study", *Burnout Research* 7 (December 1, 2017): 2쪽, https://doi.org/10.1016/j.burn.2017.08.001.

77 Freudenberger and Richelson, 앞의 책, 4쪽.

78 Leslie Kaufman, "Some Companies Derail the 'Burnout' Track", *The New York Times*, May 4, 1999, sec. Business, https://www.nytimes.com/1999/05/04/business/some-companies-derail-the-burnout-track.html.

79 Rebekah Iliff, "How to Grow Your Startup Without Risking Burnout", *Inc.com*, July 29, 2019, https://www.inc.com/rebekah-iliff/how-to-grow-your-startup-without-risking-burnout.html.

3장 번아웃 스펙트럼

1 Crystal Hooper et al., "Compassion Satisfaction, Burnout, and Compassion Fatigue Among Emergency Nurses Compared With Nurses in Other Selected Inpatient Specialties", *Journal of Emergency Nursing* 36, No. 5 (September 1, 2010): 422쪽, https://doi.org/10.1016/j.jen.2009.11.027.

2 Maslach and Leiter, 앞의 책, 17~19쪽; Pavlos Deligkaris et al., "Job Burnout and Cognitive Functioning: A Systematic Review", *Work & Stress* 28, No. 2 (April 3, 2014): 107~123쪽, https://doi.org/10.1080/02678373.2014.909545.

3 Blake Farmer, "When Doctors Struggle With Suicide, Their Profession Often Fails Them", *NPR.org*, July 31, 2018, https://www.npr.org/sections/health-shots/2018/07/31/634217947/to-prevent-doctor-suicides-medical-industry-rethinks-how-doctors-work.

4 J. Angst and K. Merikangas, "The Depressive Spectrum: Diagnostic Classification

and Course", *Journal of Affective Disorders* 45, No. 1~2 (August 1997): 32쪽, https://doi.org/10.1016/s0165-0327(97)00057-8.

5   같은 글, 36쪽.

6   같은 글, 32쪽.

7   Barry A. Farber and Leonard David Wechsler, *Crisis in Education: Stress and Burnout in the American Teacher* (San Francisco: Jossey-Bass, 1991), 24쪽; Wilmar Schaufeli and D. Enzmann, *The Burnout Companion To Study And Practice: A Critical Analysis* (Boca Raton, FL: CRC Press, 1998), 140쪽.

8   Maslach and Leiter, 앞의 책, 17쪽.

9   Christina Maslach, "Burned-Out", *Human Behavior* 5, No. 9 (September 1976): 22쪽.

10 Michael P. Leiter and Christina Maslach, "Latent Burnout Profiles: A New Approach to Understanding the Burnout Experience", *Burnout Research* 3, No. 4 (December 1, 2016): 89~100쪽, https://doi.org/10.1016/j.burn.2016.09.001.

11 Sophie Berjot et al., "Burnout Risk Profiles among French Psychologists", *Burnout Research* 7 (December 1, 2017): 10~20쪽, https://doi.org/10.1016/j.burn.2017.10.001.

12 Leiter and Maslach, 앞의 글; Tamara M. Schult, David C. Mohr, and Katerine Osatuke, "Examining Burnout Profiles in Relation to Health and Well-Being in the Veterans Health Administration Employee Population", *Stress and Health* 34, No. 4 (2018): 490~499쪽, https://doi.org/10.1002/smi.2809; Nancy J. Yanchus, Jan Beckstrand, and Katerine Osatuke, "Examining Burnout Profiles in the Veterans Administration: All Employee Survey Narrative Comments", *Burnout Research* 2, No. 4 (December 1, 2015): 97~107쪽, https://doi.org/10.1016/j.burn.2015.07.001.

13 Julia Moeller et al., "Highly Engaged but Burned Out: Intra-Individual Profiles in the US Workforce", *Career Development International*, February 6, 2018, https://doi.org/10.1108/CDI-12-2016-0215; Jan Beckstrand, Nancy Yanchus, and Katerine Osatuke, "Only One Burnout Estimator Is Consistently Associated with Health Care Providers' Perceptions of Job Demand and Resource Problems", *Psychology* 8, No. 7 (2017): 1,019~1,041쪽, https://doi.org/10.4236/psych.2017.87067.

14 Debra J. Brody, Laura A. Pratt, and Jeffery P. Hughes, "Prevalence of Depression Among Adults Aged 20 and Over: United States, 2013~2016", NCHS Data Brief (Hyattsville, MD: National Center for Health Statistics, February 2018).

15 Berjot et al., 앞의 글, 16쪽.

16 Leiter and Maslach, 앞의 글, 95~96쪽.

17 같은 글, 98쪽.

18 Schult, Mohr, and Osatuke, 앞의 글, 497쪽.

19 Shanafelt et al., 앞의 글.

20 Evangelia Demerouti et al., "The Job Demands-Resources Model of Burnout," *Journal of Applied Psychology* 86, No. 3 (June 2001): 501~502쪽, https://doi.org/10.1037/0021-9010.86.3.499.

21 Nicole Maestas et al., *Working Conditions in the United States: Results of the 2015 American Working Conditions Survey* (RAND Corporation, 2017), 47~48쪽, https://doi.org/10.7249/RR2014.

22 Schult, Mohr, and Osatuke, 앞의 글.

23 Yanchus, Beckstrand, and Osatuke, 앞의 글, 104쪽.

24 Maslach, 앞의 책, 5쪽; Christina Maslach, Wilmar B. Schaufeli, and Michael P. Leiter, "Job Burnout", *Annual Review of Psychology* 52, No. 1 (2001): 405쪽, https://doi.org/10.1146/annurev.psych.52.1.397.

25 Yanchus, Beckstrand, and Osatuke, 앞의 글, 100, 102쪽.

26 David Graeber, Bullshit Jobs: *A Theory* (New York: Simon and Schuster, 2018).

27 Yanchus, Beckstrand, and Osatuke, 앞의 글.

28 Morrow, 앞의 글.

29 Pines and Aronson, 앞의 책, x쪽.

30 Freudenberger, 앞의 글, 161쪽.

31 Irvin Sam Schonfeld, Jay Verkuilen, and Renzo Bianchi, "Inquiry into the Correlation between Burnout and Depression", *Journal of Occupational Health Psychology* 24, No. 6 (December 2019): 604쪽, https://doi.org/10.1037/ocp0000151.

32 Irvin Sam Schonfeld and Renzo Bianchi, "Burnout and Depression: Two Entities or One?", *Journal of Clinical Psychology* 72, No. 1 (2016): 22~37쪽, https://doi.org/10.1002/jclp.22229.

33 Schonfeld, Verkuilen, and Bianchi, 앞의 글, 611쪽.

34 Schonfeld and Bianchi, 앞의 글, 35쪽.

35 Aviva Patz, "How To Tell The Difference Between Depression And Burnout", *Prevention*, November 5, 2015, https://www.prevention.com/life/a20486040/depression-or-burnout에서 재인용.

4장 번아웃의 시대에 일은 어떻게 나빠졌는가

1 Max Weber, "Science as a Vocation", in *The Vocation Lectures*, ed. David S. Owen and Tracy B. Strong, trans. Rodney Livingstone (Indianapolis: Hackett, 2004), 7쪽.

2   Paul F. Campos, "The Real Reason College Tuition Costs So Much", *The New York Times*, April 4, 2015, https://www.nytimes.com/2015/04/05/opinion/sunday/the-real-reason-college-tuition-costs-so-much.html.

3   Colleen Flaherty, "New Report Says Many Adjuncts Make Less than $3,500 per Course and $25,000 per Year", *Inside Higher Ed*, April 20, 2020, https://www.insidehighered.com/news/2020/04/20/new-report-says-many-adjuncts-make-less-3500-course-and-25000-year.

4   Colleen Flaherty, "About Three-Quarters of All Faculty Positions Are off the Tenure Track, According to a New AAUP Analysis", *Inside Higher Ed*, October 12, 2018, https://www.insidehighered.com/news/2018/10/12/about-three-quarters-all-faculty-positions-are-tenure-track-according-new-aaup.

5   Gwynn Guilford, "The Great American Labor Paradox: Plentiful Jobs, Most of Them Bad", *Quartz*, November 21, 2019, https://qz.com/1752676/the-job-quality-index-is-the-economic-indicator-weve-been-missing.

6   Erin Hatton, *The Temp Economy: From Kelly Girls to Permatemps in Post-war America* (Philadelphia: Temple University Press, 2011), 2~4쪽.

7   같은 책, 22, 39쪽.

8   같은 책, 74~75쪽.

9   같은 책, 93~94쪽.

10 David Weil, *The Fissured Workplace: Why Work Became So Bad for So Many and What Can Be Done to Improve It* (Cambridge, MA: Harvard University Press, 2014), 7~8쪽.

11 Goldie Blumenstyk, "College Leaders Are Getting Serious About Outsourcing. They Still Have Plenty of Concerns, Too", *The Chronicle of Higher Education*, March 26, 2019, http://www.chronicle.com/article/College-Leaders-Are-Getting/245978.

12 Weil, 앞의 책, 13~14쪽.

13 같은 책, 16쪽.

14 Lilah Burke, "The Staffing Divide", *Inside Higher Ed*, March 26, 2020, https://www.insidehighered.com/news/2020/03/26/policies-protect-college-staff-members-amid-crisis-contractors-are-left-out.

15 Zeynep Ton, *The Good Jobs Strategy: How the Smartest Companies Invest in Employees to Lower Costs and Boost Profits* (New York: Houghton Mifflin Harcourt, 2014), 158~160쪽.

16 Shirin Ghaffary, "Uber's Baffling Claim That Its Drivers Aren't Core to Its Business, Explained", *Vox*, September 16, 2019, https://www.vox.com/

recode/2019/9/16/20868916/uber-ab5-argument-legal-experts-california.

17 Alex Rosenblat, *Uberland: How Algorithms Are Rewriting the Rules of Work* (Oakland: University of California Press, 2018), 203쪽.

18 Carrie M. Lane, *A Company of One: Insecurity, Independence, and the New World of White-Collar Unemployment* (Ithaca, NY: ILR Press, 2011); Allison J. Pugh, "What Does It Mean to Be a Man in the Age of Austerity?", Aeon, December 4, 2015, https://aeon.co/essays/what-does-it-mean-to-be-a-man-in-the-age-of-austerity.

19 Rosenblat, 앞의 책, 35~37쪽.

20 같은 책, 139쪽.

21 같은 책, 133~135쪽.

22 Schaufeli, Leiter, and Maslach, 앞의 글, 208쪽.

23 US Bureau of Labor Statistics, "All Employees, Manufacturing/All Employees, Total Nonfarm", FRED, Federal Reserve Bank of St. Louis, accessed October 6, 2020, https://fred.stlouisfed.org/graph/?g=cAYh.

24 같은 글.

25 US Bureau of Labor Statistics, 앞의 글.

26 US Bureau of Labor Statistics, "Charts of the Largest Occupations in Each Area, May 2018", Occupational Employment Statistics, accessed December 9, 2019, https://www.bls.gov/oes/current/area_emp_chart/area_emp_chart.htm.

27 Kathi Weeks, *The Problem with Work: Feminism, Marxism, Antiwork Politics, and Postwork Imaginaries* (Durham, NC: Duke University Press, 2011), 71쪽.

28 Arlie Russell Hochschild, *The Managed Heart: The Commercialization of Human Feeling*, 20th anniversary ed. (Berkeley: University of California Press, 2003), 4쪽.

29 Andrew Ross, *No-Collar: The Humane Workplace and Its Hidden Costs* (New York: Basic Books, 2003), 92쪽.

30 Weeks, 앞의 책, 73쪽; Benjamin H. Snyder, "Dignity and the Professionalized Body: Truck Driving in the Age of Instant Gratification", *The Hedgehog Review* 14, No. 3 (Fall 2012): 8~20쪽.

31 Weeks, 앞의 책, 74~75쪽.

32 "NUMMI 2015", *This American Life*, July 17, 2015, http://www.thisamericanlife.org/radio-archives/episode/561/nummi-2015.

33 Vicki Smith, *Crossing the Great Divide: Worker Risk and Opportunity in the New Economy* (Ithaca, NY: ILR Press, 2001), 64~65쪽.

34 같은 책, 74쪽.

35 같은 책, 76쪽.

36 같은 책, 49, 38~39쪽.

37 Da-Yee Jeung, Changsoo Kim, and Sei-Jin Chang, "Emotional Labor and Burnout: A Review of the Literature", *Yonsei Medical Journal* 59, No. 2 (March 1, 2018): 187~193쪽, https://doi.org/10.3349/ymj.2018.59.2.187.

38 Maslach and Leiter, 앞의 책, 38쪽; Michael P. Leiter and Christina Maslach, "Six Areas of Worklife: A Model of the Organizational Context of Burnout", *Journal of Health and Human Services Administration* 21, No. 4 (1999): 472~489쪽.

39 Maslach and Leiter, 앞의 책, 2~9쪽.

40 Organization for Economic Cooperation and Development, "Employment-Hours Worked-OECD Data", accessed July 24, 2019, https://data.oecd.org/emp/hours-worked.htm.

41 앞의 책, 26쪽.

42 Jared Bernstein, "Productivity and Wages: What's the Connection?", *Washington Post*, August 14, 2018, https://www.washingtonpost.com/news/posteverything/wp/2018/08/14/productivity-and-wages-whats-the-connection.

43 Jessica Bruder, "These Workers Have a New Demand: Stop Watching Us?", *The Nation*, May 27, 2015, https://www.thenation.com/article/these-workers-have-new-demand-stop-watching-us.

44 Emily Guendelsberger, *On the Clock: What Low-Wage Work Did to Me and How It Drives America Insane* (New York: Little, Brown and Company, 2019), 32쪽.

45 Nelson C. Brunsting, Melissa A. Sreckovic, and Kathleen Lynne Lane, "Special Education Teacher Burnout: A Synthesis of Research from 1979 to 2013", *Education and Treatment of Children* 37, No. 4 (October 16, 2014): 681~711쪽, https://doi.org/10.1353/etc.2014.0032.

46 Graeber, 앞의 책, 26쪽.

47 "Doctors Describe Harrowing Realities inside NYC Emergency Rooms: 'It's Really Hard to Understand How Bad This Is'", *CBS News*, March 25, 2020, https://www.cbsnews.com/news/coronavirus-pandemic-doctors-describe-harrowing-realities-inside-nyc-emergency-rooms; Ellen Gabler, Zach Montague, and Grace Ashford, "During a Pandemic, an Unanticipated Problem: Out-of-Work Health Workers", *The New York Times*, April 15, 2020, https://www.nytimes.com/2020/04/03/us/politics/coronavirus-health-care-workers-layoffs.html.

48 Brian G. Arndt et al., "Tethered to the EHR: Primary Care Physician Workload

Assessment Using EHR Event Log Data and Time-Motion Observations", *The Annals of Family Medicine* 15, No. 5 (September 2017): 419쪽, https://doi.org/10.1370/afm.2121.

49 Shanafelt et al., 앞의 글, 1,688쪽.

50 Annalena Welp, Laurenz L. Meier, and Tanja Manser, "Emotional Exhaustion and Workload Predict Clinician-Rated and Objective Patient Safety", *Frontiers in Psychology* 5 (January 2015), https://doi.org/10.3389/fpsyg.2014.01573.

51 Danielle Ofri, "The Business of Health Care Depends on Exploiting Doctors and Nurses", *The New York Times*, June 8, 2019, https://www.nytimes.com/2019/06/08/opinion/sunday/hospitals-doctors-nurses-burnout.html.

52 Christine Sinsky et al., "Allocation of Physician Time in Ambulatory Practice: A Time and Motion Study in 4 Specialties", *Annals of Internal Medicine* 165, No. 11 (December 6, 2016): 757쪽, https://doi.org/10.7326/M16-0961.

53 Tait D. Shanafelt et al., "Relationship Between Clerical Burden and Characteristics of the Electronic Environment With Physician Burnout and Professional Satisfaction", *Mayo Clinic Proceedings* 91, No. 7 (July 1, 2016): 845쪽, https://doi.org/10.1016/j.mayocp.2016.05.007; Rebekah L. Gardner et al., "Physician Stress and Burnout: The Impact of Health Information Technology", *Journal of the American Medical Informatics Association* 26, No. 2 (February 1, 2019): 106~114쪽, https://doi.org/10.1093/jamia/ocy145.

54 William Wan, "Health-Care System Causing Rampant Burnout Among Doctors, Nurses", *Washington Post*, October 23, 2019, https://www.washingtonpost.com/health/2019/10/23/broken-health-care-system-is-causing-rampant-burnout-among-doctors-nurses.

55 Ofri, 앞의 글.

56 Atul Gawande, "Overkill", *The New Yorker*, May 11, 2015, http://www.newyorker.com/magazine/2015/05/11/overkill-atul-gawande.

57 Kevin Drum, "Join Me on a Dive down the Rabbit Hole of Health Care Admin Costs", *Mother Jones* (blog), June 15, 2019, https://www.motherjones.com/kevin-drum/2019/06/join-me-on-a-dive-down-the-rabbit-hole-of-health-care-admin-costs.

58 Schult, Mohr, and Osatuke, 앞의 글, 494쪽.

59 Arnold B. Bakker et al., "The Relationship Between the Big Five Personality Factors and Burnout: A Study Among Volunteer Counselors", *The Journal of*

Social Psychology 146, No. 1 (February 2006): 42~43쪽. https://doi.org/10.3200/
SOCP.146.1.31-50; Maslach, Schaufeli, and Leiter, 앞의 책, 411쪽.

60 Shanafelt et al., 앞의 글, 1,688쪽.

61 Ji-Hyun Kim, Peter Youngs, and Kenneth Frank, "Burnout Contagion: Is It
Due to Early Career Teachers' Social Networks or Organizational Exposure?",
Teaching and Teacher Education 66 (August 1, 2017): 252쪽, https://doi.org/10.1016/
j.tate.2017.04.017.

62 Maslach, 앞의 책, 60쪽.

63 같은 책, 60쪽.

64 Shanafelt et al., 앞의 글, 1,688쪽.

65 Yue-Yung Hu et al., "Discrimination, Abuse, Harassment, and Burnout in Surgical
Residency Training", *New England Journal of Medicine* 381, No. 18 (October 31, 2019):
1,741~1,752쪽, https://doi.org/10.1056/NEJMsa1903759. 주목할 점은, 레지던시 과
정마다 레지던트가 보고한 부당 행위의 정도가 크게 달랐다는 것이다. 어떤 프로그
램에서는 아주 적게 나타났다.

66 Arlie Hochschild and Anne Machung, *The Second Shift: Working Families and the
Revolution at Home*, Revised ed. (New York: Penguin, 2012); Kelley L. Sharp and
Diane Whitaker-Worth, "Burnout of the Female Dermatologist: How Traditional
Burnout Reduction Strategies Have Failed Women", *International Journal of
Women's Dermatology* 6, No. 1 (January 1, 2020): 32~33쪽, https://doi.org/10.1016/
j.ijwd.2019.08.004.

67 Talisa C. Gonzalez et al., "An Examination of Resilience, Compassion Fatigue,
Burnout, and Compassion Satisfaction between Men and Women among Trauma
Responders", *North American Journal of Psychology* 21, No. 1 (March 1, 2019): 1~19
쪽; Radostina K. Purvanova and John P. Muros, "Gender Differences in Burnout: A
Meta-Analysis", *Journal of Vocational Behavior* 77, No. 2 (October 2010): 168~185쪽,
https://doi.org/10.1016/j.jvb.2010.04.006; Maslach, Schaufeli, and Leiter, 앞의 글, 410
쪽.

68 Purvanova and Muros, 앞의 글.

69 Kim Templeton et al., "Gender-Based Differences in Burnout: Issues Faced
by Women Physicians", *NAM Perspectives*, May 28, 2019, 2쪽, https://doi.
org/10.31478/201905a.

70 Guy Standing, "Global Feminization Through Flexible Labor: A Theme Revisited",
World Development 27, No. 3 (March 1999): 583쪽, https://doi.org/10.1016/S0305-

750X(98)00151-X.

71 Nina Banks, "Black Women's Labor Market History Reveals Deep-Seated Race and Gender Discrimination", *Economic Policy Institute* (blog), February 19, 2019, https://www.epi.org/blog/black-womens-labor-market-history-reveals-deep-seated-race-and-gender-discrimination.

72 Bryce Covert, "We're All Women Workers Now: How the Floor of the Economy Has Dropped for Everyone", *The Nation*, February 21, 2013, https://www.thenation.com/article/archive/were-all-women-workers-now-how-floor-economy-has-dropped-everyone.

73 Adia Harvey Wingfield, "About Those 79 Cents", *The Atlantic*, October 17, 2016, https://www.theatlantic.com/business/archive/2016/10/79-cents/504386.

74 "2020 Racial Wage Gap", *PayScale*, 2020, https://www.payscale.com/data/racial-wage-gap.

75 Clark, 앞의 글.

76 Elise T. Pas, Catherine P. Bradshaw, and Patricia A. Hershfeldt, "Teacher and School-Level Predictors of Teacher Efficacy and Burnout: Identifying Potential Areas for Support", *Journal of School Psychology* 50, No. 1 (February 1, 2012): 139쪽, https://doi.org/10.1016/j.jsp.2011.07.003; Jonathan Lent and Robert Schwartz, "The Impact of Work Setting, Demographic Characteristics, and Personality Factors Related to Burnout Among Professional Counselors", *Journal of Mental Health Counseling* 34, No. 4 (October 1, 2012): 355~372쪽, https://doi.org/10.17744/mehc.34.4.e3k8u2k552515166.

77 Michelle P. Salyers and Gary R. Bond, "An Exploratory Analysis of Racial Factors in Staff Burnout Among Assertive Community Treatment Workers", *Community Mental Health Journal* 37, No. 5 (October 1, 2001): 393~404쪽, https://doi.org/10.1023/A:1017575912288; Garret D. Evans et al., "Ethnic Differences in Burnout, Coping, and Intervention Acceptability Among Childcare Professionals", *Child and Youth Care Forum* 33, No. 5 (October 2004): 349~371쪽, https://doi.org/10.1023/B:CCAR.0000043040.54270.dd.

78 Evans et al., "Ethnic Differences in Burnout, Coping, and Intervention Acceptability Among Childcare Professionals", 365쪽.

79 Carol B. Cunradi et al., "Burnout and Alcohol Problems among Urban Transit Operators in San Francisco", *Addictive Behaviors* 28, No. 1 (January 1, 2003): 98쪽, https://doi.org/10.1016/S0306-4603(01)00222-2.

80 Carol B. Cunradi, Meng-Jinn Chen, and Rob Lipton, "Association of Occupational and Substance Use Factors with Burnout among Urban Transit Operators", *Journal of Urban Health: Bulletin of the New York Academy of Medicine* 86, No. 4 (July 2009): 567쪽, https://doi.org/10.1007/s11524-009-9349-4.

81 Christine Owens, "These Labor Laws Are Suppressing Black Workers", Fortune, September 4, 2017, https://fortune.com/2017/09/04/labor-day-2017-right-to-work-unions; Molly Kinder and Tiffany Ford, "Black Essential Workers' Lives Matter. They Deserve Real Change, Not Just Lip Service", *Brookings Institution*, June 24, 2020, https://www.brookings.edu/research/black-essential-workers-lives-matter-they-deserve-real-change-not-just-lip-service.

82 Davin L. Phoenix, *The Anger Gap: How Race Shapes Emotion in Politics* (Cambridge, UK: Cambridge University Press, 2019), 42쪽.

83 Caroline Beaton, "Is Anxiety a White-People Thing?", Vice, November 9, 2017, https://www.vice.com/en_us/article/mb35b8/is-anxiety-a-white-people-thing; Melissa Pandika, "The Test We Use to Detect Depression Is Designed for White People", *Vice*, February 13, 2018, https://www.vice.com/en_us/article/vbpdym/depression-screening-not-effective-for-black-youth.

84 Ofri, 앞의 글.

5장 일의 성인, 일의 순교자: 우리의 이상이 품은 문제

1 Alex Williams, "Why Don't Rich People Just Stop Working?", *The New York Times*, October 18, 2019, https://www.nytimes.com/2019/10/17/style/rich-people-things.html; US Bureau of Labor Statistics, "American Time Use Survey-2019 Results", June 25, 2020, https://www.bls.gov/news.release/pdf/atus.pdf; Ruihong Liu, "Rich Teens Twice as Likely to Land Jobs as Poor Kids", *Philadelphia Magazine*, June 23, 2015, https://www.phillymag.com/business/2015/06/23/rich-poor-teen-jobs; Paula Span, "Many Americans Try Retirement, Then Change Their Minds", *The New York Times*, March 30, 2018, https://www.nytimes .com/2018/03/30/health/unretirement-work-seniors.html.

2 Pugh, 앞의 글; Anne Case and Angus Deaton, "Mortality and Morbidity in the 21st Century", BPEA Conference Drafts (Brookings Institution, March 17, 2017), https://www .brookings.edu/wp-content/uploads/2017/03/6_casedeaton.pdf.

3 Eric Hopkins, "Working Hours and Conditions during the Industrial Revolution: A Re-Appraisal", *The Economic History Review* 35, No. 1 (1982): 52~66쪽, https://doi.

org/10.2307/2595103.

4 Plato, *Republic*, trans. G. M. A. Grube, 2nd ed.(Indianapolis, IN: Hackett, 1992), 414c~415쪽.

5 Brian Kennedy and Cary Funk, "Public Interest in Science and Health Linked to Gender, Age and Personality" (Washington, DC: Pew Research Center, December 11, 2015), https://www.pewresearch.org/science/2015/12/11/personality-and-interest-in-science-health-topics.

6 John Smith, *The Generall Historie of Virginia, New England, & The Summer Isles, Together with The True Travels, Adventures, and Observations, and A Sea Grammar*, Vol. 1 (New York: Macmillan, 1908), 182쪽.

7 Livingston, 앞의 책.

8 Sonny Perdue, "The Dignity of Work and the American Dream", *Arizona Daily Star*, December 4, 2019, https://tucson.com/opinion/national/sonny-perdue-the-dignity-of-work-and-the-american-dream/article_a9109ba1-cd48-5038-b00a-41aecddd91fa.html; Jeff Spross, "You're Hired!", Democracy Journal, Spring 2017, http://democracyjournal.org/magazine/44/youre-hired.

9 《데살로니가후서》 3장 10절.

10 Allison J. Pugh, "The Social Meanings of Dignity at Work", *TheHedgehog Review* 14, No. 3 (Fall 2012): 30쪽.

11 Will Durant, *The Story of Philosophy: The Lives and Opinions of the World's Greatest Philosophers*, 2nd edition (New York: Pocket Books, 1991), 76쪽.

12 Paul E. Johnson, *A Shopkeeper's Millennium: Society and Revivals in Rochester, New York, 1815~1837*, 25th Anniversary edition (New York: Farrar, Straus and Giroux, 2004), 57~58쪽.

13 David Sheff, "Playboy Interview: Steve Jobs", *Playboy*, February 1985, http://reprints.longform.org/playboy-interview-steve-jobs.

14 Plato, 앞의 책, 415a~c쪽.

15 Jean Calvin, *Institutes of the Christian Religion*, trans. Henry Beveridge (Peabody, MA: Hendrickson, 2008), 472쪽; Martin Luther, "The Gospel for the Sunday After Christmas: Luke 2", in *Sermons II*, ed. Hans J. Hillerbrand, trans. John J. Kunstmann, Vol. 52, *Luther's Works* (Philadelphia: Fortress Press, 1974), 124쪽.

16 Betty Friedan, *The Feminine Mystique* (1963; New York: W. W. Norton, 2001), 458쪽.

17 Miya Tokumitsu, *Do What You Love: And Other Lies About Success & Happiness* (New York: Regan Arts, 2015); Sarah Jaffe, *Work Won't Love You Back: How Devotion to Our*

Jobs Keeps Us Exploited, Exhausted, and Alone (New York: Bold Type Books, 2021).

18 Paul Ross, "Wegmans Ranked as Third Best Fortune 100 Company to Work For", WKBW, February 18, 2020, https://www.wkbw.com/news/local-news/wegmans-ranked-as-third-best-fortune-100-company-to-work-for.

19 Gallup, Inc., *State of the Global Workplace 2013: Employee Engagement Insights for Business Leaders Worldwide* (Washington, DC: Gallup, 2013), 17쪽.

20 같은 책, 199쪽.

21 Lillian Cunningham, "New Data Show Only 30% of American Workers Engaged in Their Jobs", *Washington Post*, April 30, 2013, https://www.washingtonpost.com/news/on-leadership/wp/2013/04/30/new-data-show-only-30-of-american-workers-engaged-in-their-jobs.

22 Karlyn Borysenko, "How Much Are Your Disengaged Employees Costing You?", *Forbes*, May 2, 2019, https://www.forbes.com/sites/karlynborysenko/2019/05/02/how-much-are-your-disengaged-employees-costing-you.

23 Shaley McKeever, "3 Types of Employees: How to Spot the Silent Killer", *Recruiter.com*, January 31, 2014, https://www.recruiter.com/i/3-types-of-employees-how-to-spot-the-silent-killer.

24 Gallup, Inc., 앞의 책, 17쪽.

25 Gallup, Inc., *State of the Global Workplace 2017* (Washington, DC: Gallup, 2017), 197쪽; Gallup, Inc., *State of the Global Workplace 2013*, 112쪽.

26 "Most and Least Meaningful Jobs", *PayScale*, accessed May 22, 2020, https://www.payscale.com/data-packages/most-and-least-meaningful-jobs.

27 Mihaly Csikszentmihalyi, *Flow: The Psychology of Optimal Experience* (New York: Harper & Row, 1990), 162쪽.

28 같은 책, 151~152쪽.

29 Jeanne Nakamura and Mihaly Csikszentmihalyi, "The Concept of Flow", in *Handbook of Positive Psychology* (New York: Oxford University Press, 2002), 89쪽.

30 Csikszentmihalyi, 앞의 책, 149쪽.

31 같은 책, 147~148쪽.

32 Max Weber, *The Protestant Ethicand the "Spirit" of Capitalism and Other Writings*, ed. Peter Baehr and Gordon C. Wells (New York: Penguin Books, 2002), lxx, 121쪽.

33 같은 책, 13쪽.

34 같은 책, 120~121쪽.

35 Marianne Weber, *Max Weber: A Biography*, trans. Harry Zohn (New York: John Wiley

& Sons, 1975), 243쪽.

36 같은 책, 253쪽.

37 같은 책, 263쪽.

38 Max Weber, 앞의 책, 76쪽.

39 Gianpiero Petriglieri, "Is Overwork Killing You?", *Harvard Business Review*, August 31, 2015, https://hbr.org/2015/08/is-overwork-killing-you.

40 Tristen Lee, "Millennials Are Beyond Burnout Now", *The Independent*, August 13, 2019, https://www.independent.co.uk/voices/millennials-burnout-gen-z-work-life-balance-holiday-income-snap-a9055471.html.

41 같은 글.

42 Josef Pieper, *Leisure: The Basis of Culture*, ed. James V. Schall (SanFrancisco: Ignatius Press, 2009), 20쪽.

43 같은 책, 53쪽.

44 Pieper, 앞의 책, 38쪽.

45 Karen Rinaldi, "Motherhood Isn't Sacrifice, It's Selfishness", *The New York Times*, August 4, 2017, https://www.nytimes.com/2017/08/04/opinion/sunday/motherhood-family-sexism-sacrifice.html.

46 "1학년 학부모들에게: '정시에 수업을 시작하는 것은 중요합니다. 우리는 아이들이 일꾼이 될 수 있도록 훈련하는 중입니다.'", Ian Petrie (@icpetrie), Twitter, September 12, 2013, https://twitter.com/icpetrie/status/378296120096468992.

47 Ellen Bara Stolzenberg et al., "The American Freshman: National Norms Fall 2017", Expanded Version (Los Angeles: Higher Education Research Institute, 2019), 36쪽, https://www.heri.ucla.edu/monographs/TheAmericanFreshman2017-Expanded.pdf.

48 Mona Simpson, "A Sister's Eulogy for Steve Jobs", *The New York Times*, October 30, 2011, https://www.nytimes.com/2011/10/30/opinion/mona-simpsons-eulogy-for-steve-jobs.html.

49 Pieper, 앞의 책, 36쪽.

50 같은 책, 49쪽.

51 Adam Smith, *The Wealth of Nations*, I~III권, ed. Andrew Skinner (London: Penguin Classics, 1997), 109~110쪽.

52 같은 책, IV~V권, ed. Andrew Skinner (London: Penguin Classics, 2000), 368~369쪽.

53 Alexandra Michel, "Transcending Socialization: A Nine-Year Ethnography of the Body's Role in Organizational Control and Knowledge Workers' Transformation", *Administrative Science Quarterly* 56, No. 3 (2011): 325~368쪽, https://doi.

org/10.1177/0001839212437519.

54 Anne Li, "Despite Grueling Hours, Consulting And Finance Keep Attracting College Seniors", *WBUR Here and Now*, December 4, 2015, https://www.wbur.org/hereandnow/2015/12/04/consulting-finance-job-growth.

55 Pieper, 앞의 책, 58쪽.

56 Booker T. Washington, *Up from Slavery*, ed. William L. Andrews, 2nd ed. (New York: W. W. Norton & Company, 1995), 71쪽.

57 같은 책, 72쪽.

58 같은 책, 38쪽.

59 같은 책, 68쪽.

60 Lawrence A. Scaff, *Max Weber in America* (Princeton, NJ: Princeton University Press, 2011), 109쪽.

61 Washington, 앞의 책, 119쪽.

62 같은 책, 86쪽.

63 같은 책, 123~124쪽.

64 Meghan McCarty Carino, "Workers Are Putting off Vacation as Pandemic Increases Stress", *Marketplace*, August 17, 2020, https://www.marketplace.org/2020/08/17/workers-putting-off-vacation-pandemic-increases-stress.

65 "Glassdoor Survey Finds Americans Forfeit Half of Their Earned Vacation/Paid Time Off", *Glassdoor*, May 24, 2017, https://www.glassdoor.com/press/glassdoor-survey-finds-americans-forfeit-earned-vacationpaid-time.

66 Kathryn Vasel, "Half of American Workers Aren't Using All Their Vacation Days", *CNNMoney*, December 19, 2016, http://money.cnn.com/2016/12/19/pf/employees-unused-paid-vacation-days/index.html.

67 Washington, 앞의 책, 124쪽.

68 Booker T. Washington, *The Story of My Life and Work* (Toronto: J. L. Nichols, 1901), 273쪽, http://docsouth.unc.edu/neh/washstory/washin.html.

69 Pieper, 앞의 책, 35쪽.

70 Washington, 앞의 책, 83, 73쪽.

71 같은 책, 134쪽.

72 《빌립보서》 2장 7~8절.

73 Jonathan Malesic, "A Kenotic Struggle for Dignity: Booker T. Washington's Theology of Work," *Journal of Religious Ethics* 44, No. 3 (2016): 416~417쪽, https://doi.org/10.1111/jore.12147을 참조하라.

6장 전부 가질 수 있다: 좋은 삶에 대한 새로운 시각

1   "The Parking Lot Movie", directed by Meghan Eckman (Redhouse Productions, 2010), http://www.theparkinglotmovie.com.

2   Pugh, 앞의 글, 30~31쪽.

3   Arthur C. Brooks, "The Dignity Deficit", *Foreign Affairs*, February 13, 2017, https://www.foreignaffairs.com/articles/united-states/2017-02-13/dignity-deficit.

4   Perdue, 앞의 글.

5   Bill Clinton, "Text of President Clinton's Announcement on Welfare Legislation", *The New York Times*, August 1, 1996, https://www.nytimes.com/1996/08/01/us/text-of-president-clinton-s-announcement-on-welfare-legislation.html.

6   Sherrod Brown, "The Dignity of Work Tour", accessed January 23, 2019, https://dignityofwork.com.

7   Pope Leo XIII, *Rerum Novarum*, 1891, 2, 4쪽, http://www.vatican.va/holy_father/leo_xiii/encyclicals/documents/hf_l-xiii_enc_15051891_rerum-novarum_en.html.

8   같은 글, 20쪽.

9   같은 글, 44~45쪽.

10   같은 글, 42쪽. 강조는 저자.

11   Steve Siebold, "Chicago Teachers: Stop Holding the City Hostage", *The American Spectator*, October 23, 2019, https://spectator.org/chicago-teachers-stop-holding-the-city-hostage.

12   John Paul II, *Laborem Exercens*, 1981, 6쪽, http://www.vatican.va/holy_father/john_paul_ii/encyclicals/documents/hf_jp-ii_enc_14091981_laborem-exercens_en.html.

13   Gene Sperling, *Economic Dignity* (New York: Penguin, 2020), 136.

14   Eckman, *"The Parking Lot Movie"*.

15   Henry David Thoreau, *Walden*, ed. J. Lyndon Shanley (Princeton, NJ: Princeton University Press, 2004), 3쪽; Laura Dassow Walls, *Henry David Thoreau: A Life* (Chicago: University of Chicago Press, 2017), 198~199쪽.

16   Rebecca Solnit, "Mysteries of Thoreau, Unsolved", *Orion*, May/June 2013, 18~19쪽.

17   Walls, 앞의 책, 194쪽.

18   같은 책, 215~216쪽.

19   같은 책, 451~453쪽.

20   Thoreau, 앞의 책, 6쪽.

21   같은 책, 6쪽.

22 같은 책, 5쪽.

23 같은 책, 7쪽.

24 같은 책, 92쪽.

25 같은 책, 7쪽.

26 같은 책, 36, 54쪽.

27 같은 책, 159쪽.

28 같은 책, 162쪽.

29 같은 책, 205쪽.

30 같은 책, 150쪽.

31 같은 책, 221~22쪽.

32 같은 책, 222쪽.

33 같은 책, 56쪽.

34 같은 책, 89쪽.

35 같은 책, 111~112쪽.

36 같은 책, 326~327쪽.

37 Jenny Odell, *How to Do Nothing: Resisting the Attention Economy* (Brooklyn, NY: Melville House, 2019), 15쪽.

38 Weeks, 앞의 책, 109~110쪽.

39 Mitra Toossi and Teresa L Morisi, "Women In The Workforce Before, During, And After The Great Recession", Spotlight on Statistics (Bureau of Labor Statistics, July 2017), https://www.bls.gov/spotlight/2017/women-in-the-workforce-before-during-and-after-the-great-recession/pdf/women-in-the-workforce-before-during-and-after-the-great-recession.pdf.

40 Giulia M. Dotti Sani and Judith Treas, "Educational Gradients in Parents' Child-Care Time Across Countries, 1965~2012", *Journal of Marriage and Family* 78, No. 4 (August 1, 2016): 1083~1096쪽, https://doi.org/10.1111/jomf.12305.

41 Rinaldi, 앞의 글.

42 Weeks, 앞의 책, 8쪽.

43 Weber, 앞의 책, 13, 120쪽.

44 같은 책, 15쪽.

45 같은 책, 168쪽.

46 같은 책, 34쪽.

47 Leo XIII, 앞의 글, 13쪽.

48 Weeks, 앞의 책, 32~33쪽.

49 Weeks, 앞의 책, 232~233쪽.

50 Eckman, "The Parking Lot Movie".

51 Alonzo Subverbo (가명), "Live. Park. Die", *Subverbo* (blog), September 10, 2016, https://alonzosubverbo.wordpress.com/2016/09/09/live-park-die.

52 Thoreau, 앞의 책, 69쪽.

53 Subverbo (가명), 앞의 글.

7장 베네딕트회 수도사들이 일이라는 악마를 길들이는 방법

1 Leslie Miller, "A Megabyte Mission: Monks Called to Put Vatican's Word on the Web". *USA Today*, November 13, 1996, sec. Life, p. 1D.

2 Deborah Baker, "Holy Web Page: In a Remote Part of New Mexico, Benedictine Monks Get on the Internet to Spread the Word", *Los Angeles Times*, December 31, 1995, http://articles.latimes.com/1995-12-31/local/me-19506_1_christian-monks.

3 Elizabeth Cohen, "21st-Century Scribes: Monks Designing Web Pages", *The New York Times*, March 17, 1996, https://www.nytimes.com/1996/03/17/us/21st-century-scribes-monks-designing-web-pages.html.

4 John L. Allen, "Monk Targets Catholic Slice of On-Line Market", *National Catholic Reporter*, April 17, 1998, 7쪽.

5 같은 글.

6 Ray Rivera, "Monks Put Religion on the Net", *The New Mexican*, July27, 1997.

7 Mari Graña, *Brothers of the Desert: The Story of the Monastery of Christ in the Desert* (Santa Fe, NM: Sunstone Press, 2006), 131~132쪽.

8 Benedicta Ward, S. L. G., trans., *The Sayings of the Desert Fathers: The Alphabetical Collection* (Kalamazoo, MI: Cistercian Publications, 1975), 5쪽.

9 Pieper, 앞의 책, 53쪽.

10 Philip Lawrence, O. S. B., "Abbot's Notebook for May 30, 2018", May 30, 2018, https://us11.campaign-archive.com/?e=228db5cfa0&u=f5bb6673a3350b85b34f0d6cc&id=fc4afc0f67.

11 《마태복음》 4장 1~11절.

12 《데살로니가후서》 3장 10절.

13 Pieper, 앞의 책, 72쪽.

14 Abraham Joshua Heschel, *The Sabbath: Its Meaning for Modern Man* (New York: Farrar, Straus and Giroux, 2005), 14쪽.

15 Julie L. Rose, *Free Time* (Princeton, NJ: Princeton University Press, 2016), 94~95쪽.

16 Benedict, *The Rule of St. Benedict in English*, ed. Timothy Fry (Collegeville, MN: Liturgical Press, 1982), Chap. 43, 3쪽.

17 Benedict, 앞의 책, Chap. 43, 6쪽.

18 Jacques Le Goff, *Time, Work & Culture in the Middle Ages*, trans. Arthur Goldhammer (Chicago: University of Chicago Press, 1980), 80쪽.

19 Allen, 앞의 글.

20 Benedict, 앞의 책, Chap. 57쪽.

21 Aquinas Woodworth, "AQVINAS", accessed January 14, 2020, https://www.aqvinas.com.

22 Weeks, 앞의 책, 146쪽.

23 Cary Cherniss and David L. Krantz, "The Ideological Community as an Antidote to Burnout in the Human Services", in *Stress and Burnout in the Human Service Professions*, ed. Barry A. Farber, Pergamon General Psychology Series, PGPS-117 (New York: Pergamon Press, 1983), 198~212쪽.

24 Benedict, 앞의 책, Chap. 35.

25 Stephanie Dickrell, "Benedictine Sisters Will Lead Talk on Islam Stereotypes", *St. Cloud Times*, September 11, 2016, https://www.sctimes.com/story/news/local/immigration/2016/09/11/benedictine-sisters-lead-talk-islam-stereotypes/89776016.

26 Benedict, 앞의 책, Chap. 43, 3쪽.

27 같은 책, Chap. 57, 1쪽.

28 Allison J. Pugh, *The Tumbleweed Society: Working and Caringinan Age of Insecurity* (Oxford: Oxford University Press, 2015), 18~19쪽.

29 Benedict, 앞의 책, Chap. 55, 18쪽.

30 같은 책, Chap. 48, 24~25쪽.

31 Leo XIII, 앞의 글, 42쪽.

32 John Henry Newman, *Sermons Bearing on Subjects of the Day* (New York: Scribner, Welford, & Co., 1869), 307, http://archive.org/details/sermonsbearingo00copegoog.

33 Drew DeSilver, "More Older Americans Are Working than in Recent Years", Pew Research Center, June 20, 2016, https://www.pewresearch.org/fact-tank/2016/06/20/more-older-americans-are-working-and-working-more-than-they-used-to.

34 Span, "Many Americans Try Retirement, Then Change Their Minds".

35 Thoreau, 앞의 책, 54쪽.

36 Tomáš Janotík, "Empirical Analysis of Life Satisfaction in Female Benedictine Monasteries in Germany", *Revue Économique* 67, No. 1 (2016): 143~165쪽.

8장 번아웃에 맞서는 다양한 경험들

1 Kirsti Marohn, "St. John's Kiln Firing Is Celebration of Art, Community", *Minnesota Public Radio News*, October 21, 2019, https://www.mprnews.org/story/2019/10/21/st-johns-kiln-firing-is-celebration-of-art-community.

2 Max Weber, *The Theory of Social and Economic Organization*, ed. Talcott Parsons, trans. A. M. Henderson and Talcott Parsons (New York: The Free Press, 1964), 358~359쪽, http://archive.org/details/in.ernet.dli.2015.6054.

3 Larry M. James, *House Rules: Insights for Innovative Leaders* (Abilene, TX: Leafwood Publishers, 2018), 245쪽.

4 같은 책, 249~250쪽.

5 Kristin Hildenbrand, Claudia A. Sacramento, and Carmen Binnewies, "Transformational Leadership and Burnout: The Role of Thriving and Followers' Openness to Experience", *Journal of Occupational Health Psychology* 23, No. 1 (2018): 33쪽, https://doi.org/10.1037/ocp0000051.

6 Meredith Elaine Babcock-Roberson and Oriel J. Strickland, "The Rela tionship Between Charismatic Leadership, Work Engagement, and Organizational Citizenship Behaviors", *The Journal of Psychology* 144, No. 3 (April 8, 2010): 313~326쪽, https://doi.org/10.1080/00223981003648336; Anastasios Zopiatis and Panayiotis Constanti, "Leadership Styles and Burnout: Is There an Association?", *International Journal of Contemporary Hospitality Management* 22, No. 3 (January 1, 2010): 300~320쪽, https://doi.org/10.1108/09596111011035927.

7 Hildenbrand, Sacramento, and Binnewies, "Transformational Leadership and Burnout".

8 Weber, 앞의 책, 363~364쪽.

9 *Darkon*, directed by Luke Meyer and Andrew Neel (See Think Films, 2006), https://vimeo.com/322967237.

10 Pieper, 앞의 책, 50쪽.

11 Erica Mena, "Tying Knots: A Language of Anxiety", April 1, 2019, https://acyborgkitty.com/2019/04/01/3792.

12 Johanna Hedva, "Sick Woman Theory", *Mask Magazine*, January 19, 2016, http://www.maskmagazine.com/not-again/struggle/sick-woman-theory.

13 Sunny Taylor, "The Right Not to Work: Power and Disability", Monthly Review (blog), March 1, 2004, https://monthlyreview.org/2004/03/01/the-right-not-to-work-

power-and-disability.

14 Hedva, 앞의 글.

15 Taylor, 앞의 글.

16 Hedva, 앞의 글.

17 Leo XIII, 앞의 글, 42쪽.

맺는 말

1 "'We Have A Driver's Heart': New York City Bus Operators On Work And Loss During COVID-19", *Story Corps*, April 24, 2020, https://storycorps.org/stories/we-have-a-drivers-heart-new-york-city-bus-operators-on-work-and-loss-during-covid-19.

2 Michelle F. Davis and Jeff Green, "Three Hours Longer, the Pandemic Workday Has Obliterated Work-Life Balance", *Bloomberg.com*, April 23, 2020, https://www.bloomberg.com/news/articles/2020-04-23/working-from-home-in-covid-era-means-three-more-hours-on-the-job.

3 Pallavi Gogoi, "Stuck-at-Home Moms: ThePandemic's Devastating Toll on Women", *National Public Radio*, October 28, 2020, https://www.npr.org/2020/10/28/928253674/stuck-at-home-moms-the-pandemics-devastating-toll-on-women.

4 Kinder and Ford, "Black Essential Workers' Lives Matter".

5 Manny Fernandez and David Montgomery, "Texas Tries to Balance Local Control With the Threat of a Pandemic", *The New York Times*, March 24, 2020, https://www.nytimes.com/2020/03/24/us/coronavirus-texas-patrick-abbott.html.

6 Jonathan Malesic (@JonMalesic), "지금 쓰고 있는 책 때문에 금기시된 질문을 던져보지요. 혹시 이 상황을 즐기는 사람이 있습니까, 특히 부모라면요? 이 상황에서 삶이 더 나아진 면도 있을까요? 그렇다면 제게 DM이나 이메일을 주세요. 원치 않는다면 익명으로 처리하겠습니다", Twitter, March 24, 2020, https://twitter.com/JonMalesic/status/1242511479150120968.

7 Claire Cain Miller, "Women Did Everything Right. Then Work Got 'Greedy'", *The New York Times*, April 26, 2019, https://www.nytimes.com/2019/04/26/upshot/women-long-hours-greedy-professions.html.

8 Jose Maria Barrero, Nicholas Bloom, and Steven Davis, "60 Million Fewer Commuting Hours per Day: How Americans Use Time Saved by Working from Home", *Vox EU*, September 23, 2020, https://voxeu.org/article/how-americans-use-time-saved-working-home.

9 ErinBishop (@the_ebish), "@JonMalesic 방금 세 살배기 아이와 뒷마당에 담요를 펼치고 누워 구름의 모양에 이름을 붙였어요. 기적 같은 일이었어요". Twitter, March 24, 2020, https://twitter.com/the_ebish/status/1242598401545392128.

10 마이클 바바로Michael Barbar가 앤드류 M. 쿠오모Andrew M. Cuomo를 상대로 진행한 인터뷰 녹취록, March 18, 2020, https://www.governor.ny.gov/news/audio-rush-transcript-governor-cuomo-guest-daily-podcast.

11 Anna Gronewold and Erin Durkin, "Cuomo's Coronavirus Halo Begins to Fade", *Politico*, May 29, 2020, https://politi.co/2TPlGBU; Joe Sexton and Joaquin Sapien, "Two Coasts. One Virus. How New York Suffered Nearly 10 Times the Number of Deaths as California", ProPublica, May 16, 2020, https://www.propublica.org/article/two-coasts-one-virus-how-new-york-suffered-nearly-10-times-the-number-of-deaths-as-california; Jesse McKinley, "Cuomo Faces New Claims of Sexual Harassment from Current Aide", *The New York Times*, March 19, 2021, https://www.nytimes.com/2021/03/19/nyregion/alyssa-mcgrath-cuomo-harassment.html; Jesse McKinley, Danny Hakim, and Alexandra Alter, "As Cuomo Sought $4 Million Book Deal, Aides Hid Damaging Death Toll", *The New York Times*, March 31, 2021, https://www.nytimes.com/2021/03/31/nyregion/cuomo-book-nursing-homes.html.

12 David H. Freedman, "The Worst Patients in the World", *The Atlantic*, June 12, 2019, https://www.theatlantic.com/magazine/archive/2019/07/american-health-care-spending/590623.

13 Robert D. Gillette, "'Problem Patients:' A Fresh Look at an Old Vexation", *Family Practice Management* 7, No. 7 (August 2000): 57쪽.

14 Eric Morath, "Coronavirus Relief Often Pays Workers More Than Work", *The Wall Street Journal* April 28, 2020, https://www.wsj.com/articles/coronavirus-relief-often-pays-workers-more-than-work-11588066200.

15 Carrie Arnold, "Pandemic Speeds Largest Test yet of Universal Basic Income", *Nature* 583, No. 7,817 (July 10, 2020): 502~503, https://doi.org/10.1038/d41586-020-01993-3.

16 Bess Levin, "Republicans Are Worried Coronavirus Stimulus Bill Is Too Generous to the Unemployed", *Vanity Fair*, March 25, 2020, https://www.vanityfair.com/news/2020/03/lindsey-graham-coronavirus-stimulus-bill; Andy Puzder, "Don't Extend the Cares Act's $600 Weekly Bonus", *Washington Post*, July 2, 2020, https://www.washingtonpost.com/opinions/employers-cant-find-people-to-hire-the-pandemic-bonus-is-to-blame/2020/07/02/da9b0950-bc7d-11ea-bdafa129f921026f_story.html.

17 Sarah Jaffe, "The Post-Pandemic Future of Work", *The New Republic*, May 1, 2020, https://newrepublic.com/article/157504/post-pandemic-future-work.

18 Kevin Drum, "You Will Lose Your Job to a Robot-and Sooner than You Think", *Mother Jones*, December 2017, https://www.motherjones.com/politics/2017/10/you-will-lose-your-job-to-a-robot-and-sooner-than-you-think.

19 Jonathan Lear, *Radical Hope: Ethics in the Face of Cultural Devastation* (Cambridge, MA: Harvard University Press, 2008), 7쪽.

20 같은 책, 64쪽.

옮긴이의 말

번역가인 나는 원고를 완성해 출판사로 넘기기 전까지는 혼자 또는 책과 단둘이서 일하는 직업을 가지고 있다. 이 직업에는 이점이 많다. 우선 덥거나 추운 날 출근길에 시달리지 않아도 되고, 일터에 있을지도 모르는 불편한 사람들을 매일 마주하지 않아도 되고, 온종일 내가 하는 일의 진척도를 세세하게 감시하는 사람도 없으며, 업무에 임하는 태도가 조금 불량해도 척추만 똑바로 펴고 있다면 문제될 일이 없었다. 그뿐만 아니라 자유로운 근무 복장, 시간적 여유만 있다면 얼마든지 짬짬이 가질 수 있는 휴식 시간 같은 혜택도 있었다.

책을 만들지 않는 시간에 하는 활동이라고는 책을 읽는 것이 대부분인 나에게 내 직업은 거의 완벽하게 적성에 맞았다. 주어진 시간 안에 원고를 끝내는 일이 벅차기는 해도, 마감 기간이 다가오면 두려움에 떨기는 해도, 언제나 내가 가장 좋아하고 잘하는 일을 하고 있다고 생각해왔다. 책상에 종일 앉아 있는 사람들이 흔히 겪는 직업병들로 고생하는 와중에도 늘 일을 더 열심히 하고 싶었다. 좋은 책을 가장 먼저 찾아서, 동료들과 힘을 합쳐 가장 좋은 모습으로 만들어 널리 소개하고 싶은 마음이 늘 만성피로와 프리랜서의 기묘한 수입 구조를 이겼다. 그러니까 내가 타버릴 이유가 대체 무엇이 있단 말인가? 일을 하면서 처음으로 번아웃을 겪기 전까지는 그렇게 느꼈다.

· · ·

번아웃이 무엇인지 알고 있다는 믿음은 어느 날 아침 눈을 떴을 때 평소처럼 하루를 시작하는 대신 천장을 바라보며 눈물을 줄줄 흘리던 순간 깨졌다. 번아웃은 단순히 일을 하면서 쌓이게 되는 피로, 환멸, 우울감이나 무기력을 조금 더 심각하게 들리도록 만든 신조어가 아닐까 하는 의심도 마찬가지로 사라졌다. 이런 것들은 그저 증상의 일부일 뿐, 눈앞에 닥친 일을 끝내는 유일한 방법은 일어나서 일을 해나가는 것뿐이라는 사실을 알고 있으면서도 도저히 몸을 일으킬 수 없었다. 내가 겪는 일을 동료에게 설명할 수도 없었고, 그렇다고 충분한 휴식을 취할 수도 없는 이 상황은 다른 말로는 표현하기 어려웠다.

저자 조나단 말레식의 말대로, 모두가 번아웃을 이야기하지만 아무도 번아웃이 무엇인지 모른다. 모두가 최선을 다해 일하려고 할 뿐이다. 어느 날 이미 까맣게 타버렸다는 사실을 깨달았을 때는 한참 늦었다.

　나는 번아웃에 시달리는 사람들을 위해 처방된 온갖 방법들을 시도해보았다. 굳이 사지 않아도 되는 물건을 사고, '호캉스'를 가서 푹신한 침대에 누웠다. 고통부터 음식을 먹는 감각까지 있는 그대로 바라보라는 마음챙김 명상을 하고, 심리 상담을 받으며 어린 시절의 근원적 기억부터 차근차근 끄집어내고, 항우울제를 복용했으며, 산책과 달리기를 일삼았다. 다행스럽게도 기분이 차근차근 나아지고 역시 자기 계발 스승들의 처방 중 하나인 '루틴'을 되찾을 수 있게 되자 그럭저럭 번아웃에서 벗어났다고 판단할 수 있게 되었지만 그럼에도 불구하고 이 모든 것이 미봉책이라는 찜찜함은 가시지 않았다.

　애초에 번아웃이라고 느낀 이유가 '일을 할 수 없기 때문에'였듯이, 번아웃이 끝났다고 믿은 이유도 '생산성을 되찾았기 때문에'였다. 유튜브 영상을 보고 자조 도서들을 읽어가며 그토록 필사적으로 번아웃에서 벗어나고자 했던 동기도 따지고 보면 일을 제대로 할 수 없는 자신에 대한 죄책감 때문이었다.

　어째서 일을 하는 것이 그렇게 중요했던 것일까? 사회는 묵묵히 성과를 내는 사람을 좋아한다. 일과 생활의 균형을 위해 분투하는 사람을, 일의 가치를 알고 노동을 통해 삶을 얻어내는 사람을 좋아한다. 나 역시 그런 사람이 되고 싶었다. 나의 상상력도, 사회의 상상력도, 일을 둘러싸고 구성된 삶에서 조금도 벗어날 수 없었던 것이다.

· · ·

《번아웃의 종말》은 번아웃을 이해하기 위한 폭넓은 연구에서 시작
한다. 또, 이토록 많은 사람을 지치고 분노하게 만들고, 나아가 쓸
모를 다하고 버려진 기분으로 만드는 지독한 현상에서 벗어날 수
있는 대안적 삶의 방식들을 탐구한다. 평생의 꿈이기도 했던, 정규
직 교수라는 안정적인 직장을 그만둘 수밖에 없었던 저자의 경험
에서 보듯, 상대적으로 좋은 업무 환경이나 넉넉한 급여도 번아웃
을 막을 수는 없다. 공동체 속에서 서로를 돌보고, 노동의 여부를
떠나 인간으로서 존중하고 존중받는 경험만이 삶을 번아웃으로부
터 해방시켜준다.

　종일 책을 생각하며 살아가는 나는 취미와 직업이 일치하는
운 좋은 사람 중 하나라고 생각했다. 하지만《번아웃의 종말》은 그
운 좋은 사람들이 일을 핵심에 두고 정체성을 구성할 때의 위험성
을 경고한다. 일을 사랑하고 아끼는 사람들, 자신이 하는 일에 고차
원의 가치가 담겨 있다고 믿고 기대를 거는 사람들이야말로 가장
높은 이상의 죽마에 올라타 위태롭게 걷는 사람들이다.

　또한 이상과 현실이 어긋났을 때 가장 비틀거리는 사람, 마침
내 꼭 붙들고 있던 장대를 놓쳤을 때 가장 오랫동안 추락하는 사람
이기도 하다. 저자 조나단 말레식이 이야기하는 좋은 삶은 오히려
노동을 최소화하고 유급 노동이 아니라 창조적인 활동에서 의미를
창출하는 삶이다.

　물론 이런 대안적인 삶의 방식을 모두가 실천할 수는 없을 것

이다. 저자 스스로도 가족 구성원의 재정적 도움 없이는 교수직을 그만두지 못했을 것이라고 고백하고 있듯, 대다수의 사람은 일 때문에 모욕감을 느끼면서도 그 모욕감을 잊기 위해 점점 더 일에 몰두한다. 저자의 말을 빌리자면, "일이 우리를 존엄하게 만들어주지도, 우리의 인격을 함양하지도, 우리에게 삶의 목적을 부여하지도 않는다는 사실", 그리고 "일에 존엄성과 인격을 부여하는 것도, 일에 우리 인생의 목적을 불어넣는 것도 우리"라는 것을 이해하지 못한 채. 나 역시도 가치를 일, 즉 타인의 손에 맡기는 것을 당연시하며 불안감과 고통을 극복하도록 분투하게 만드는 "고귀한 거짓말"에 익숙하기에, 《번아웃의 종말》이 말하는 일과 삶을 생각하는 완전히 새로운 방식에 이끌린 것 같다.

• • •

나는 여전히 일을 하는 사람이고, 앞으로도 그럴 것이며, 나의 번아웃 역시도 그때그때 정도를 달리할 뿐 여전히 진행 중이지만, 그렇기 때문에 나의 곤혹이 오로지 개인적인 것만이 아니라는 위안을 느끼며 이 책을 번역할 수 있었다. 그러면서 여태 염두에 두지 못한 새로운 상상력이 자리할 공간을 천천히 넓혀갈 수 있었다. 유급 노동에 얽매여 매일 아침 눈을 뜨기 괴롭고, 어느 순간 모든 것을 끝내고 싶다는 생각이 드는 독자들에게도 비슷한 효과를 줄 수 있는 책이 되었으면 좋겠다.

《번아웃의 종말》을 만드는 내내 일의 기쁨과 슬픔을 놓고 대화했고, 이 책을 만드는 동안에조차 피할 수 없었던 일의 피로를 함께 나눌 수 있었던 임채혁 편집자께 감사드린다.

2023년 1월

송섬별

번아웃의 종말

조나단 말레식 지음
송섬별 옮김
ⓒ 조나단 말레식, 2023

초판 1쇄 인쇄일 2023년 1월 13일
초판 1쇄 발행일 2023년 2월 13일

ISBN 979-11-5706-277-5 (03300)

만든 사람들
기획편집 임채혁
디자인   형태와내용사이
마케팅   이도형 최재희 맹준혁
인쇄   아트인

펴낸이   김현종
펴낸곳   ㈜메디치미디어
경영지원   이민주
등록일   2008년 8월 20일 제300-2008-76호
주소   서울시 중구 중림로7길 4, 3층
전화   02-735-3308
팩스   02-735-3309
이메일   dacapoian@medicimedia.co.kr
페이스북   facebook.com/medicimedia
인스타그램   @medicimedia
홈페이지   www.medicimedia.co.kr